本书出版得到

国家重点文物保护专项补助经费资助

中国田野考古报告集

考古学专刊

丁种第 113 号

元大都

1964～1974 年考古报告

壹

中国社会科学院考古研究所
北 京 市 文 物 管 理 处　编著

文物出版社

北京·2024

图书在版编目（CIP）数据

元大都：1964—1974 年考古报告／中国社会科学院
考古研究所，北京市文物管理处编著 . -- 北京：文物出
版社，2024.3

ISBN 978 - 7 - 5010 - 8057 - 1

Ⅰ . ①元…　Ⅱ . ①中… ②北…　Ⅲ . ①大都 - 文化遗
址 - 发掘报告 - 北京 - 元代　Ⅳ . ①K878. 35

中国国家版本馆 CIP 数据核字（2023）第 088362 号

审图号：京 S（2023）054 号

元大都：1964～1974 年考古报告

编　　著：中国社会科学院考古研究所　北京市文物管理处

书名题字：集赵孟頫《胆巴碑》
封面设计：程星涛
责任编辑：谷艳雪　王　媛
责任印制：张　丽

出版发行：文物出版社
地　　址：北京市东城区东直门内北小街 2 号楼
邮　　编：100007
网　　址：http：//www. wenwu. com
经　　销：新华书店
印　　刷：天津裕同印刷有限公司
开　　本：787mm×1092mm　1/8
印　　张：106　插页：5
版　　次：2024 年 3 月第 1 版
印　　次：2024 年 3 月第 1 次印刷
书　　号：ISBN 978 - 7 - 5010 - 8057 - 1
定　　价：3200. 00 元（全四册）

THE COLLECTION OF CHINESE FIELD ARCHAEOLOGICAL REPORTS

ARCHAEOLOGICAL MONOGRAPH SERIES

TYPE D NO. 113

YUAN DADU

Archaeological Report from 1964 to 1974

I

(With an English Abstract)

by

The Institute of Archaeology, Chinese Academy of Social Sciences

Beijing Municipal Management Office of Cultural Relics

Cultural Relics Press

Beijing · 2024

目　录

上　编

第一章　前言 ·· 3

第二章　城垣、街道和河湖遗迹 ··· 14

　第一节　城垣 ·· 14

　　一　外城的勘测和形制 ··· 14

　　二　外城城门遗迹 ·· 22

　　三　皇城（城垣）的勘测 ··· 23

　　四　宫城的勘测 ·· 24

　第二节　街道 ·· 25

　　一　中轴大街的勘测 ·· 25

　　二　北部街道的勘测 ·· 25

　第三节　河湖遗迹 ·· 38

　　一　金水河的勘测 ·· 39

　　二　太液池的勘测 ·· 43

　　三　积水潭（海子）的勘测 ·· 43

　　四　海子北堤岸遗迹 ·· 48

第三章　城门和涵洞建筑 ··· 51

　第一节　和义门瓮城城门的发掘 ·· 51

　　一　发现经过 ··· 51

　　二　城门的形制 ·· 51

　　三　地基 ·· 52

　　四　券洞 ·· 52

　　五　城门楼 ··· 59

　六　题记 ·· 64

第二节　水涵洞遗址 ·· 65

　一　考古勘探和发掘经过 ··· 65

　二　东垣（光熙门南）水涵洞 ·· 65

　三　西垣（肃清门北）水涵洞 ·· 68

　四　北垣（健德门西）水涵洞 ·· 69

第四章　居住遗址的考古发掘 ·· 73

第一节　后英房居住遗址 ·· 73

　一　平面布局 ·· 73

　二　建筑结构 ·· 75

　三　建筑构件 ·· 88

　四　出土遗物 ·· 96

　五　附记 ·· 107

第二节　雍和宫后居住遗址 ·· 108

　一　平面布局 ·· 108

　二　建筑结构 ·· 110

　三　建筑构件 ·· 114

　四　出土遗物 ·· 115

第三节　雍和宫东居住遗址 ·· 121

　一　平面布局 ·· 121

　二　建筑结构 ·· 121

　三　建筑构件 ·· 123

　四　出土遗物 ·· 123

第四节　桦皮厂居住遗址 ·· 124

　一　平面布局 ·· 125

　二　建筑结构 ·· 125

　三　出土遗物 ·· 128

第五节　安定门煤厂居住遗址 ·· 128

　一　东部遗址平面布局 ··· 128

　二　东部遗址建筑结构 ··· 128

　三　西部遗址平面布局 ··· 130

　四　西部遗址建筑结构 ··· 132

　五　建筑构件 ·· 134

　六　出土遗物 ·· 135

第六节　德胜门东居住遗址 ·· 148

　一　平面布局 ·· 148

　　二　建筑结构 ·· 149
　　三　出土遗物 ·· 153
第七节　西绦胡同一号遗址 ································· 159
　　一　平面布局 ·· 159
　　二　建筑结构 ·· 161
　　三　建筑构件 ·· 166
　　四　出土遗物 ·· 167

（以上第一册）

第八节　西绦胡同二号遗址 ································· 187
　　一　平面布局 ·· 187
　　二　建筑结构 ·· 189
　　三　建筑构件 ·· 204
　　四　出土遗物 ·· 204
第九节　西绦胡同三号居住遗址 ····················· 230
　　一　建筑结构 ·· 230
　　二　建筑构件 ·· 233
　　三　出土遗物 ·· 233
第十节　一〇六中学居住遗址 ························· 235
　　一　建筑结构 ·· 235
　　二　出土遗物 ·· 237
第十一节　后桃园遗址 ····································· 240
　　一　建筑构件 ·· 240
　　二　出土遗物 ·· 241
第十二节　旧鼓楼大街豁口东窖藏 ················· 244
　　一　窖藏概况 ·· 244
　　二　窖藏瓷器 ·· 244
第十三节　元大都出土的零散遗物 ················· 247
　　一　北城垣沿线出土遗物 ···························· 247
　　二　西城垣沿线出土遗物 ···························· 269
　　三　城内出土的遗物 ·································· 275

下　编

第五章　元大都研究小史 ································· 285

第六章　元大都城市的规划与复原 ················· 287
　　一　元大都之前的"北京城" ······················ 287

二　元大都的规划与兴建 ·· 289

三　元大都的复原 ··· 290

第七章　元大都的民居建筑 ··· 304

一　住宅平面 ·· 304

二　建筑结构 ·· 316

三　建筑装饰 ·· 328

四　木构门窗的装修 ·· 333

五　屋内的固定设施和取暖设备 ··· 334

第八章　元大都出土的瓷器 ··· 343

一　景德镇窑瓷器 ··· 343

二　龙泉窑青釉瓷器及其他青釉瓷器 ·· 350

三　钧窑瓷器 ·· 355

四　磁州窑瓷器 ··· 358

五　霍窑瓷器 ·· 362

六　结语 ·· 366

第九章　元大都石刻中的浮雕艺术 ·· 371

一　纹饰题材分析 ··· 373

二　工艺及其艺术效果 ··· 406

三　构图风格 ·· 408

四　艺术源流 ·· 410

后　记 ··· 417

英文提要 ·· 419

（以上第二册）

彩　版

图　版

（以上第三册）

图版（续）

（以上第四册）

插图目录

上 编

图 1 - 1　清代北京城平面图（乾隆时期）　···　4

图 1 - 2　考古勘探发掘元大都城址、居住遗址和遗迹位置图　·······················　6

图 1 - 3　元大都城址考古实测图　··　7

图 1 - 4　元大都考古报告整理编写工作计划　··　11

图 1 - 5　元大都考古报告编写大纲·上编·田野考古报告　······························　12

图 1 - 6　元大都考古报告编写大纲·下编·复原与研究　································　12

图 1 - 7　徐苹芳手稿　···　13

图 2 - 1 - 1　复兴门北侧明代北京城西城墙与元大都西垣平面图　···················　15

图 2 - 1 - 2　元大都外城标准夯土城垣横剖面复原图　··································　17

图 2 - 1 - 3　北京东直门墩台建筑示意图　··　18

图 2 - 1 - 4　元大都外城东北角楼平面图　··　19

图 2 - 1 - 5　元大都外城东北角楼探沟 T16 东壁平、剖面图　·························　20

图 2 - 1 - 6　元大都外城东北角楼塌土层中的明清土坑墓　····························　21

图 2 - 1 - 7　元大都外城东南角楼与北京观象台叠压关系　····························　21

图 2 - 2 - 1　地坛公园北门考古钻探的南北（文明门）大街平、剖面图　··········　29

图 2 - 3 - 1　新街口外东侧海子北堤岸遗迹平、剖面图　······························　48

图 2 - 3 - 2　新街口外东侧海子北堤岸出土的铜镜　······································　49

图 3 - 1 - 1　和义门瓮城门道地基剖面图　··　52

图 3 - 1 - 2　和义门瓮城门道平面图　···　53

图 3 - 1 - 3　和义门瓮城门东券脸（内侧）立面图　······································　55

图 3 - 1 - 4　和义门瓮城门东西向剖面图　··　56

图 3 - 1 - 5　和义门瓮城门外券券脚结构图　··　57

图 3 - 1 - 6　和义门瓮城门额北端的斜戗固定木　··　58

图 3 - 1 - 7　和义门瓮城门道的南侧门砧石（铁鹅台）平、剖面图　···············　59

图 3 - 1 - 8　和义门瓮城城门楼平面图　···　60

图 3 - 1 - 9　和义门瓮城门楼前（西）墙基内木柱与地栿 ……………………………………… 61

图 3 - 1 - 10　和义门瓮城门楼南山墙结构图（北—南）……………………………………… 62

图 3 - 1 - 11　和义门瓮城城门楼南山墙外侧剖面图（南—北）……………………………… 62

图 3 - 1 - 12　和义门瓮城城门楼的防火设施（地漏与流水道）平、剖面图 …………………… 64

图 3 - 2 - 1　元大都东垣（光熙门南）水涵洞平面、纵剖面图 ……………………………… 66

图 3 - 2 - 2　元大都东垣（光熙门南）水涵洞横剖面图 ……………………………………… 67

图 3 - 2 - 3　元大都东垣（光熙门南）水涵洞内梭墩平面、立面图 ………………………… 68

图 3 - 2 - 4　元大都西垣（北京邮电大学处）水涵洞平面图 ………………………………… 69

图 3 - 2 - 5　元大都北垣（健德门西）水涵洞平、剖面图 …………………………………… 70

图 3 - 2 - 6　元大都北垣（健德门西）水涵洞北口横剖面图 ………………………………… 71

图 3 - 2 - 7　元大都北垣（健德门西）水涵洞北口门脸砖砌券顶和两侧砖垛立面复原图 ………… 72

图 4 - 1 - 1　后英房居住遗址主院、东院和西院平、剖面图 ………………………………… 74

图 4 - 1 - 2　后英房居住遗址主院、西院平面图 ……………………………………………… 74/75

图 4 - 1 - 3　后英房居住遗址主院北房东狭屋东南角柱的础石及磉墩结构剖面图 …………… 76

图 4 - 1 - 4　后英房居住遗址主院北房东挟屋内隔墙横剖面图 ……………………………… 77

图 4 - 1 - 5　后英房居住遗址主院北房正屋与东挟屋之间过门下的木结构平面图 …………… 77

图 4 - 1 - 6　后英房居住遗址主院前轩西侧踏道 …………………………………………… 78

图 4 - 1 - 7　后英房居住遗址主院前轩踏道副子及象眼立面、剖面图（从南侧看）………… 79

图 4 - 1 - 8　后英房居住遗址主院西角门北侧挟门柱下的基础结构图 ……………………… 81

图 4 - 1 - 9　后英房居住遗址主院东角门木构屋顶图 ……………………………………… 82

图 4 - 1 - 10　后英房居住遗址主院西角门北侧院墙立面图 ………………………………… 82

图 4 - 1 - 11　后英房居住遗址东院平、剖面图 ……………………………………………… 82/83

图 4 - 1 - 12　后英房居住遗址东院"工"字形建筑北侧台基东南角结构图 ………………… 83

图 4 - 1 - 13　后英房居住遗址东院西厢房南山墙砌法 ……………………………………… 86

图 4 - 1 - 14　后英房居住遗址东院西厢房暗间西炕炕脸里面木结构图 ……………………… 86

图 4 - 1 - 15　后英房居住遗址主院正房与西院北房台基之间的暗沟横剖面图 ……………… 87

图 4 - 1 - 16　后英房居住遗址西院台基东踏道南侧象眼立面、剖面图 ……………………… 88

图 4 - 1 - 17　后英房居住遗址出土滴水板瓦拓片 …………………………………………… 89

图 4 - 1 - 18　后英房居住遗址出土重唇板瓦瓦头拓片 ……………………………………… 89

图 4 - 1 - 19　后英房居住遗址出土瓦当拓片 ………………………………………………… 90

图 4 - 1 - 20　后英房居住遗址出土套兽拓片 ………………………………………………… 90

图 4 - 1 - 21　后英房居住遗址出土格子门 …………………………………………………… 92

图 4 - 1 - 22　后英房居住遗址出土格子门上的铜看叶及板门铜包角拓片 …………………… 93

图 4 - 1 - 23　后英房居住遗址出土格子门格眼所糊书页痕迹 ……………………………… 94

图 4 - 1 - 24　后英房居住遗址出土木门窗 …………………………………………………… 95

图 4 - 1 - 25　后英房居住遗址出土额枋及梁架上的彩绘花纹 ……………………………… 96

图 4 - 1 - 26　后英房居住遗址主院正房东挟屋的遗物 ……………………………………… 97

图 4 - 1 - 27　后英房居住遗址出土瓷器 …………………………………………………… 98

图 4 - 1 - 28　后英房居住遗址出土瓷器 ·· 100

图 4 - 1 - 29　后英房居住遗址出土瓷器、琉璃器 ··· 101

图 4 - 1 - 30　后英房居住遗址出土铜套兽（YH65：141）拓片 ··················· 102

图 4 - 1 - 31　后英房居住遗址出土石砚（YH72：21）拓片 ························· 104

图 4 - 1 - 32　后英房居住遗址主院北房铺砖地面上"曲令"墨迹痕及摹本 ··· 105

图 4 - 1 - 33　后英房居住遗址西侧的两间东房残迹平面图 ··························· 108

图 4 - 2 - 1　雍和宫后居住遗址平、剖面图 ··· 109

图 4 - 2 - 2　雍和宫后居住遗址北房东火炕结构图 ··· 111

图 4 - 2 - 3　雍和宫后居住遗址东厢房南山墙砌法 ··· 112

图 4 - 2 - 4　雍和宫后居住遗址东厢房明间南炕和灶的结构 ························· 113

图 4 - 2 - 5　雍和宫后居住遗址西厢房北山墙砌法 ··· 114

图 4 - 2 - 6　雍和宫后居住遗址出土瓷器花纹 ··· 115

图 4 - 2 - 7　雍和宫后居住遗址出土瓷器 ··· 116

图 4 - 2 - 8　雍和宫后居住遗址出土铜器拓片 ··· 117

图 4 - 2 - 9　雍和宫后居住遗址出土"王德常去思碑"石碑拓片 ················· 120

图 4 - 3 - 1　雍和宫东居住遗址平面图 ··· 122

图 4 - 3 - 2　雍和宫东居住遗址北房西暗间内火炕结构图 ····························· 123

图 4 - 3 - 3　雍和宫东居住遗址出土白釉器盖（YUE69：15） ··················· 123

图 4 - 3 - 4　雍和宫东居住遗址出土垂帘石 ··· 124

图 4 - 4 - 1　桦皮厂居住遗址平、剖面图 ··· 126

图 4 - 5 - 1　安定门煤厂东部居住遗址平面图和北房剖面图 ························· 129

图 4 - 5 - 2　安定门煤厂西部居住遗址平、剖面图 ··· 131

图 4 - 5 - 3　安定门煤厂居住遗址出土瓦当拓片 ··· 135

图 4 - 5 - 4　安定门煤厂居住遗址出土瓷器 ··· 136

图 4 - 5 - 5　安定门煤厂居住遗址出土瓷器花纹 ··· 137

图 4 - 5 - 6　安定门煤厂居住遗址出土瓷器 ··· 137

图 4 - 5 - 7　安定门煤厂居住遗址出土瓷器 ··· 138

图 4 - 5 - 8　安定门煤厂居住遗址出土磁州窑系白釉黑彩罐 ························· 139

图 4 - 5 - 9　安定门煤厂居住遗址出土磁州窑系白釉赭彩罐 ························· 140

图 4 - 5 - 10　安定门煤厂居住遗址出土磁州窑系瓷罐 ··································· 141

图 4 - 5 - 11　安定门煤厂居住遗址出土瓷器、琉璃器 ································· 142

图 4 - 5 - 12　安定门煤厂居住遗址出土白釉黑彩四系扁壶（YM74F2：3） ··· 143

图 4 - 5 - 13　安定门煤厂居住遗址出土铜权铭文拓片 ································· 146

图 4 - 5 - 14　安定门煤厂居住遗址出土铜镜拓片 ··· 147

图 4 - 6 - 1　德胜门东居住遗址平、剖面图 ··· 148/149

图 4 - 6 - 2　德胜门东居住遗址出土景德镇窑系瓷器花纹 ····························· 154

图 4 - 6 - 3　德胜门东居住遗址出土龙泉窑系瓷器花纹 ································· 155

图 4 - 6 - 4　德胜门东居住遗址出土青釉盘（YE73：3） ····························· 156

图 4 - 6 - 5　德胜门东居住遗址出土瓷器·· 156

图 4 - 6 - 6　德胜门东居住遗址出土青花梨形壶（YE73：18）　·············· 157

图 4 - 6 - 7　德胜门东居住遗址出土铜镜（YE73：10）拓片 ··················· 158

图 4 - 7 - 1　西绦胡同一号遗址平、剖面图·· 160

图 4 - 7 - 2　西绦胡同一号遗址明沟、暗沟横剖面结构图························· 162

图 4 - 7 - 3　西绦胡同一号遗址后院南房（东南角）墙基槽及墙的砌法结构图 ·············· 162

图 4 - 7 - 4　西绦胡同一号遗址板门背面图·· 163

图 4 - 7 - 5　西绦胡同一号遗址东侧砖砌水井遗址平面图 ························· 165

图 4 - 7 - 6　西绦胡同一号遗址东侧砖砌水井结构平、剖面图 ·················· 165

图 4 - 7 - 7　西绦胡同一号遗址出土重唇板瓦瓦头拓片 ···························· 167

图 4 - 7 - 8　西绦胡同一号遗址出土景德镇窑系瓷器花纹 ························· 169

图 4 - 7 - 9　西绦胡同一号遗址出土瓷器花纹··· 170

图 4 - 7 - 10　西绦胡同一号遗址出土瓷器·· 171

图 4 - 7 - 11　西绦胡同一号遗址出土瓷器·· 172

图 4 - 7 - 12　西绦胡同一号遗址出土瓷器·· 173

图 4 - 7 - 13　西绦胡同一号遗址出土瓷器·· 174

图 4 - 7 - 14　西绦胡同一号遗址出土瓷器·· 175

图 4 - 7 - 15　西绦胡同一号遗址出土瓷器·· 176

图 4 - 7 - 16　西绦胡同一号遗址出土瓷器·· 177

图 4 - 7 - 17　西绦胡同一号遗址出土瓷器·· 178

图 4 - 7 - 18　西绦胡同一号遗址出土瓷器·· 180

图 4 - 7 - 19　西绦胡同一号遗址出土瓷器·· 181

图 4 - 7 - 20　西绦胡同一号遗址出土黑陶双耳瓶（YG72：25）瓶底"潞州会山散人"戳印款拓片 ········· 182

图 4 - 7 - 21　西绦胡同一号遗址出土铜权铭文拓片 ································· 184

图 4 - 7 - 22　西绦胡同一号遗址出土铜镜、铜钱拓片 ······························ 185

图 4 - 7 - 23　西绦胡同一号遗址出土漆器残片（YG72：111②）上的楷书朱字 ··············· 186

（以上第一册）

图 4 - 8 - 1　西绦胡同二号遗址平、剖面图·· 188

图 4 - 8 - 2　西绦胡同二号遗址东部居住遗址平、剖面图··························· 188/189

图 4 - 8 - 3　西绦胡同二号遗址 F1 与 F2 之间隔断墙立面、剖面图 ············ 190

图 4 - 8 - 4　西绦胡同二号遗址 F1 屋内炕、灶结构图 ······························ 190

图 4 - 8 - 5　西绦胡同二号遗址 F2 屋内炕、灶结构图 ······························ 191

图 4 - 8 - 6　西绦胡同二号遗址 F2 屋内炉子平、剖面图 ··························· 192

图 4 - 8 - 7　西绦胡同二号遗址 F10、F11 ~ F13 两组长条形单元式建筑平、剖面图 ········· 194

图 4 - 8 - 8　西绦胡同二号遗址 F9 院内灶结构图····································· 196

图 4 - 8 - 9　西绦胡同二号遗址 F7 与 F8 屋内炕、灶和炉子结构图 ············ 197

图 4 - 8 - 10　西绦胡同二号遗址 F4 与 F5 屋内炕、灶、炉子结构图 ··········· 198

图 4 - 8 - 11　西绦胡同二号遗址 F4 屋内炉子平剖面图及炉前脸立面结构图 ·············· 199

图 4 – 8 – 12　西绦胡同二号遗址 F4 屋内炕和地炉子结构图 ················· 199

图 4 – 8 – 13　西绦胡同二号遗址 F4 屋内地炉子结构图 ···················· 200

图 4 – 8 – 14　西绦胡同二号遗址西部作坊遗址平、剖面图 ················· 202

图 4 – 8 – 15　西绦胡同二号遗址西部作坊遗址中大火炉结构图 ············· 203

图 4 – 8 – 16　西绦胡同二号遗址出土瓷器花纹 ·························· 205

图 4 – 8 – 17　西绦胡同二号遗址出土龙泉窑系瓷器花纹 ··················· 206

图 4 – 8 – 18　西绦胡同二号遗址出土龙泉窑系瓷碗内底花纹 ··············· 207

图 4 – 8 – 19　西绦胡同二号遗址出土瓷器 ······························ 208

图 4 – 8 – 20　西绦胡同二号遗址出土瓷器 ······························ 209

图 4 – 8 – 21　西绦胡同二号遗址出土瓷器 ······························ 211

图 4 – 8 – 22　西绦胡同二号遗址出土瓷器 ······························ 212

图 4 – 8 – 23　西绦胡同二号遗址出土瓷器 ······························ 213

图 4 – 8 – 24　西绦胡同二号遗址出土瓷器 ······························ 215

图 4 – 8 – 25　西绦胡同二号遗址出土瓷器 ······························ 216

图 4 – 8 – 26　西绦胡同二号遗址出土白釉黑彩龙凤纹罐 ··················· 218

图 4 – 8 – 27　西绦胡同二号遗址出土瓷器 ······························ 219

图 4 – 8 – 28　西绦胡同二号遗址出土青白釉扁壶（YG73W：1） ············· 220

图 4 – 8 – 29　西绦胡同二号遗址出土瓷器 ······························ 221

图 4 – 8 – 30　西绦胡同二号遗址出土瓷器 ······························ 222

图 4 – 8 – 31　西绦胡同二号遗址出土铜权铭文及铜镜拓片 ················· 227

图 4 – 9 – 1　西绦胡同三号居住遗址平、剖面图 ·························· 231

图 4 – 9 – 2　西绦胡同三号居住遗址出土瓷器 ···························· 234

图 4 – 10 – 1　一〇六中学居住遗址北房基址平、剖面图 ···················· 236

图 4 – 10 – 2　一〇六中学居住遗址出土瓷器 ····························· 237

图 4 – 10 – 3　一〇六中学居住遗址出土龙泉窑青釉器盖（YE65：14） ········ 239

图 4 – 11 – 1　后桃园遗址出土滴水拓片 ································· 241

图 4 – 11 – 2　后桃园遗址出土褐釉罐（YHF72：11） ······················ 242

图 4 – 11 – 3　后桃园遗址出土瓷器、琉璃器 ····························· 243

图 4 – 11 – 4　后桃园遗址出土黑陶八卦回纹贯耳瓶（YHF72：30）瓶底文字拓片 ···· 243

图 4 – 12 – 1　窖藏出土青花瓷器 ······································ 245

图 4 – 12 – 2　窖藏出土枢府釉、青白釉瓷器 ····························· 246

图 4 – 12 – 3　窖藏出土青花凤首扁壶（YK70：12） ······················· 246

图 4 – 13 – 1　零散文物·旧鼓楼大街豁口西出土青白釉八方人物盘（YGE：94） ···· 249

图 4 – 13 – 2　零散文物·一〇六中学居住遗址西侧出土瓷器、铜器 ············ 250

图 4 – 13 – 3　零散文物·德胜门东至果子市出土石建筑构件拓片 ············· 253

图 4 – 13 – 4　零散文物·德胜门东至果子市出土瓷器 ······················ 255

图 4 – 13 – 5　零散文物·德胜门东至果子市出土金氏尼姑石碑（J1：93）拓片 ····· 258

图 4 – 13 – 6　零散文物·新街口豁口西出土"皇庆元年"铜权（YHE：117）铭文拓片 ···· 259

图 4 - 13 - 7　零散文物·新街口豁口西出土"钞纸局题名记"石碑（J：132）拓片 ························· 260

图 4 - 13 - 8　零散文物·桦皮厂北口（YWF）出土枢府釉塔形罐（J：182）····················· 264

图 4 - 13 - 9　零散文物·桦皮厂北口（YWF）出土白话"圣旨"石碑（YWF：134）拓片 ··············· 265

图 4 - 13 - 10　零散文物·桦皮厂北口（YWF）出土"大元福寿兴元观记"石碑（YWF：135）拓片 ····· 267

图 4 - 13 - 11　零散文物·桦皮厂东出土万宝寺执照石碑（J：138）拓片 ······················· 269

图 4 - 13 - 12　零散文物·西直门瓮城出土麒麟纹丹陛石（J：184）拓片 ······················· 270

图 4 - 13 - 13　零散文物·西直门瓮城出土石栏板拓片 ································· 271

图 4 - 13 - 14　零散文物·官园中心台南出土石栏板拓片 ································ 272

图 4 - 13 - 15　零散文物·官园中心台南出土方砖拓片 ································· 274

图 4 - 13 - 16　零散文物·西城出土瓷器、铜器 ··································· 276

图 4 - 13 - 17　零散文物·西城出土"岁数碑铭"石碑（J：231）拓片 ······················ 278

图 4 - 13 - 18　零散文物·东城区出土瓷器 ····································· 279

图 4 - 13 - 19　零散文物·宣武区出土瓷器 ····································· 280

图 4 - 13 - 20　零散文物·宣武区出土铜镜拓片 ··································· 280

图 4 - 13 - 21　零散文物·宣武区出土铜镜拓片 ··································· 281

图 4 - 13 - 22　零散文物·德胜门外白下关车站东出土瓷器 ····························· 281

图 4 - 13 - 23　零散文物·西黄寺东修配厂院内出土三彩琉璃釉雕花牡丹龙凤纹炉（J：274）··········· 282

下　编

图 6 - 1　辽南京、金中都、元大都与明清北京城址平面关系图 ··························· 288

图 6 - 2　元大都和义门瓮城外观复原鸟瞰图 ···································· 293

图 6 - 3　元大都和义门瓮城箭楼西立面图 ····································· 294

图 6 - 4　元大都和义门瓮城箭楼横剖面和侧立面图 ································· 294

图 6 - 5　元大都和义门瓮城箭楼平面图 ······································ 295

图 6 - 6　元大都宫城平面复原图 ·· 296

图 6 - 7　元大都万宁桥（海子桥）东侧北岸石刻水兽 ······························· 297

图 6 - 8　元大都街道胡同和大建置遗痕图（1947 年）······························· 299

图 6 - 9　雍和宫后居住遗址外观复原图 ······································ 300

图 6 - 10　后英房居住遗址外观复原鸟瞰图 ····································· 301

图 6 - 11　德胜门东居住遗址倒座门三合院外观复原图 ······························ 301

图 6 - 12　西绦胡同二号遗址东部居住遗址二合院及群居大杂院外观复原图 ··················· 302

图 6 - 13　元大都排水渠"致和元年"题记 ····································· 303

图 7 - 1　后英房居住遗址主院、东院和西院平面复原图 ····························· 305

图 7 - 2　后英房居住遗址主院建筑外观复原图 ··································· 307

图 7 - 3　后英房居住遗址主院正厅剖面复原图 ··································· 307

图 7 - 4　后英房居住遗址东院外观复原图 ····································· 308

图 7 - 5　后英房居住遗址东院"工"字厅剖面复原图 ······························· 308

图 7－6　后英房居住遗址西院外观复原图 ……………………………………… 309

图 7－7　雍和宫后居住遗址四合院平面复原图 …………………………………… 310

图 7－8　德胜门东居住遗址倒座门三合院平面复原图 …………………………… 311

图 7－9　安定门煤厂西部居住遗址三合院平面复原图 …………………………… 311

图 7－10　西绦胡同二号遗址建筑平面复原图 …………………………………… 313

图 7－11　吉林市通天区通吉胡同满族民居住宅平面图 ………………………… 314

图 7－12　北方地区传统房前月台及屋内炕、灶形式 …………………………… 315

图 7－13　元大都居住遗址内炕、灶及炉子形式 ………………………………… 338

图 8－1　元大都出土景德镇窑影青瓷器上的卷草牡丹纹（YM74F3：61） …… 348

图 8－2　元大都出土景德镇窑青花瓷器纹饰 …………………………………… 349

图 8－3　元大都出土龙泉窑大瓶腹部纹饰（YM74F2：4） ……………………… 353

图 8－4　元大都出土磁州窑白釉彩绘罐腹部主题纹饰 …………………………… 361

图 8－5　元大都出土磁州窑白釉彩绘罐肩部纹饰 ………………………………… 363

图 8－6　元大都出土磁州窑白釉彩绘罐腹部主题花纹之间填补的边饰纹 ……… 364

图 8－7　元大都出土磁州窑白釉彩绘罐腹部主题花纹之间填补的边饰纹 ……… 364

图 8－8　元大都出土各窑系瓷器主要器形对比图 …………………………… 366/367

图 9－1　元大都出土锦地龙纹丹陛石（J：133） ……………………………… 374

图 9－2　元大都出土花卉龙纹石栏板（J：193） ……………………………… 375

图 9－3　元代龙纹碑刻 …………………………………………………………… 376

图 9－4　元大都出土锦地双凤麒麟纹丹陛石（YWF：136） …………………… 377

图 9－5　元大都（明代城基下）出土凤穿缠枝牡丹纹石门框 ………………… 378

图 9－6　居庸关持国天王怀中琵琶上的龙凤纹 ………………………………… 379

图 9－7　宋太祖永昌陵望柱上的云凤纹 ………………………………………… 380

图 9－8　元大都出土缠枝花卉婴戏图残石 ……………………………………… 381

图 9－9　元大都（明代城基下）出土缠枝婴戏图石门框 ……………………… 382

图 9－10 Ⅰ　居庸关拱石券顶正中金翅鸟与龙女 ……………………………… 383

图 9－10 Ⅱ　居庸关拱石券顶纹饰 ……………………………………………… 383

图 9－11　居庸关拱门南面东西两侧童子（象座） …………………………… 384

图 9－12　居庸关拱门北面东侧童子（象座） ………………………………… 385

图 9－13　居庸关拱门北面西侧童子头像 ……………………………………… 385

图 9－14　元大都石刻上的几何纹 ……………………………………………… 386

图 9－15　元代石刻上的如意云头纹 …………………………………………… 387

图 9－16 Ⅰ　元代石刻上的忍冬纹 ……………………………………………… 388

图 9－16 Ⅱ　元代石刻上的忍冬纹 ……………………………………………… 389

图 9－16 Ⅲ　元代石刻上的忍冬纹 ……………………………………………… 390

图 9－16 Ⅳ　元代石刻上的忍冬纹 ……………………………………………… 391

图 9－16 Ⅴ　元代石刻上的忍冬纹 ……………………………………………… 392

图 9－17　元代石刻上的写实类莲花纹 ………………………………………… 393

图 9 – 18　　元大都出土杵索纹石栏板（J：187）……………………………………………………… 394

图 9 – 19 Ⅰ　元大都出土缠枝莲门上坎残石……………………………………………………………… 395

图 9 – 19 Ⅱ　元大都出土缠枝莲门上坎残石……………………………………………………………… 396

图 9 – 20　　元大都出土须弥座残石……………………………………………………………………… 396

图 9 – 21 Ⅰ　元大都出土团花缠枝莲牌坊门框…………………………………………………………… 397

图 9 – 21 Ⅱ　元大都出土团花缠枝莲牌坊门框…………………………………………………………… 398

图 9 – 22　　元大都出土青石缠枝莲牌坊门框…………………………………………………………… 398

图 9 – 23　　元大都出土莲花角石（J：250）…………………………………………………………… 399

图 9 – 24　　元大都出土莲花角石（J：251）…………………………………………………………… 399

图 9 – 25　　元大都出土莲花角石（YHE：126）……………………………………………………… 399

图 9 – 26　　元大都出土莲花形石洗（YG73F9：14）………………………………………………… 400

图 9 – 27 Ⅰ　元代石刻上的莲花花头变体造型…………………………………………………………… 400

图 9 – 27 Ⅱ　元代石刻上的莲花花头变体造型…………………………………………………………… 401

图 9 – 27 Ⅲ　元代石刻上的莲花花头变体造型…………………………………………………………… 402

图 9 – 28　　元代石刻上的莲花蓓蕾变体造型…………………………………………………………… 403

图 9 – 29　　元代石刻上的莲叶变体造型………………………………………………………………… 403

图 9 – 30　　西安兴庆宫出土唐大理石观音坐像………………………………………………………… 404

图 9 – 31　　居庸关拱门内和云台石栏板板心处的缠枝莲纹饰………………………………………… 405

图 9 – 32　　元大都出土青石刻花牌坊门额残石………………………………………………………… 406

图 9 – 33　　元大都出土麒麟纹丹陛（J：184）………………………………………………………… 407

图 9 – 34　　江西南昌元墓出土石刻上的海棠纹………………………………………………………… 409

图 9 – 35　　河南巩县宋陵象座正面奔鹿花卉纹………………………………………………………… 410

图 9 – 36　　宋元石刻角上的纹饰………………………………………………………………………… 411

图 9 – 37　　元上都出土流纹岩石构件上的莲花纹……………………………………………………… 412

图 9 – 38　　元上都出土汉白玉石雕荷花………………………………………………………………… 412

图 9 – 39　　元上都出土雕花石桌………………………………………………………………………… 412

图 9 – 40　　元上都出土雕花石桌的云纹圭角…………………………………………………………… 412

图 9 – 41　　元大都出土须弥座残石……………………………………………………………………… 412

图 9 – 42　　元上都出土汉白玉石刻……………………………………………………………………… 413

图 9 – 43　　明法华寺楞严经幢上的忍冬纹……………………………………………………………… 413

图 9 – 44　　明法华寺楞严经幢上的金刚杵纹…………………………………………………………… 413

图 9 – 45　　居庸关拱门外部西侧的十字金刚杵纹……………………………………………………… 413

图 9 – 46　　安徽凤阳明皇陵望柱上的缠枝莲纹………………………………………………………… 413

图 9 – 47　　故宫内断虹桥石栏板………………………………………………………………………… 414

图 9 – 48　　故宫内断虹桥石栏板………………………………………………………………………… 415

图 9 – 49　　故宫内钦安殿石栏板………………………………………………………………………… 416

彩版目录

彩版一　元大都遗址格子门出土情形

彩版二　元大都遗址出土彩画

彩版三　元大都遗址出土磁州窑系彩绘葫芦纹盘（采集）

彩版四　元大都遗址出土磁州窑系白釉赭黄彩罐

彩版五　元大都遗址出土磁州窑系白釉黑彩诗文罐（YG72：2）

彩版六　元大都遗址出土磁州窑系白釉黑彩花卉纹罐

彩版七　元大都遗址出土磁州窑系白釉黑彩龙凤纹罐（YG73T：17）

彩版八　元大都遗址出土磁州窑系白釉黑彩鱼草纹盆（YG72：88）

彩版九　元大都遗址出土磁州窑系白釉黑彩大盘（YEF：18）

彩版一〇　元大都遗址出土磁州窑系白釉黑彩龙凤纹四系扁壶一对（YM74F2：3）

彩版一一　元大都遗址出土磁州窑系黄釉黑彩虎形枕（YG69：40）

彩版一二　元大都遗址出土磁州窑系小罐、碗

彩版一三　元大都遗址出土景德镇窑系青花盘、器盖

彩版一四　元大都遗址出土景德镇窑系青花觚（YH65：139、60）

彩版一五　元大都遗址出土景德镇窑系青花梨形壶（YE73：18）

彩版一六　元大都遗址出土景德镇窑系青花大碗

彩版一七　元大都遗址出土景德镇窑系青花盘、扁壶、盏托

彩版一八　元大都遗址出土景德镇窑系青花扁壶（YK70：12）

彩版一九　元大都遗址出土景德镇窑系青花盏托

彩版二〇　元大都遗址出土景德镇窑系青白釉童子坐像、执壶、罐

彩版二一　元大都遗址出土景德镇窑系青白釉三足洗、炉

彩版二二　元大都遗址出土景德镇窑系青白釉牡丹纹扁壶（YG73W：1）

彩版二三　元大都遗址出土景德镇窑系青白釉笔山、盒

彩版二四　元大都遗址出土景德镇窑系青白釉观音（J：219）

彩版二五　元大都遗址出土景德镇窑系青白釉观音（J：219）

彩版二六　元大都遗址出土景德镇窑系青白釉盘、梅瓶

彩版二七　元大都遗址出土龙泉窑系青釉盘、碗

彩版二八　元大都遗址出土龙泉窑系青釉洗、瓶

彩版二九　元大都遗址出土钧窑系青蓝釉连座双耳瓶一对（YHF72：1）

彩版三〇　元大都遗址出土钧窑系青蓝釉盘、水盂、盆、碗

彩版三一　元大都遗址出土三彩琉璃釉道士像（YG73F7：1）

彩版三二　元大都遗址出土三彩琉璃釉雕花牡丹龙凤纹炉（J：274）

彩版三三　元大都遗址出土三彩琉璃釉雕花牡丹龙凤纹炉（J：274）

彩版三四　元大都遗址出土琉璃釉器座、炉

彩版三五　元大都遗址出土琉璃釉砖、瓦

彩版三六　元大都遗址出土琉璃釉鸱吻、方砖

彩版三七　元大都遗址出土陶屋（YE73：25）

彩版三八　元大都遗址出土石砚（YH72：21）

彩版三九　元大都遗址出土螺钿漆盘、玛瑙围棋子、饰件

彩版四〇　元大都遗址出土玉石、玛瑙饰件

（以上第三册）

图版目录

图版 1 - 1　北京城航空照片（1943 年）

图版 1 - 2　北京土城东部（即元大都城东北角）航空照片

图版 1 - 3　北京土城中部（即元大都北城墙中段）航空照片

图版 1 - 4　北京土城西部（即元大都城西北角）航空照片

图版 2 - 1 - 1　元大都土城垣遗迹

图版 2 - 1 - 2　元大都土城垣遗迹

图版 2 - 1 - 3　明代北京城西城墙马面与元大都西城墙关系（西—东）

图版 2 - 1 - 4　明代北京城西城墙与元大都西城墙

图版 2 - 1 - 5　明代北京城北城墙墙基（新街口处）中出土的元代石构件

图版 2 - 1 - 6　元大都土城垣夯土结构

图版 2 - 1 - 7　元大都外城东北角楼出土石块、石球和瓷盘

图版 2 - 1 - 8　元大都外城东北角楼土堆及探沟 T16 中的夯土墩台

图版 2 - 1 - 9　元大都外城东北角楼塌土层中的明清墓

图版 2 - 1 - 10　元大都外城东南角楼与北京观象台

图版 2 - 1 - 11　元大都北垣外护城河及健德门遗迹

图版 2 - 3 - 1　新街口外东侧海子岸边木桩地基遗迹

图版 2 - 3 - 2　新街口外东侧海子岸边木桩地基遗迹

图版 2 - 3 - 3　新街口外东侧海子北堤岸出土的遗物

图版 2 - 3 - 4　新街口外东侧海子堤岸出土的铜镜

图版 3 - 1 - 1　和义门瓮城门发掘前情况

图版 3 - 1 - 2　和义门考古发掘现场

图版 3 - 1 - 3　和义门考古发掘现场

图版 3 - 1 - 4　和义门瓮城门

图版 3 - 1 - 5　和义门瓮城城墙结构

图版 3 - 1 - 6　和义门瓮城门

图版 3 - 1 - 7　和义门瓮城门洞内的戗槽、方孔与券顶裂纹

图版 3 - 1 - 8　和义门瓮城门券脚及门脸与城墙包砖关系

图版 3 - 1 - 9　　和义门瓮城门板门遗迹

图版 3 - 1 - 10　　和义门瓮城门板门遗迹

图版 3 - 1 - 11　　和义门瓮城门板门遗迹

图版 3 - 1 - 12　　和义门瓮城门板门遗迹

图版 3 - 1 - 13　　和义门瓮城门板门遗迹

图版 3 - 1 - 14　　和义门废弃后封堵和填实情形

图版 3 - 1 - 15　　和义门废弃后的瓮城城门楼内填筑的夯土

图版 3 - 1 - 16　　和义门瓮城城门楼全景

图版 3 - 1 - 17　　和义门瓮城城门楼

图版 3 - 1 - 18　　和义门瓮城城门楼

图版 3 - 1 - 19　　和义门瓮城城门楼

图版 3 - 1 - 20　　和义门瓮城城门楼

图版 3 - 1 - 21　　和义门瓮城城门楼

图版 3 - 1 - 22　　和义门瓮城城门楼遗迹及防火设施

图版 3 - 1 - 23　　和义门瓮城城门楼的防火设施

图版 3 - 1 - 24　　和义门瓮城券顶上的题记

图版 3 - 2 - 1　　东垣（光熙门南）水涵洞考古发掘现场

图版 3 - 2 - 2　　东垣（光熙门南）水涵洞全景（东南—西北）

图版 3 - 2 - 3　　东垣（光熙门南）水涵洞

图版 3 - 2 - 4　　东垣（光熙门南）水涵洞北部地基

图版 3 - 2 - 5　　东垣（光熙门南）水涵洞

图版 3 - 2 - 6　　西垣（肃清门北）水涵洞全景（东—西）

图版 3 - 2 - 7　　西垣（肃清门北）水涵洞全景（东—西）

图版 3 - 2 - 8　　西垣（肃清门北）水涵洞东口铺地石（东—西）

图版 3 - 2 - 9　　西垣（肃清门北）水涵洞东端进口

图版 3 - 2 - 10　　西垣（肃清门北）水涵洞西端出口

图版 3 - 2 - 11　　北垣（健德门西）水涵洞北口全景（北—南）

图版 3 - 2 - 12　　北垣（健德门西）水涵洞北口

图版 3 - 2 - 13　　北垣（健德门西）水涵洞

图版 3 - 2 - 14　　北垣（健德门西）水涵洞

图版 4 - 1 - 1　　1965 年秋后英房居住遗址考古发掘现场

图版 4 - 1 - 2　　1965 年秋后英房居住遗址考古发掘现场

图版 4 - 1 - 3　　1972 年后英房居住遗址考古发掘现场

图版 4 - 1 - 4　　后英房居住遗址主院和西院遗迹

图版 4 - 1 - 5　　后英房居住遗址主院北房遗迹

图版 4 - 1 - 6　　后英房居住遗址主院遗迹

图版 4 - 1 - 7　　后英房居住遗址主院东侧建筑遗迹

图版 4 - 1 - 8　　后英房居住遗址主院踏道、露道及角门遗迹

图版 4 - 1 - 9　　后英房居住遗址主院踏道遗迹

图版 4 - 1 - 10　　后英房居住遗址主院遗迹

图版 4 - 1 - 11　　后英房居住遗址主院西角门挟门柱基础解剖

图版 4 - 1 - 12　　后英房居住遗址主院西角门挟门柱基础解剖

图版 4 - 1 - 13　　后英房居住遗址主院东角门木构屋顶遗迹

图版 4 - 1 - 14　　后英房居住遗址主院西角门北侧院墙

图版 4 - 1 - 15　　后英房居住遗址东院全景（东南—西北）

图版 4 - 1 - 16　　后英房居住遗址东院全景（西南—东北）

图版 4 - 1 - 17　　后英房居住遗址东院遗迹

图版 4 - 1 - 18　　后英房居住遗址东院南房遗迹

图版 4 - 1 - 19　　后英房居住遗址东院柱廊全景（南—北）

图版 4 - 1 - 20　　后英房居住遗址东院柱廊遗迹

图版 4 - 1 - 21　　后英房居住遗址东院东厢房遗迹

图版 4 - 1 - 22　　后英房居住遗址东院东厢房遗迹

图版 4 - 1 - 23　　后英房居住遗址东院东厢房遗迹

图版 4 - 1 - 24　　后英房居住遗址东院东厢房遗迹

图版 4 - 1 - 25　　后英房居住遗址东院西厢房遗迹

图版 4 - 1 - 26　　后英房居住遗址东院西厢房遗迹

图版 4 - 1 - 27　　清理后英房居住遗址东院西厢房南暗间、屋门等（南—北）

图版 4 - 1 - 28　　后英房居住遗址东院西厢房遗迹

图版 4 - 1 - 29　　后英房居住遗址东院西厢房遗迹

图版 4 - 1 - 30　　后英房居住遗址东院西厢房遗迹

图版 4 - 1 - 31　　后英房居住遗址东院北房东南角和西南角台阶（北—南）

图版 4 - 1 - 32　　后英房居住遗址东院东厢房前台阶和露道（北—南）

图版 4 - 1 - 33　　后英房居住遗址东院西厢房前踏道和露道（北—南）

图版 4 - 1 - 34　　后英房居住遗址东院北房及西厢房遗迹

图版 4 - 1 - 35　　后英房居住遗址西院遗迹

图版 4 - 1 - 36　　后英房居住遗址西院台基与主院台基之间的暗沟（北—南）

图版 4 - 1 - 37　　后英房居住遗址西院北房、月台及东侧踏道、露道

图版 4 - 1 - 38　　后英房居住遗址出土板瓦、筒瓦和滴水

图版 4 - 1 - 39　　后英房居住遗址出土瓦当

图版 4 - 1 - 40　　后英房居住遗址出土脊饰

图版 4 - 1 - 41　　后英房居住遗址东院东厢房及柱廊出土格子门遗迹

图版 4 - 1 - 42　　后英房居住遗址东院柱廊出土格子门遗迹

图版 4－1－43　后英房居住遗址出土门上的铜饰件
图版 4－1－44　后英房居住遗址东院出土铜钉板门
图版 4－1－45　后英房居住遗址东院出土直棂窗、梁架残迹
图版 4－1－46　后英房居住遗址东院出土铁炉子（YH65：104）
图版 4－1－47　后英房居住遗址出土青花盘（YH72：1）
图版 4－1－48　后英房居住遗址出土遗物
图版 4－1－49　后英房居住遗址出土青釉盘（YH72：15）
图版 4－1－50　后英房居住遗址出土遗物
图版 4－1－51　后英房居住遗址出土遗物
图版 4－1－52　后英房居住遗址出土白釉黑彩四耳大瓶（YH65：77）
图版 4－1－53　后英房居住遗址出土青花瓷觚
图版 4－1－54　后英房居住遗址出土遗物
图版 4－1－55　后英房居住遗址出土遗物
图版 4－1－56　后英房居住遗址出土遗物
图版 4－1－57　后英房居住遗址出土遗物
图版 4－1－58　后英房居住遗址出土遗物
图版 4－1－59　后英房居住遗址出土长方形骨雕片（YH72：44①、②、⑤、⑥）
图版 4－1－60　后英房居住遗址出土长方形骨雕片（YH72：44⑦～⑪）
图版 4－1－61　后英房居住遗址出土窄长方形骨雕片（YH72：44⑫～⑰）
图版 4－1－62　后英房居住遗址出土骨雕片（YH72：44⑱～㊴）
图版 4－1－63　后英房居住遗址出土遗物
图版 4－1－64　后英房居住遗址出土遗物
图版 4－1－65　后英房居住遗址出土石砚（YH72：21）
图版 4－1－66　后英房居住遗址出土遗物
图版 4－1－67　后英房居住遗址出土遗物
图版 4－1－68　后英房居住遗址出土遗物
图版 4－1－69　后英房居住遗址出土遗物
图版 4－1－70　后英房居住遗址出土遗物
图版 4－1－71　后英房居住遗址出土遗物
图版 4－1－72　后英房居住遗址出土遗物
图版 4－1－73　后英房居住遗址出土遗物
图版 4－1－74　后英房居住遗址西侧的两间东房遗迹
图版 4－1－75　后英房居住遗址西侧的两间东房遗迹

（以上第三册）

图版 4－2－1　1969 年 9 月雍和宫后居住遗址发掘现场
图版 4－2－2　雍和宫后居住遗址全景

图版 4 - 2 - 3 　雍和宫后居住遗址北房遗迹

图版 4 - 2 - 4 　雍和宫后居住遗址北房遗迹

图版 4 - 2 - 5 　雍和宫后居住遗址北房遗迹

图版 4 - 2 - 6 　雍和宫后居住遗址北房遗迹

图版 4 - 2 - 7 　雍和宫后居住遗址东厢房遗迹

图版 4 - 2 - 8 　雍和宫后居住遗址东厢房遗迹

图版 4 - 2 - 9 　雍和宫后居住遗址东厢房遗迹

图版 4 - 2 - 10 　雍和宫后居住遗址西厢房遗迹

图版 4 - 2 - 11 　雍和宫后居住遗址东、西踏道遗迹

图版 4 - 2 - 12 　雍和宫后居住遗址西角门遗迹

图版 4 - 2 - 13 　雍和宫后居住遗址出土梁架彩画

图版 4 - 2 - 14 　雍和宫后居住遗址出土遗物

图版 4 - 2 - 15 　雍和宫后居住遗址出土遗物

图版 4 - 2 - 16 　雍和宫后居住遗址出土遗物

图版 4 - 2 - 17 　雍和宫后居住遗址出土遗物

图版 4 - 3 - 1 　雍和宫东居住遗址全景

图版 4 - 3 - 2 　雍和宫东居住遗址建筑遗迹

图版 4 - 3 - 3 　雍和宫东居住遗址出土遗物

图版 4 - 4 - 1 　桦皮厂居住遗址全景

图版 4 - 4 - 2 　桦皮厂居住遗址建筑遗迹

图版 4 - 4 - 3 　桦皮厂居住遗址建筑遗迹

图版 4 - 4 - 4 　桦皮厂居住遗址建筑遗迹

图版 4 - 5 - 1 　安定门煤厂东部居住遗址建筑遗迹

图版 4 - 5 - 2 　安定门煤厂东部居住遗址建筑遗迹

图版 4 - 5 - 3 　安定门煤厂东部居住遗址建筑遗迹

图版 4 - 5 - 4 　安定门煤厂西部居住遗址建筑遗迹

图版 4 - 5 - 5 　安定门煤厂西部居住遗址建筑遗迹

图版 4 - 5 - 6 　安定门煤厂西部居住遗址建筑遗迹

图版 4 - 5 - 7 　安定门煤厂居住遗址出土遗物

图版 4 - 5 - 8 　安定门煤厂居住遗址出土遗物

图版 4 - 5 - 9 　安定门煤厂居住遗址出土遗物

图版 4 - 5 - 10 　安定门煤厂居住遗址出土遗物

图版 4 - 5 - 11 　安定门煤厂居住遗址出土遗物

图版 4 - 5 - 12 　安定门煤厂居住遗址出土遗物

图版 4 - 5 - 13 　安定门煤厂居住遗址出土遗物

图版 4 - 5 - 14 　安定门煤厂居住遗址出土白釉黑彩四系扁壶一对（YM74F2：3）

图版 4－5－15 安定门煤厂居住遗址出土遗物

图版 4－5－16 安定门煤厂居住遗址出土遗物

图版 4－5－17 安定门煤厂居住遗址出土遗物

图版 4－5－18 安定门煤厂居住遗址出土遗物

图版 4－5－19 安定门煤厂居住遗址出土遗物

图版 4－5－20 安定门煤厂居住遗址出土遗物

图版 4－5－21 安定门煤厂居住遗址出土遗物

图版 4－6－1 德胜门东居住遗址全景（东南—西北）

图版 4－6－2 德胜门东居住遗址建筑遗迹

图版 4－6－3 德胜门东居住遗址建筑遗迹

图版 4－6－4 德胜门东居住遗址北房遗迹

图版 4－6－5 德胜门东居住遗址北房遗迹

图版 4－6－6 德胜门东居住遗址建筑遗迹

图版 4－6－7 德胜门东居住遗址建筑遗迹

图版 4－6－8 德胜门东居住遗址出土遗物

图版 4－6－9 德胜门东居住遗址出土遗物

图版 4－6－10 德胜门东居住遗址出土遗物

图版 4－6－11 德胜门东居住遗址出土遗物

图版 4－6－12 德胜门东居住遗址出土遗物

图版 4－6－13 德胜门东居住遗址出土遗物

图版 4－7－1 西绦胡同一号遗址全景（东南—西北）

图版 4－7－2 西绦胡同一号遗址全景

图版 4－7－3 西绦胡同一号遗址主院北房与后院南房遗迹

图版 4－7－4 西绦胡同一号遗址主院北房和后院南房遗迹

图版 4－7－5 西绦胡同一号遗址后院南房遗迹

图版 4－7－6 西绦胡同一号遗址后院南房遗迹

图版 4－7－7 西绦胡同一号遗址东院全景（西北—东南）

图版 4－7－8 西绦胡同一号遗址东院遗迹

图版 4－7－9 西绦胡同一号遗址东侧水井遗迹

图版 4－7－10 西绦胡同一号遗址出土遗物

图版 4－7－11 西绦胡同一号遗址出土遗物

图版 4－7－12 西绦胡同一号遗址出土遗物

图版 4－7－13 西绦胡同一号遗址出土遗物

图版 4－7－14 西绦胡同一号遗址出土遗物

图版 4－7－15 西绦胡同一号遗址出土遗物

图版 4－7－16 西绦胡同一号遗址出土遗物

图版 4 - 7 - 17　西绦胡同一号遗址出土遗物

图版 4 - 7 - 18　西绦胡同一号遗址出土遗物

图版 4 - 7 - 19　西绦胡同一号遗址出土白釉黑彩诗文罐（YG72：2）

图版 4 - 7 - 20　西绦胡同一号遗址出土遗物

图版 4 - 7 - 21　西绦胡同一号遗址出土遗物

图版 4 - 7 - 22　西绦胡同一号遗址出土遗物

图版 4 - 7 - 23　西绦胡同一号遗址出土遗物

图版 4 - 7 - 24　西绦胡同一号遗址出土遗物

图版 4 - 7 - 25　西绦胡同一号遗址出土青白釉炉（YG72：119①）

图版 4 - 7 - 26　西绦胡同一号遗址出土遗物

图版 4 - 7 - 27　西绦胡同一号遗址出土遗物

图版 4 - 7 - 28　西绦胡同一号遗址出土遗物

图版 4 - 7 - 29　西绦胡同一号遗址出土遗物

图版 4 - 7 - 30　西绦胡同一号遗址出土遗物

图版 4 - 7 - 31　西绦胡同一号遗址出土遗物

图版 4 - 7 - 32　西绦胡同一号遗址出土遗物

图版 4 - 8 - 1　西绦胡同二号遗址

图版 4 - 8 - 2　西绦胡同二号遗址

图版 4 - 8 - 3　西绦胡同二号遗址东部居住遗址建筑遗迹

图版 4 - 8 - 4　西绦胡同二号遗址建筑遗迹

图版 4 - 8 - 5　西绦胡同二号遗址东部居住遗址建筑遗迹

图版 4 - 8 - 6　西绦胡同二号遗址东部居住遗址建筑遗迹

图版 4 - 8 - 7　西绦胡同二号遗址东部居住遗址建筑遗迹

图版 4 - 8 - 8　西绦胡同二号遗址东部居住遗址建筑遗迹

图版 4 - 8 - 9　西绦胡同二号遗址东部居住遗址建筑遗迹

图版 4 - 8 - 10　西绦胡同二号遗址东部居住遗址建筑遗迹

图版 4 - 8 - 11　西绦胡同二号遗址东部居住遗址建筑遗迹

图版 4 - 8 - 12　西绦胡同二号遗址东部居住遗址建筑遗迹

图版 4 - 8 - 13　西绦胡同二号遗址东部居住遗址建筑遗迹

图版 4 - 8 - 14　西绦胡同二号遗址东部居住遗址建筑遗迹

图版 4 - 8 - 15　西绦胡同二号遗址东部居住遗址建筑遗迹

图版 4 - 8 - 16　西绦胡同二号遗址东部居住遗址建筑遗迹

图版 4 - 8 - 17　西绦胡同二号遗址东部居住遗址建筑遗迹

图版 4 - 8 - 18　西绦胡同二号遗址东部居住遗址建筑遗迹

图版 4 - 8 - 19　西绦胡同二号遗址东部居住遗址建筑遗迹

图版 4 - 8 - 20　西绦胡同二号遗址东部居住遗址建筑遗迹

图版 4－8－21 西绦胡同二号遗址东部居住遗址建筑遗迹

图版 4－8－22 西绦胡同二号遗址东部居住遗址建筑遗迹

图版 4－8－23 西绦胡同二号遗址西部作坊遗址建筑遗迹

图版 4－8－24 西绦胡同二号遗址出土遗物

图版 4－8－25 西绦胡同二号遗址出土遗物

图版 4－8－26 西绦胡同二号遗址出土遗物

图版 4－8－27 西绦胡同二号遗址出土遗物

图版 4－8－28 西绦胡同二号遗址出土遗物

图版 4－8－29 西绦胡同二号遗址出土遗物

图版 4－8－30 西绦胡同二号遗址出土遗物

图版 4－8－31 西绦胡同二号遗址出土遗物

图版 4－8－32 西绦胡同二号遗址出土遗物

图版 4－8－33 西绦胡同二号遗址出土遗物

图版 4－8－34 西绦胡同二号遗址出土白釉黑彩龙凤纹罐（YG73T：17）

图版 4－8－35 西绦胡同二号遗址出土遗物

图版 4－8－36 西绦胡同二号遗址出土遗物

图版 4－8－37 西绦胡同二号遗址出土遗物

图版 4－8－38 西绦胡同二号遗址出土遗物

图版 4－8－39 西绦胡同二号遗址出土遗物

图版 4－8－40 西绦胡同二号遗址出土遗物

图版 4－8－41 西绦胡同二号遗址出土遗物

图版 4－8－42 西绦胡同二号遗址出土遗物

图版 4－8－43 西绦胡同二号遗址出土遗物

图版 4－8－44 西绦胡同二号遗址出土遗物

图版 4－8－45 西绦胡同二号遗址出土遗物

图版 4－8－46 西绦胡同二号遗址出土遗物

图版 4－8－47 西绦胡同二号遗址出土遗物

图版 4－8－48 西绦胡同二号遗址出土遗物

图版 4－8－49 西绦胡同二号遗址出土遗物

图版 4－8－50 西绦胡同二号遗址出土遗物

图版 4－8－51 西绦胡同二号遗址出土遗物

图版 4－8－52 西绦胡同二号遗址出土遗物

图版 4－8－53 西绦胡同二号遗址出土遗物

图版 4－8－54 西绦胡同二号遗址出土遗物

图版 4－8－55 西绦胡同二号遗址出土三彩琉璃釉道士像（YG73F7：1）

图版 4－8－56 西绦胡同二号遗址出土遗物

图版 4 - 8 - 57　西绦胡同二号遗址出土遗物

图版 4 - 8 - 58　西绦胡同二号遗址出土遗物

图版 4 - 9 - 1　西绦胡同三号居住遗址建筑遗迹

图版 4 - 9 - 2　西绦胡同三号居住遗址建筑遗迹及出土遗物

图版 4 - 9 - 3　西绦胡同三号居住遗址出土遗物

图版 4 - 9 - 4　西绦胡同三号居住遗址出土遗物

图版 4 - 10 - 1　一〇六中学居住遗址北房基址全景

图版 4 - 10 - 2　一〇六中学居住遗址北房基址出土遗物

图版 4 - 10 - 3　一〇六中学居住遗址北房基址出土遗物

图版 4 - 10 - 4　一〇六中学居住遗址北房基址出土遗物

图版 4 - 11 - 1　后桃园遗址出土遗物

图版 4 - 11 - 2　后桃园遗址出土遗物

图版 4 - 11 - 3　后桃园遗址出土遗物

图版 4 - 11 - 4　后桃园遗址出土遗物

图版 4 - 11 - 5　后桃园遗址出土钧釉连座双耳瓶一对（YHF72：1）

图版 4 - 11 - 6　后桃园遗址出土遗物

图版 4 - 12 - 1　窖藏出土遗物

图版 4 - 12 - 2　窖藏出土遗物

图版 4 - 12 - 3　窖藏出土青花盘

图版 4 - 12 - 4　窖藏出土遗物

图版 4 - 13 - 1　北城垣沿线出土零散遗物

图版 4 - 13 - 2　北城垣沿线出土零散遗物

图版 4 - 13 - 3　北城垣沿线出土零散遗物

图版 4 - 13 - 4　北城垣沿线出土零散遗物

图版 4 - 13 - 5　北城垣沿线出土零散遗物

图版 4 - 13 - 6　北城垣沿线出土零散遗物

图版 4 - 13 - 7　北城垣沿线出土零散遗物

图版 4 - 13 - 8　北城垣沿线出土零散遗物

图版 4 - 13 - 9　北城垣沿线出土零散遗物

图版 4 - 13 - 10　北城垣沿线出土零散遗物

图版 4 - 13 - 11　北城垣沿线出土零散遗物

图版 4 - 13 - 12　北城垣沿线出土零散遗物

图版 4 - 13 - 13　北城垣沿线出土零散遗物

图版 4 - 13 - 14　北城垣沿线出土零散遗物

图版 4 - 13 - 15　北城垣沿线出土零散遗物

图版 4 - 13 - 16　北城垣沿线出土零散遗物

图版 4 – 13 – 17　北城垣沿线出土零散遗物

图版 4 – 13 – 18　北城垣沿线出土零散遗物

图版 4 – 13 – 19　西城垣沿线出土零散遗物

图版 4 – 13 – 20　西城垣沿线出土零散遗物

图版 4 – 13 – 21　西城垣沿线出土零散遗物

图版 4 – 13 – 22　西城垣沿线出土零散遗物

图版 4 – 13 – 23　西城垣沿线出土零散遗物

图版 4 – 13 – 24　城内出土零散遗物

图版 4 – 13 – 25　城内出土零散遗物

图版 4 – 13 – 26　城内出土零散遗物

图版 4 – 13 – 27　城内出土零散遗物

图版 4 – 13 – 28　城内出土零散遗物

图版 4 – 13 – 29　城内出土零散遗物

图版 4 – 13 – 30　城内出土零散遗物

图版 4 – 13 – 31　城内出土三彩琉璃釉雕花牡丹龙凤纹炉（J：274）

（以上第四册）

上　编

第一章　前　言

北京是中国的首都。三千多年前的北京曾是燕国的都城。秦汉至隋唐时期一直是中国北方地方城市——蓟城和幽州城所在，是地方政治、经济和军事重镇。辽为南京城，金为中都城。元代忽必烈统一全国建大都城，成为全国的政治、经济和文化中心，是当时著名的国际大都市。北京城作为全国的首都，从元大都开始一直延续到明、清两朝。1949 年中华人民共和国成立，又建都于北京。北京作为全国的首都，至今已有 740 余年历史。

元大都是汉唐长安城、洛阳城和北宋东京汴梁城之后中国北方的又一座重要都城，在中国古代都城发展史上占有极其重要的地位。但元大都城址考古起步比长安城和洛阳城要晚，直到 20 世纪 60 年代，还没有一幅元大都城址实测图，也从未做过正式的考古发掘。1963 年为配合地图委员会编绘任务，中国科学院考古研究所（以下简称"考古所"）与北京市文物工作队，联合成立北京城历史地图小组和元大都考古队，其目的是为研究和复原北京城历史及城市规划，也为北京城历史地图小组提供科学资料。此项任务交给徐苹芳先生，他抓住这次极好机遇，以考古为主，结合文献记载，对大都城的外郭城、宫城、皇城、城门、街道、水系及河湖等进行考古钻探及小规模的发掘，了解其方位和形制，然后实测出元大都城址图（同时还对辽南京、金中都和明清北京城进行了考古勘探）。徐苹芳先生为元大都考古开了个好头。之后，又配合北京市地铁基建工程，在城内发掘不同类型的元代居住遗址十多处，充分反映出不同阶层居民生活状况，为研究大都住宅规划、建筑形制、经济和文化状况提供了丰富资料，这些也是我们编写报告的基础素材。

元大都考古工作是按计划进行的。野外考古工作前要做好充足的准备。首先，收集与元大都城有关的古代文献资料（包括正史、地方史、专著、笔记、诗文集等），这项工作是长期的，历史时期考古必须和古代文献相结合，根据考古材料和遇到的问题，随时查找文献。其次，要掌握前人对元大都的研究成果，以期少走弯路，并在实际考古工作中检验这些成果，合理部分要吸收，不合理部分找出错在哪，引以为戒。

北京是辽、金城址范围，又是元明清三朝国都，也是今天中国的首都，是典型的古今重叠的大都市。如何开展考古工作是个疑难的课题。从西安洛阳城址考古经验分析，第一步工作是搞清城址（城垣）范围、城门位置和街道（河水）布局等。找到实测的古、今北京城图最为重要，以便把考古发现的元大都城址遗迹标在图上。我们的做法：先找出北京最近（1937 年和 1954 年）的实测图，这些图与 20 世纪 60 年代的北京城状况基本相同。1937 年实测的万分之一的北京地图，很接近清朝的北京城图。文献记载清代乾隆十五年（1750 年）绘成的《京城全图》是北京最早的图，该图虽不是实测图，但画得较准，比例约为六百五十分之一，细部详明。我们把乾隆的《京城全图》按比例缩成万分之一的图（图 1–1）。这张图范围较小，未包括北城墙以北至土城（元大都北城墙）的范围，但 1937 年实测的北京城图包括这部分。所以《京城全图》与 1937 年的实测图套合在一起，经过校对，证明清初的北京城与最近的（20 世纪 60 年代）北京城基本一致，这就是我们勘察元大都的底图，

图 1-1　清代北京城平面图（乾隆时期）

1. 亲王府　2. 佛寺　3. 道观　4. 清真寺　5. 天主教堂　6. 仓库　7. 衙署　8. 历代帝王庙　9. 满洲堂子　10. 官手工业局及作坊　11. 贡院
12. 八旗营房　13. 文庙、学校　14. 皇史宬（档案库）　15. 马圈　16. 牛圈　17. 驯象所　18. 义地、养育堂

实际就是清乾隆时期的地图。

有了清代的北京地图，我们又查阅了明代专记北京街坊的书，即张爵《京师五城坊巷胡同集》和沈榜《宛署杂记》两书（其时代大约是嘉靖三十九年至万历二十年，1560～1592 年），校对乾隆的《京城全图》，证明明代中叶的北京街道也基本上与最近的北京城相同，个别地方有少许变动。最后我们从明代北京城再上推至元代大都城。文献记载明代初年曾对大都城弃北拓南改造，即废弃大都城址北面三分之一，重新修筑明城北城墙，大都城南墙被拆除，向南拓展到今东便门、崇文门、宣武门到西便门一线，形成明代北京内城。被拆除的元大都南城墙，位于今长安街南侧，所以明代北京内城自长安街向北至明代新筑的北城墙范围，应是元大都城的中、南部分。这部分有什么变化呢？弘治元年（1488 年）的礼部尚书丘濬说：“惟今京师盖袭胜国之旧，街坊里巷，参错不齐……京城内外自来街坊因袭前代旧名，俚俗不雅，混乱无别……”说明明代中叶的北京街道，基本是沿袭了元代的街道，旧的名称仍在沿用。明代废弃的大都城北面部分，即今安定门—德胜门以北至今土城遗址（即元大都北城墙），皆在明城北郊，已变成农田或菜地。至 20 世纪 60 年代初，仅在大都城西北建有 8 座大专院校，并新建有学院路，大都城东北建有和平里居住小区。因此这片农田和菜地是我们用考古方法探寻元大都城址及城内街道和胡同的最佳地点（图 1－2）。另外，我们还用到了抗日战争时期拍摄的北京城航空照片（图版 1－1～1－4），从照片上能清晰看出明清两朝的北京城全貌，还能看到城北郊明代废弃的元大都北土城全貌，这些遗迹现象与我们选择的元大都地图完全一致。上述就是我们第一步的准备工作。

第二步野外考古工作。方法有调查、钻探和发掘。城址考古工作是长期的，是思考、研究、想出办法和亲自动手解决疑难问题的漫长而有趣的过程。元大都野外考古历经十年（1964～1974 年），参加整个考古过程的只有徐苹芳先生一人，其他人只参加某一阶段工作。下面按年代顺序简要说明工作概况：

1964 年

5 月 21 日，元大都野外考古工作正式开始，工作至 7 月 20 日。在元大都城东北角进行考古钻探，并发掘探沟 9 条。了解城墙宽度、马面和城角形制以及护城河与城墙关系。

9 月 11 日～10 月 8 日，在大都东城垣的光熙门南（今二环路东北角）发掘 1 座水涵洞（图 1－2）。

10 月 10 日～16 日，发掘大都城东北角楼（图 1－2），了解城的内侧拐角和城内顺城街道。

10 月 17 日～25 日，在大都城北垣考古钻探安贞门、健德门和西北城角。

10 月 25 日～30 日，补充发掘光熙门南水涵洞，并测绘图和照相。至此元大都东城垣北段（东北城角）和光熙门水涵洞的考古发掘工作全部结束。

10 月 31 日～11 月 10 日，在复兴门一带考古勘探，确定元大都西南城角。

11 月 11 日～19 日，在建国门一带考古勘探，确定元大都东南城角（即今古观象台）。

11 月 20 日、21 日，从古观象台向西至东单一带考古勘探，确定元大都南城墙及护城河位置。至此元大都城圈考古勘探基本结束，并实测出元大都城垣遗址图（图 1－3）。

上述工作人员有领队徐苹芳，队员有郭义孚（测绘图）、魏善臣（发掘）。探工届如忠、贾金华、蔡玉章、高济英。蒋忠义仅参加东北城角测量工作。

1965 年

2 月 19 日～3 月 3 日，在今安定门、德胜门外，考古钻探元大都城内街道和胡同。于旧鼓楼大街豁口处探出 2 处遗址。

3 月 4 日～12 日，在今旧鼓楼大街、鼓楼大街、景山公园一带，钻探大都城中轴线街道。同时在地安门以

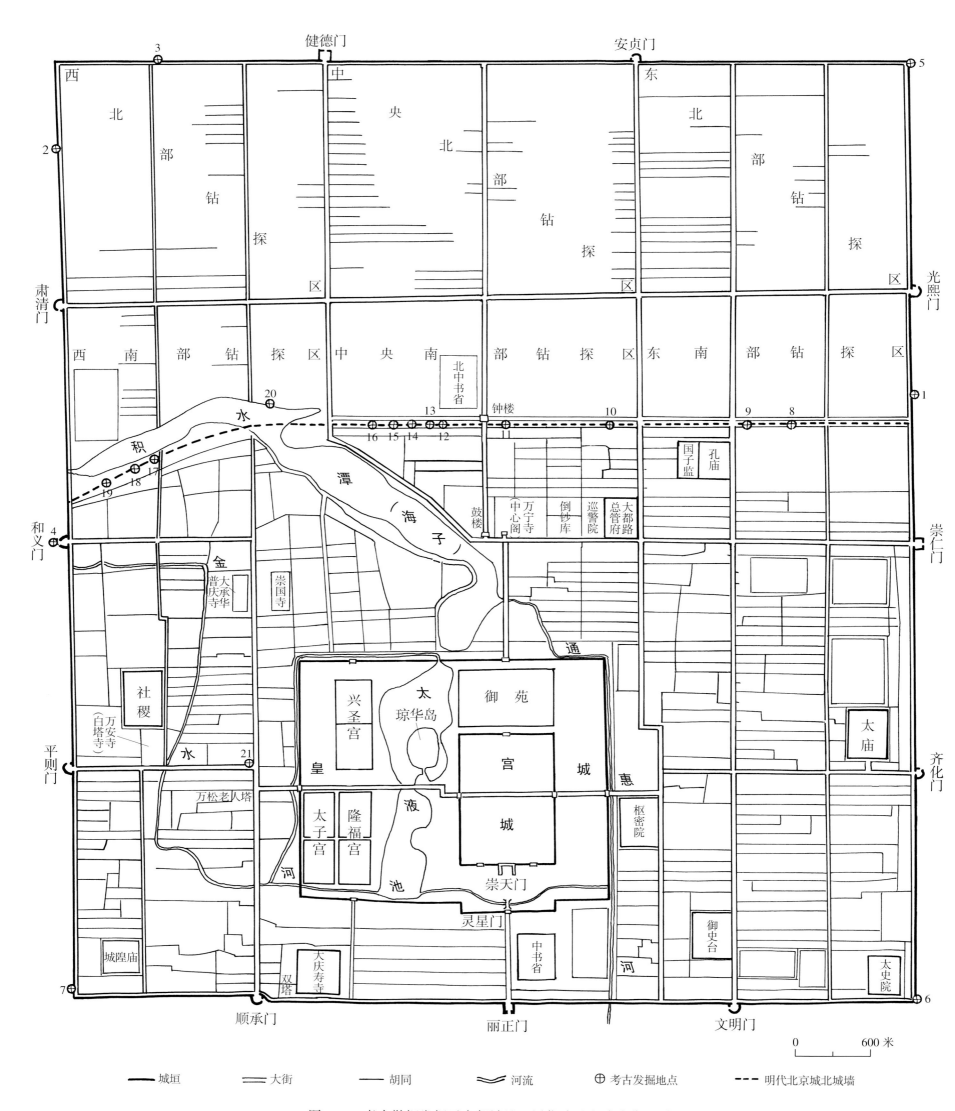

图1-2 考古勘探发掘元大都城址、居住遗址和遗迹位置图

1. 东垣水涵洞遗址　2. 西垣水涵洞遗址　3. 北垣水涵洞遗址　4. 和义门瓮城门遗址　5. 东北角楼遗址　6. 东南角楼遗址　7. 西城墙南端（复兴门北）城墙
8. 雍和宫东居住遗址　9. 雍和宫后居住遗址　10. 安定门煤厂居住遗址　11. 旧鼓楼大街豁口东窖藏　12. 西绦胡同一号遗址　13. 西绦胡同二号遗址　14. 西绦
胡同三号居住遗址　15. 一〇六中学居住遗址　16. 德胜门东居住遗址　17. 后英房居住遗址　18. 后桃园遗址　19. 桦皮厂居住遗址　20. 新街口豁口东海子北
堤岸遗址　21. 西四石排水长渠遗迹

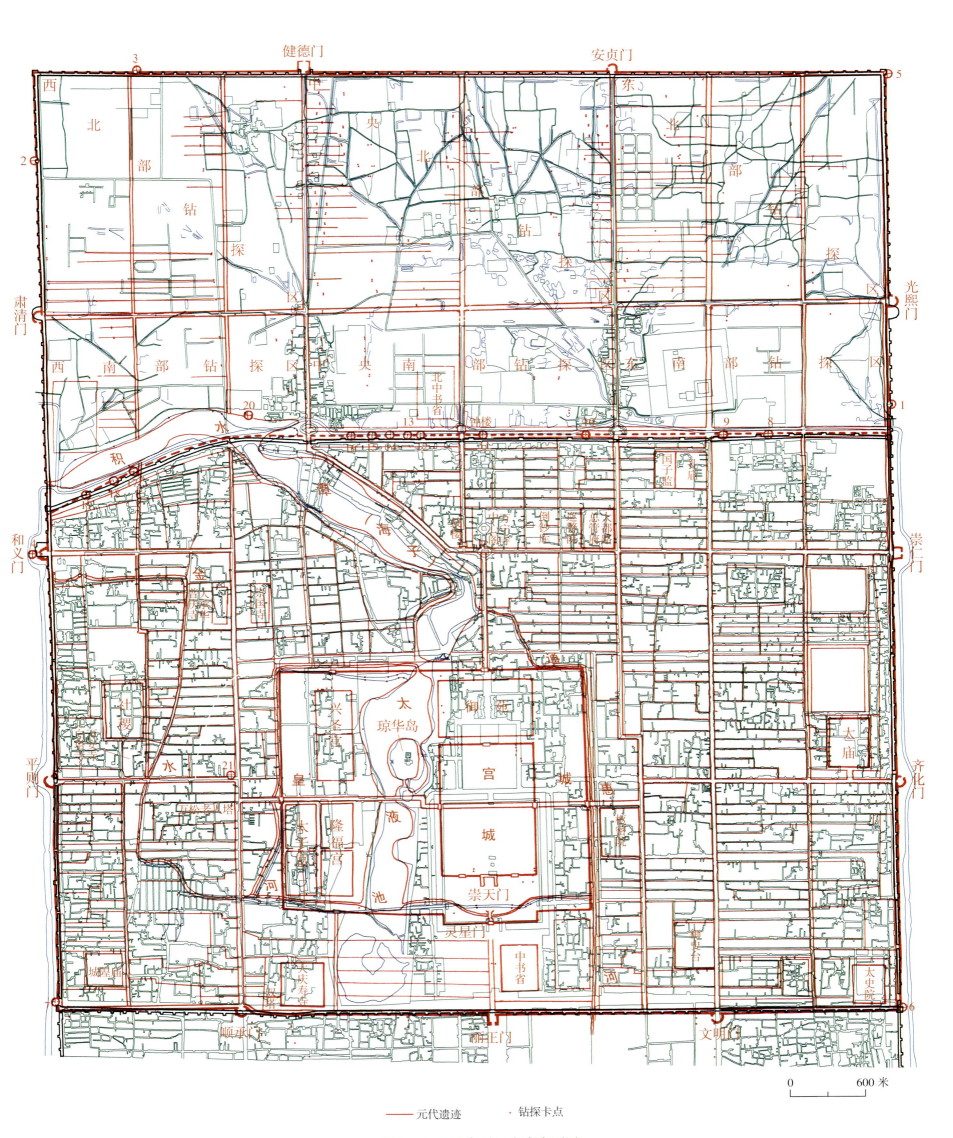

西
北
部
钻
探
区

西
南
部
钻
探
区

中
央
北
部
钻
探
区

中
央
南
部
钻
探
区

东
北
部
钻
探
区

东
南
部
钻
探
区

西北

健德门

安贞门

东北

3

5

2

肃清门

光熙门

20

北中书省

钟楼

1

13

国子监

9 8

崇仁门

和义门

金箴寺

积

水

大

都

子

海

太
液
池

琼华岛

御

西

城

宫

城

通

太庙

惠

平则门

兴圣宫

皇

城

隆福宫

崇天门

齐化门

太史院

城隍庙

大庆寿寺

灵星门

中书省

河

顺承门

丽正门

文明门

7

6

21

0　　　　600米

—— 元代遗迹　　·钻探卡点

图 1-3　元大都城址考古实测图

南的水簸箕胡同北口、二道桥胡同北口、慈惠殿小夹道内和油漆作胡同内，钻探皇城北墙；在东安门的北河沿路西和孔德东巷东口内，钻探皇城东墙；在东华门大街路南和西华门内，钻探皇城南墙；在今西皇城根钻探皇城西墙。

3月13日～26日，在大都城内东北部（即安贞门大街以东，光熙门大街以北），钻探街道和东西向胡同，同时对今安定门外的地坛等处遗址也进行了考古钻探。

3月27日～31日，在今德胜门外的大都城内西北部（健德门大街以西，肃清门大街以北），钻探街道和东西向胡同。

4月1日至5月，发掘肃清门以北的水涵洞（今邮电学院北）。同时对光熙门大街以南，安贞门大街路东范围，钻探街道与胡同。

在今西直门以北，向东至北海后门，考古勘探元代海子范围。

5月末至6月20日，考古钻探金水河河道。金水河由和义门（今西直门）南侧的水涵洞进入城内，向东至赵登禹路的旧河沿止，然后顺旧沟沿向南，过马市桥，至今政协礼堂，前泥洼胡同西口，又向东到西单北甘石桥。自甘石桥向东至灵境胡同北，至此河道分为南北两支，北支沿东斜街向北流，与西黄城根重合后向北流，至厂桥后河道向东流，至北海公园注入湖中；南支河道沿灵境胡同一直向东，过府右街入中海，顺中海西苑门向东流，经今西华门大街入故宫西华门，进入故宫后，沿咸安宫门前向东流，经文华门前至东华门内，河道稍向北折而出故宫，出宫后沿今东华门大街以北，过孔德前巷而东注入南河沿（即元代通惠河）。在故宫熙和门外偏北处发掘1条探沟，了解金水河河道。至8月17日金水河的考古钻探和发掘工作结束。

7月、11月和12月，在大都城内北部中央范围（即安贞门、健德门之间，向南至今安定门、德胜门），考古钻探街道和遗址。至年底，大都城内街道和胡同的考古钻探工作结束。实测出元大都街道和胡同布局图。

8月～9月，在今新街口豁口以西的后英房（即北城墙下）发掘1处元代居住遗址。在德胜门东侧的一〇六中学操场下发掘1座元代房基（图1-2）。

1965年参加考古钻探的人员与1964年相同。参加考古发掘的人员有徐苹芳、李进和段鹏琦。遗址全景照相刘国强，绘图郭义孚。

1966年

工作计划：一是在安定门和德胜门外的元大都北部中央地区，选择两三处遗址进行考古发掘；二是试掘光熙门遗址；三是调查大都城城郊的诸水系，特别与大都城和金中都有密切关系的金口河；四是考古勘探金中都（辽南京）。参加人员：领队徐苹芳，队员有郭义孚、张连喜、安德厚、李进、屈如忠、贾金华。

3月～5月，在今北京城西南一带，考古勘探金中都和辽南京城址。此时"文化大革命"运动如风暴席卷京城，所有单位都停止了工作，元大都考古工作因此中断三年。

1969年

由工人和解放军组成的毛泽东思想宣传队进驻考古所，要求考古所全体职工集中在单位食宿，办学习班，天天开会。在"抓革命，促生产"口号下，为配合北京市地铁建设，在北二环路（即明代北京北城墙一线）自东向西发掘四处元代居住遗址，在拆除西直门瓮城墙时发掘元代和义门瓮城门遗址。因是在"文化大革命"期间，"抓革命"是第一位的，因此单位开大会和搞批判会，全体职工必须参加，所以考古发掘工作断断续续，一直工作到年底。1969年的工作情况如下：

5月，为配合地铁建设工程要把西直门和瓮城墙拆除，在拆除箭楼下的明代城墙时发现了元代城门洞，即和义门瓮城城门。负责拆除西直门的单位是北京市古建队，他们通知了北京市文物管理处文物工作队。这个发现很重要，文物工作队又通知了考古所元大都考古队徐苹芳先生，很快禀报到宣传队领导。要搞清元代和义门建筑结构，不能动用挖土机，只靠人力拆砖挖土，工作量相当大。该项任务时间紧迫，考古所宣传队只好向哲学社会科学部禀报，讲清元代和义门是考古重大发现和历史价值。领导决定配合西直门拆除工作，考古发掘和义门遗址。发掘工作6月13日开始，7月28日结束，和义门瓮城门及箭楼，全部清理需要大量劳动力，由哲学社会科学部下属各研究所的职工轮流到工地参加劳动（参见图版3-1-3）。考古所抽出蒋忠义、徐殿魁、刘震伟、丁六龙、段鹏琦、孟凡人和屈如忠，到工地负责考古发掘清理，并指挥每天来参加劳动人员的工作。当时考古所所长夏鼐和苏秉琦等知名考古专家（自1966年"文化大革命"以来，这些专家都被打倒，接受批判，被监督劳动）都到工地劳动。徐苹芳先生当时胃病严重，病休在家，可以不集中在单位住宿，不参加会议，是个病休的自由人。他对和义门的考古清理非常重视，几乎每天都到工地观看和记录和义门的发掘情况，还时常与远在兰州被下放劳动的古建专家傅熹年先生通信，探讨和义门的结构形式等问题。这是"文化大革命"中，参与专家最多、清理速度最快的一次特殊的考古发掘。

和义门发掘清理完成后，一座元代城门展现在大家面前（参见图版3-1-6）。这个考古发现太重要了，是保住和义门？还是拆除和义门？谁也做不了主。最后请示中国科学院院长郭沫若，郭老特意登上和义门观看许久，最后惋惜表示"为地铁让路"，拆除和义门（当时"文化大革命"正值"破旧立新"高潮，保护历史文化遗产相当困难）。在拆除和义门过程中，徐苹芳和郭义孚先生几乎每天到工地测绘和记录城门的细部结构，关键部分恳请拆除工人放慢速度，改用人力挖砖，便于看清夹在城墙中的木构痕迹，后期，北京市文物管理处考古队黄秀纯前往和义门遗址，协助郭义孚先生测绘平、剖面图，扶塔尺、报数据，一直工作到12月底才完成。经过艰苦努力，勤奋工作，一套和义门结构图、文字记录和照片记录全部取得，所有资料保存至今。

9月~12月，发掘雍和宫东、雍和宫后、西绦胡同三号和桦皮厂等地点的4处元代居住遗址（图1-2）。参加考古发掘的工作人员有蒋忠义、徐殿魁、刘震伟和丁六龙。徐苹芳先生病休在家，但经常到考古现场指导工作。雍和宫后居住遗址全景照相由姜言忠负责。

雍和宫后居住遗址是1969年发现的一处重要遗址。这是一座元代典型的四合院居址，方整的院落有正（北）房三间，并配有东、西厢房和南房。房屋建筑下都筑有较高的台基，正房前建有方形月台，院中铺有"十"字形露道，房屋之间用拐角墙围起，整个院落严谨而安静。

1970~1971年

哲学社会科学部及下属各研究所、室全体员工下放到河南省息县的"五七"干校，元大都考古工作停滞下来。

1970年10月，工人在拆除旧鼓楼大街豁口东侧明清北城墙时，发现一处瓷器窖藏（图1-2）。北京市文物管理处考古队于杰、黄秀纯前往清理时发现，这批瓷器被工人砸碎了。后将这些碎瓷片筛回来拼接修复，共计10件元青花瓷器、6件影青瓷器。其中元青花凤首扁壶造型罕见，器身布满青花，绘画十分精致。此次只清理了窖藏器物，未能对遗址进行发掘。

1970年11月，北京市西城区工程大队第五营在西四牌楼下修筑防空洞时，发现元大都南北主干道用青条石修筑的排水渠遗址（图1-2）。北京市文物管理处考古队于杰、黄秀纯前往清理。该水渠位于西四新华书店与同合居饭店之间，距地表两米左右，是用青条石砌筑的露天排水渠。渠宽1、深1.65米，底部顺铺青条石，仅暴露23米，其南北延伸部分尚埋于地下。在通过平则门大街路口处（今阜成门内大街），顶部覆盖的青条石形成桥面。清理淤土时，发现一处石壁上凿刻有"致和元年」五月日」石匠刘三"题字。致和元年为1328年，这一题字为我们研究该排水渠修筑的年代提供了珍贵的文字资料。

1972 年

哲学社会科学部去干校的职工全部回京,恢复正常工作。配合北二环地铁工程的元大都考古队又开始了工作。北京市文物管理处也派人参加考古发掘。先后参加考古发掘的人员有考古所的徐苹芳、钟少林、关甲堃、郭义孚、赵信和蒋忠义,北京市文物管理处的马希桂、喻震、潘长华和黄秀纯。

3月~5月,发掘后英房居住遗址和后桃园遗址。后英房居住遗址是大都城内一处富有人家的住宅。发掘出主院和西跨院,主院面积很大,由北(正)房和东西厢房及南房组成,房屋下都建有高台基。正房前出轩、后出廊,院中间用砖砌"十"字形高露道,把正房、东西厢房和南房连接起来,四面房屋之间用拐角墙围砌,院西北设一道角门,院东北设两道角门(参见图版4-1-4)。从西北角门可通入西跨院,西跨院较小,只有三间正房,当心间前设置方形月台,月台前两角上各摆放一座石雕卧狮(参见图版4-1-4)。从东北角门可通入东跨院。没想到东跨院竟是七年前(1965年)发掘的后英房居住遗址。因遗址保存得很完整,1965年发掘完后暂时用土回填掩埋,做临时保护,这次又把它清理出来,证实七年前发掘的正是后英房遗址的东跨院。东跨院是一座典型的"工"字形建筑,正房与南房之间用柱廊连接(参见图版4-1-15)。从后英房居住遗址布局看,它有主院和东院、西院(均压在明代北城墙下),南面应有前院,北面应有后苑(后英房居住遗址北侧临近今太平湖,即元大都高梁河南岸)。建筑遗迹保存得如此完整,出土遗物非常丰富,是元大都考古的重大发现。

6月~7月,在旧鼓楼大街西侧的西绦胡同发掘了一处元代遗址,编号西绦胡同一号遗址。这处遗址似住宅兼商家仓库,前(南)面应有店铺与住宅(因超出明代北城墙范围,建筑遗迹未保存下来),北面为后院和仓库。发掘出的是住宅北房后侧和后院仓库,在仓库墙角处发现很多成摞的瓷器,似乎这些瓷器刚从仓库搬出准备运走,结果全部被埋在明代城墙中,城墙内还发现许多门窗木料。这种现象在发掘的十几处元代遗址中都有发现,反映出明代修筑北城墙,时间紧迫,建筑速度极快,大都城内居民来不及搬运完物品,就被明军强行拆屋筑城。城墙中填埋许多元代生活用品以及房屋的断壁残垣等,有的住屋山墙还保存一两米高,屋内和院中的铺地砖几乎完整无缺,给我们留下了大都城内居民的真实生活信息。

1973 年

3月~11月,在西绦胡同发掘二号遗址,发掘面积较大,发掘时间长。从发掘出的遗迹现象看,这是一片用半头碎砖建成的群居住房,与后英房、雍和宫等居住遗址有鲜明差别。西绦胡同二号遗址代表了元大都下层贫苦人家的居住水平。这片群居住房也有很好的规划,每户皆为一间房、一座小院,形成长条式的布局(参见图版4-8-1)。随着人口的增加,住房面积不够,就把一间住房向后搭建半间小屋,有的把前檐墙向外推出,有的在小院内搭座很小的南屋,屋内仅容一炕。经过改建,一室一院的整齐住宅变得很不齐整(很似20世纪60年代以后北京四合院内私搭乱建后的大杂院)。这种群居的住屋,皆为一间房子半间炕,屋中用砖砌有取暖的小煤炉、做饭用的方形灶(参见图版4-8-1:2、4-8-4:2),屋内外摆放有储存粮食的陶罐、陶盆、水缸、捶布石和加工原粮的石臼、石磨等,墙角有用碎砖围砌的储煤池(参见图版4-8-13)。

7月~8月,在今花园路口,即元大都健德门西侧的北城垣下,发掘一座水涵洞,涵洞保存有部分券顶和两侧砖石洞壁(图版3-2-11)。如今这里已成为北土城遗址的一处景点。

12月,在德胜门东发掘了一处元代居住遗址,至1974年初该遗址的发掘工作才结束。这处遗址是一座倒座门的三合院住宅。院门位于胡同南侧,进院门为一东西向狭长的院,通过西端穿堂过道屋进入住宅院,院内有正房五间,东西厢房各三间,南面是另一宅院的正房后檐墙。从建筑遗迹和出土遗物分析,该遗址代表了大都城内中等居民的水平。

临街的狭长院内有拴牲口的石桩。住宅院较宽敞，全部用砖平铺。屋内有火炕和坐炕，正屋中心三间不见做饭的灶台，只在东端屋内设置灶台，应是厨房。西厢房当心间为磨房，院中出土有石臼、石磨和石碾轮（参见图版4－6－1）。

1974 年

2 月～8 月，在今安定门西侧顺城街的煤厂内发掘一片元代居住遗址，可分东西两部分。东部遗址保存很差（参见图版 4－5－1），西部遗址保存较好（参见图版 4－5－4）。西部遗址是倒座门的住宅，与德胜门东居住遗址类似。住宅院门位于胡同南侧，门口西侧还遗存两棵松树根。住宅分前后两进院，后院为东西向狭长形，院北侧为临街房，西头一间为过道屋，由此出入前、后院。前院为住宅主人的院落，保存有四间较完整的正房，正房前有方形小月台，院东西两侧残存有厢房。

1974 年 9 月，配合北二环东西一线的地铁工程的考古工作全部结束。在考古发掘期间，夏鼐先生建议我们请研究古建的专家到工地看元代居住遗址，尽可能复原一些不同类型的元代民居住宅形式。徐苹芳先生很重视这方面的研究，并邀请著名古建专家傅熹年先生到考古现场参观指导。经过研讨，傅熹年先生完成了后英房、雍和宫后和西绦胡同二号居住遗址的绘图复原工作，还把重大的考古发现——和义门瓮城及箭楼也做了详细的绘图复原。

1974 年，元大都考古发掘结束前，徐苹芳先生提出了元大都资料整理及专题研讨计划（图 1－4）。要求整理遗物按用途和质料不同，分类统计和挑选不同标本，做到每件器物都有卡片，用绘图、照片（拓片）和文字记录器物造型、尺寸、花纹、制作和使用痕迹等。因瓷片数量太多，分类统计、粘对和复原瓷器的工作量很大，考古所派出李德金参加瓷片整理工作。计划 1976 年底完成整理工作，与此同时，把不同窑系烧造的瓷器和铁器等标本送有关单位进行化验测试。最后挑选各类典型器物样本，精制绘图和照相（拓片），为编写元大都考古报告作准备。考古所选留极少标本后，绝大部分标本和所有出土遗物移交北京市文物管理处保管。

1976 年初，徐苹芳先生又提出了“元大都考古报告编写大纲”。报告分上编和下编，上编内容为 1964～1974 年考古勘探、试掘的城址（外郭城、皇城、宫城、街道及河湖水系）和发掘的居住遗址，共分十八章，每处发掘点各为一章（图 1－5）；下编内容为元大都专题研究，共八章（图 1－6）。上编勘探发掘资料要客观、全面和如实报告发掘成果，体例统一，写法格式化。如每处居住遗址分两部分：第一部分为建筑遗迹，要分别写出遗址的平面布局、建筑结构和建筑构件。第二部分为出土遗物，遗物按用途分开写，如生活用品、工具、度量衡器、货币、梳洗用具等，每项用具又按器物质地分类写，如生活用具中有瓷器、陶器、石器、铁器等；瓷器中又按器形分开写，如碗、盘等；每种器形按釉色分开写，如白釉碗、青釉碗等；每种釉色的瓷器后

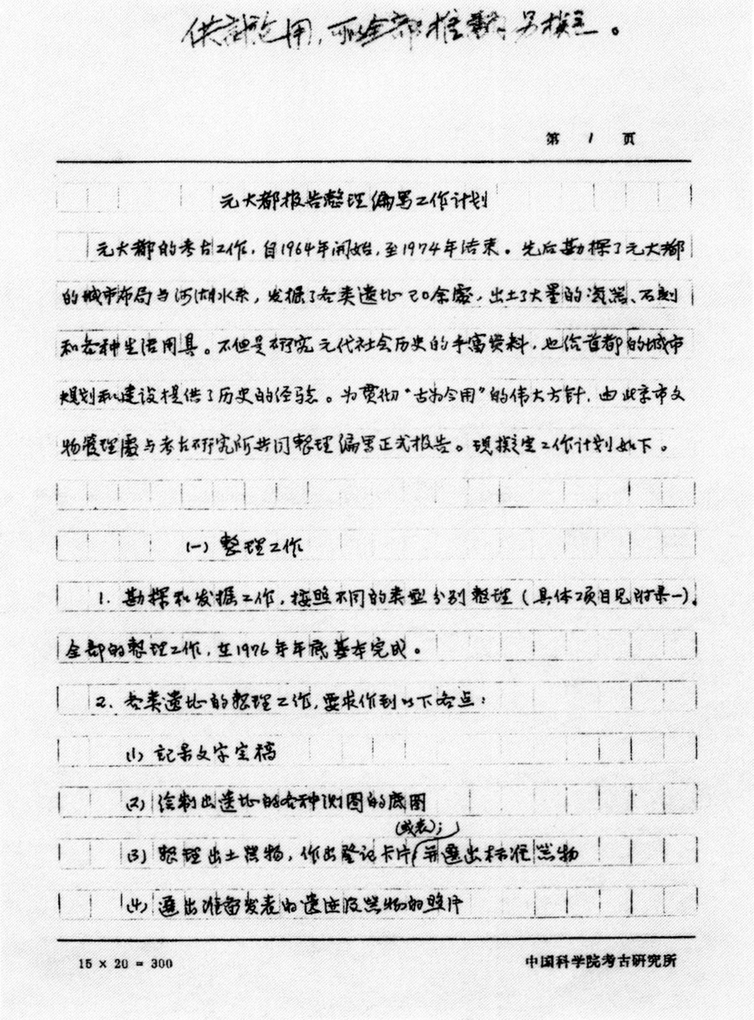
第 1 页

元大都报告整理编写工作计划

元大都的考古工作，自1964年开始，至1974年结束。先后勘探了元大都的城市布局与河湖水系，发掘了各类遗址20余处，出土了大量的瓷器、石刻和各种生活用具。不但是研究元代社会历史的丰富资料，也给首都的城市规划和建设提供了历史的经验。为贯彻“古为今用”的伟大方针，由北京市文物管理处与考古研究所共同整理编写正式报告。现拟定工作计划如下。

(一) 整理工作

1. 勘探和发掘工作，按照不同的类型分别整理（具体项目见附录一）。全部的整理工作，在1976年年底基本完成。

2. 各类遗址的整理工作，要求作到以下各点：

(1) 記录文字定稿

(2) 绘制出遗址的各种附图的底图

(3) 整理出土器物，作出登记卡片（或表）；并选出标准器物

(4) 选出准备发表的遗迹及器物的照片

15 × 20 = 300　中国科学院考古研究所

图 1－4　元大都考古报告整理编写工作计划

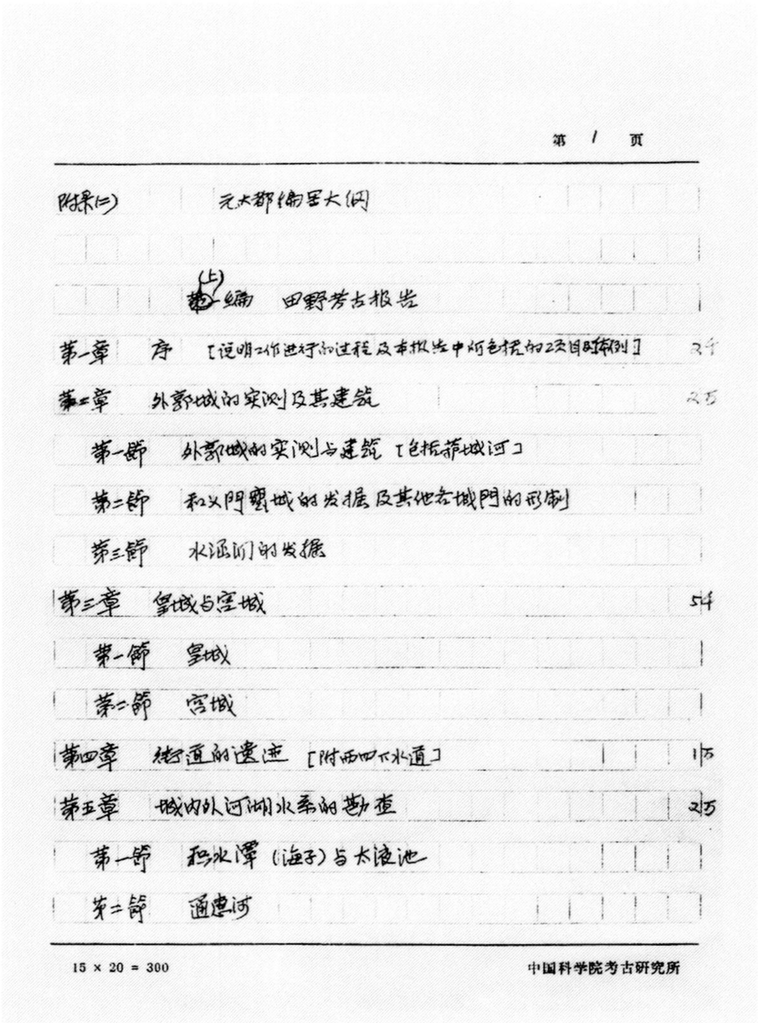
第 1 页

附录(二) 元大都编写大纲

(上)编 田野考古报告

第一章 序 【说明工作进行的过程及本报告中所包括的各项目的编例】 2千

第二章 外郭城的实测及其建筑 2万

第一節 外郭城的实测与建筑【包括护城河】

第二節 和义门瓮城的发掘及其他各城門的形制

第三節 水涵洞的发掘

第三章 皇城与宫城 5千

第一節 皇城

第二節 宫城

第四章 街道的遗迹【附西四下水道】 1万

第五章 城内外河湖水系的勘查 2万

第一節 积水潭（海子）与太液池

第二節 通惠河

15 × 20 = 300 中国科学院考古研究所

图 1－5 元大都考古报告编写大纲・上编・田野考古报告

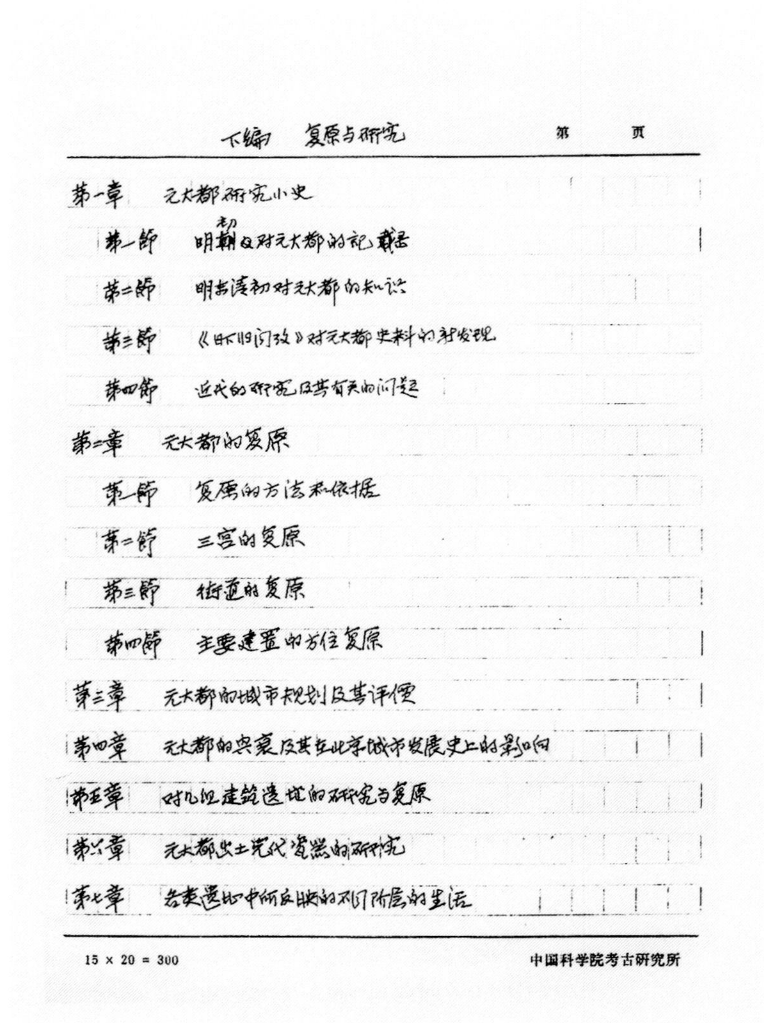
下编 复原与研究 第 页

第一章 元大都研究小史

第一節 明朝对元大都的记载

第二節 明末清初对元大都的知识

第三節 《日下旧闻考》对元大都史料的新发现

第四節 近代的研究及与有关的问题

第二章 元大都的复原

第一節 复原的方法和依据

第二節 三宫的复原

第三節 街道的复原

第四節 主要建置的方位复原

第三章 元大都的城市规划及其评价

第四章 元大都的兴废及其在北京城市发展史上的影响

第五章 对几处建筑遗址的研究与复原

第六章 元大都出土瓷器的研究

第七章 各遗址中所反映的不同阶层的生活

15 × 20 = 300 中国科学院考古研究所

图 1－6 元大都考古报告编写大纲・下编・复原与研究

注有烧制产地窑名，如龙泉窑、景德镇窑等窑系名称。所有器形不分型分式，直呼器形名称，如青釉盏托。

按考古发掘常规，各发掘遗址地点、时间和出土器物编号说明如下：

发掘的 11 处元代居住遗址，后英房居住遗址缩写成 YH、雍和宫后居住遗址缩写成 YU、雍和宫东居住遗址缩写成 YUE、桦皮厂居住遗址缩写成 YW、安定门煤厂居住遗址缩写成 YM、德胜门东居住遗址缩写成 YE、西绦胡同遗址缩写成 YG、后桃园遗址缩写成 YHF。发掘时间皆注在遗址地点代号后面，如 YH65 代表 1965 年发掘的后英房居住遗址。需要说明的是西绦胡同遗址，由于共发掘三处，地点相同，发掘时间不一，因此西绦胡同一号遗址编为 YG72、西绦胡同二号遗址为 YG73、西绦胡同三号居住遗址为 YG69。德胜门东居住遗址和一〇六中学居住遗址相距不远，发掘时间不同，因此德胜门东居住遗址为 YE74、一〇六中学居住遗址为 YE65。

各遗址出土的器物编号，皆标在发掘时间的后面，用冒号分开。如 YH72：1，代表后英房居住遗址 1972 年出土的 1 号器物；YG73F1：6，代表西绦胡同二号遗址 1 号房屋出土的 6 号器物。需要说明的是，西绦胡同二号遗址出土的大部分器物与房屋有关，因此器物前加注“F”；有少量器物不是房屋出土的，则加注探方缩写字头“T”，如 YG73T：17，代表西绦胡同二号遗址中出土的 17 号器物；还有一种是当时在遗址东西两侧挖土施工时出土的器物，就用 YG73E：XX 或 YG73W：XX 编号，如 YG73E：17 和 YG73W：1，分别代表西绦胡同二号遗址东侧出土的 17 号器物和西侧出土的 1 号器物。1970 年窖藏出土的器物，皆编写为 YK70。元大都出土的零散文物，皆按地点位置介绍，凡是靠近正式发掘遗址点的零散遗物一律用遗址点的代号加注“E”或“F”（即在遗址的东面或西面出土），如 YME：104 代表安定门煤厂居住遗址东侧出土的 104 号文物，YGE：96 代表西绦胡同遗址

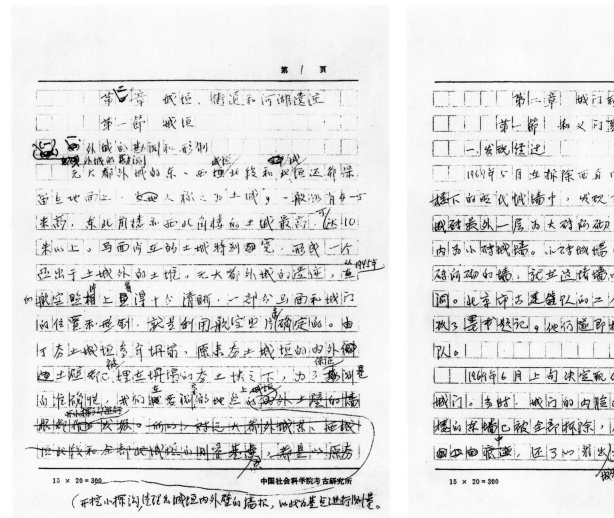
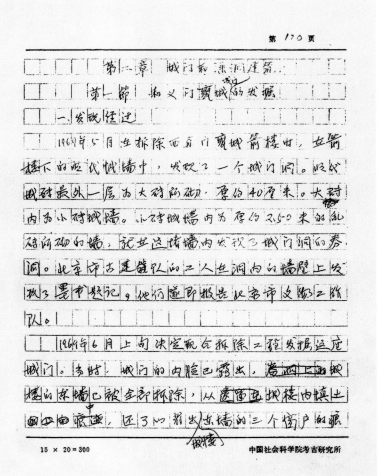

图 1-7 徐苹芳手稿

东侧出土的 96 号文物，YEF：24 代表德胜门东侧房址中出土的 24 号文物；不靠近遗址点的零散遗物一律加注 "J"（其中德胜门东至果子市明代北城墙下于基建施工中出土的文物皆注 "J1"），如 J：219 为零散文物 219 号。

　　元大都考古报告按章节分配给 9 个人执笔，其中徐苹芳主编分写的章节最多，他执笔上编中的第一章至第五章、下编中的第一章至第五章和第七章，其他人编写 11 处居住遗址、窖藏和零散文物等内容。要求 1976 年底完成初稿。1979 年承担报告上编中居住遗址发掘部分的六人先后完成了初稿，交给蒋忠义统稿，并编入插图和图版，然后交给报告主编徐苹芳，由他最后修改定稿。至此，参加元大都考古报告上编编写的六位成员皆回原单位工作，元大都考古报告上编编写工作结束。参加执笔报告下编的元大都课题研究人员，于 1980 年后也先后写完《元大都的民居建筑》《元大都出土的瓷器》和《元大都石刻中的浮雕艺术》等专题文字稿，一并交给主编审阅。因种种原因，元大都考古报告当时未能出版（见 "后记"）。2011 年徐苹芳先生病重去世后，在他的书屋中留有为元大都考古报告写完的 "第二章 城垣、街道和河湖遗迹" 及 "第三章 城门和涵洞建筑" 两章初稿（图 1-7）。按徐先生要求，当年参加元大都报告编写且仍健在人员把报告未完成部分补写齐。2013 年，元大都考古报告的全部文稿完成。

　　元大都考古工作从 1964 年开始，到报告正式出版，历经半个多世纪，感受颇多。虽然元大都考古队成员近一半都已作古，健在的成员也都年过古稀，但编写报告的最后阶段，我们仍按考古要求，力求科学严谨，若能对宋元考古有所贡献，我们也就安心了。

第二章 城垣、街道和河湖遗迹

第一节 城垣

一 外城的勘测和形制

（一）外城的勘测

元大都外城的东、西城垣北段和北城垣还都保留在地面上，人称之为"土城"，一般仍有4~5米高，东北角楼和西北角楼的土城最高，可达10米以上（图版2-1-1、2-1-2），马面尚在的土城特别宽，形成一个凸出于土城外的土堆。元大都外城的遗址，从1945年航空照片上看十分清晰（参见图版1-1~1-4），一部分马面和城门的位置和形制就是利用航空照片来确定的。由于夯土城垣多年坍塌，原来夯土城垣的内外土壁都已被埋在坍塌的夯土墙之下，为了保障测量的准确性，我们在要测量的地点上开挖小探沟，清理出城垣内外壁的墙根，以此为基点进行测量。

另外，为了了解角楼的形制，我们也用开小探沟的方法对东北角楼进行了发掘。元大都东、西城垣的南段与明代北京内城的东、西城垣重合，城垣的内心为元代夯土，内外两侧为明代新添加的夯土和城砖。我们在复兴门北侧对明代西城垣做了解剖，用以了解明代是如何利用元大都土城重修的。元大都的东南角楼即明代观象台东侧的中心台，我们在修复观象台的施工过程中，也考察了元大都东南角的遗迹。元大都的南城垣在今东西长安街和建国门内大街、复兴门内大街以南，全部被压埋在市内居民区之下，我们也尽量选择了一些可以开挖小探沟的地段做了发掘，同时，结合地形的变化和南护城河遗迹，确定了元大都南城垣的位置。

1. 西城垣

西城垣南起今复兴门豁口南，此处原为明北京西城垣的中心台，元大都西南角楼即在明代的中心台内。现中心台已经拆平，在今复兴门内大街南侧便道上还存有元代西城垣的夯土残迹。元大都西城垣的南段被明代所利用，从西直门以北至肃清门（今俗称"小西门"）之间，有将近1300余米地段，由于兴建西直门火车站而被平毁。从肃清门稍南向北直至西北角楼，这一段的土城遗迹保存得很好。

元大都西城垣全长7600米，由西南角至肃清门为北偏东4度，由肃清门至西北角楼稍向西偏，为北偏东2.6度。

在复兴门内大街北侧的铁匠营胡同西口外的西城墙上残存一个马面，外边城砖已被拆除，马面内的夯土，中心为元代夯土，两侧为明代夯土（图版2-1-3）。在西直门南井儿胡同西口平整地面时，还挖出许多明代城墙基（图版2-1-4）。在复兴门北，解剖了明代的西城墙。从清理的断面（图2-1-1）上可以看出，城垣中心为元代夯土，作黄褐色，夹杂有炭灰、瓦砾小碎屑和龙泉窑青瓷片、景德镇窑青白瓷片、磁州窑系瓷片等，夯窝排列整齐，层次分明，与北部城垣的夯土结构完全相同。元代夯土外侧被削作一向上斜收的坡面，其外留有1.50～3.20米的空隙，在外用小砖砌1.70米厚的城砖外皮，元代夯土与小砖城墙外皮之间的空隙填黄土，层次与夯窝均不明显，当是在小砖城墙外皮筑成后填筑的，这是明代洪武时期修建的。至明代正统十年（1445年），又在小砖墙外再砌大砖墙皮。这里的大砖外皮已被拆毁，厚度不详。元代夯土内侧接筑明代夯土，接筑的方法是将元代夯土削作台阶状，然后接筑夯土。明代夯土与元代夯土明显不同，每层厚20厘米，用圆形平夯夯筑，不见夯窝，两种夯土衔接严密。明代夯土外再砌大城砖。明代东西城垣内侧是正统十年时才补筑加砖的。砖墙下的城基用三层条石错缝顺砌平铺。有些条石是废弃的石质建筑构件，如明代北京城北城墙（新街口处）下的基石中出土很多石栏板、石栏杆（图版2-1-5），可能与靠近元代海子有关。城墙顶也重新加固，在夯土之上铺25厘米厚的黄土，13厘米厚的白灰，再铺40厘米厚的黄土，然后再夯打三层厚25厘米的三合土。

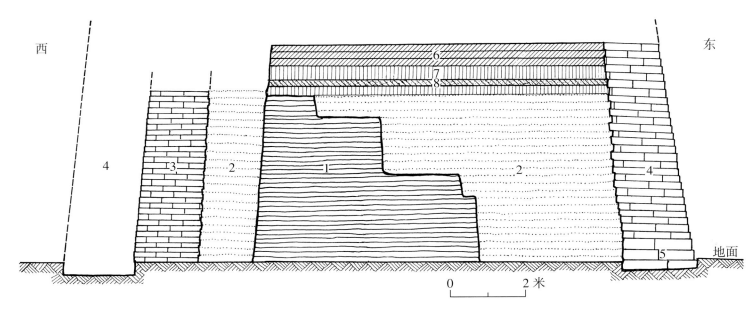

图2-1-1 复兴门北侧明代北京城西城墙与元大都西垣平面图
1. 元代夯土城垣 2. 明代夯土城垣 3. 小砖城墙 4. 明代大砖城墙 5. 墙基条石 6. 三合土 7. 黄土 8. 白灰

2. 北城垣

元大都的北城垣几乎全部都保留在地面上（图版2-1-1），只有个别地方被铲为平地。全长6730米，由西北角向东为94.2度。

3. 东城垣

元大都东城垣的夯土遗迹，保存在地面上的是从东北角楼起至光熙门以北（图版2-1-2）的一段，从光熙门以南至明代东北角楼间全部夷为平地。东城垣南段与明代东城垣重合，东南角楼即观象台东侧的中心台。在明代拓展南城垣时，将东南角楼废弃，改筑为中心台，削去了元代东南角楼的西北角。

东城垣全长7590米，北偏东4.2度。

4. 南城垣与护城河

元大都南城垣的方位，以往推测应在今东西长安街附近，准确的方位是经过这次钻探发掘后才确定下来的。在钻探发掘南城垣的同时，一并钻探了南城垣外的护城河，有些地方城垣已被破坏，但护城河的遗迹尚存，可相互印证。自西向东分13个地点叙述如下。

（1）炕眼井

在复兴门内大街南炕眼井胡同北口。距地表深 1.70 米处发现城墙夯土的外壁，尚存有 0.35 米高。城墙夯土下有夯土平台，夯窝皆清晰可见。

（2）复兴门内大街

在复兴门内大街南原邱祖胡同中部。距地表 2.10 米以下发现城墙内壁的夯土，尚保存有 0.3 米高。城墙夯土下也有夯土平台，夯窝直径为 8～9 厘米。

以上两个地点的夯土中包含物甚杂，有布纹筒瓦和陶器残片等，有大量的炭末夹杂其中。此地正为金中都北郊，遗留有很多人们生活的痕迹，因此，夯土中的包含物便不像北城墙中的那样纯净。也可能正是由于这个缘故，才在夯土城墙下筑夯土平台，以加固城墙的基础。

（3）柳树井

在复兴门内炕眼井胡同以南。距地表 5 米深发现河道内淤积沙土，至 6.20 米深处尚未到底，河宽约 35 米，两边河岸距地表深 4.80～5.00 米即见生土。

（4）手帕胡同

在手帕胡同中部、西口和东口均发现河道淤泥，距地表深 5～6 米以下。河道北岸一般距地表深 3～3.50 米即可见生土。由于南岸已压在今手帕胡同以南的民居之下，无法钻探，故河道的宽度不详。

（5）安福胡同

在西长安街以南与安福胡同之间的一条小夹道内。距地表 2～3 米以下发现夯土。墙宽约 30 米。

（6）新昌里

在安福胡同城墙基以南。距地表深 4.50～6.00 米皆可见淤沙、污泥，河道宽约 40 米。河道两岸距地表深 3.80～4.00 米即可见生土。

（7）双栅栏

在西长安街府右街南口稍东路南。河道内距地表 5 米以下即可见淤泥和水，河北岸距地表深 4 米即可见生土，河南岸破坏。

（8）花园大院

在花园大院北口西长安街路南的行人道上。距地表深 3 米处发现夯土，墙基宽约 30 米。护城河北岸距地表深 4.20 米处见生土，河道内深 5.20 米发现淤泥，护城河南岸破坏。

（9）东单体育场

在东单体育场北部靠近东长安街处发现城基。距地表深 4.50～5.00 米发现夯土残迹，宽约 32 米。城基以南约 60 米处为护城河。河道内深 5.20～6.00 米发现污泥淤土，河道两岸距地表深 4.20～4.80 米即见生土，河道宽约 42 米。

（10）西裱褙胡同

在西裱褙胡同和洋溢胡同之间的一条南北小巷内。距地表深 3.40～3.80 米发现夯土，城基宽约 30 米。故洋溢胡同路南和西裱褙胡同之间的民居即是元大都的南城垣，洋溢胡同为城内顺城街，西裱褙胡同为城外。

（11）土地庙下坡

在西裱褙胡同以南土地庙下坡胡同内。距地表 5 米以下发现淤土，河道宽约 40 米，北岸距地表深 3 米即见生土，南岸已越过麻线胡同。故可知麻线胡同即是元大都南护城河。

（12）北京站口

在北京站前马路东侧行人便道上。距地表深 3.40 米处发现夯土，夯土厚约 1 米。清理出了南城垣内壁，墙基下未发现夯土平台。

（13）东裱褙胡同

在东裱褙胡同东口与水磨胡同、鲤鱼胡同之间的南北小巷内。距地表深 1.60 米处发现夯土，夯土保存很好，厚 1.50 米左右，墙基宽约 30 米。

据文献记载，元大都南城垣在经大庆寿寺西南隅海云、可庵双塔时，城垣稍向南绕了 30 步（约为 46 米）。由于这段城垣压在市区民居之下，已无法钻探其弯曲之状，但其弯曲的痕迹保留在了原来的西长安街上，因为西长安街是沿元大都南顺城街之旧。但扩建后的西长安街，已泯灭了原来的弯曲之形。

南城垣的长度，以东南和西南角楼之间的最短距离计算为 6680 米，由西南角至顺承门为 96 度，由文明门至东南角为 95.2 度。

元大都外城周围共长 28600 米，全城平面呈不规正的长方形，西北角为锐角（88.4 度），西南角为钝角（92 度），东北角为直角（90 度），东南角为锐角（89 度）。

（二）外城的形制

1. 外城的宽度、收分和筑法

元大都外城的宽度，以在东、西城垣北段发掘的为准，墙基的宽度皆为 24 米，这应当是元大都外城的标准宽度。但也有例外，如东北角楼以南的东城基宽 22 米，东北角楼以西的北城基宽 27 米，在健德门以东的北城基宽仅为 17 米。南城垣的宽度一般也是 24 米，但也有已近 30 米的地方，可能与南城垣地基情况有关。

元大都外城是夯土筑成，收分很大。从发掘情况得知，东北角楼南壁高 1.30 米，收 0.65~0.70 米；东城垣外壁高 1 米，收 0.50 米；东城垣内壁高 0.86 米，收 0.45 米；西北角楼西侧城垣外壁高 0.76 米，收 0.45 米。从以上四处数据可以看出，元大都外城的收高比大体为 2∶1，这与《营造法式》中所记筑城的底宽、城高的比例是相符合的。元大都外城底宽若以 24 米为准，则其高应为 16 米，顶宽为 8 米（图 2-1-2）。

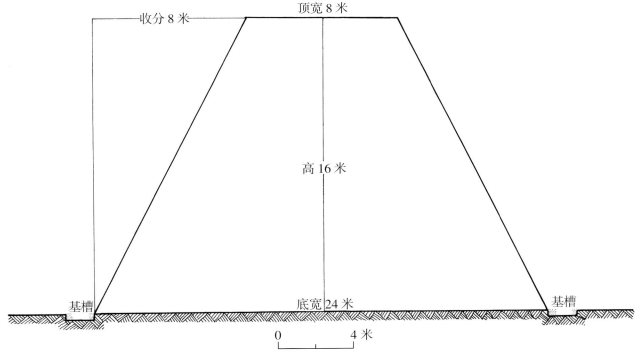

图 2-1-2　元大都外城标准夯土城垣横剖面复原图

元大都外城的筑法，根据发掘解剖所见分述如下：

（1）地基的处理

可分成两种。一种是在城基内外两侧挖槽，槽深约0.30米，槽宽一般为1.5米左右。这实际上是在城基下挖出了一个高约0.30米的生土台，城基就直接筑在这个生土台上（图2-1-2）。元大都北部的东、西、北城垣都是这种做法。另一种是南城垣西段的做法，即在城墙基下先夯筑一个平台，在此夯土平台上筑城。这可能是由于当地人类活动遗留的灰层较厚，为了加固城地基而特意夯筑的。

（2）夯土筑法

夯土是用椽打墙的办法夯筑的，这种方法与《营造法式》上所记的夯筑方法是相同的。夯土每层厚约8～10厘米，用夯锤密打，分布均匀，状如梅花（图版2-1-6）。在两层夯土之间，如土质较黏时，往往夹一层很薄的礓石沙粒。夯土上留下的夯窝直径为9～10、深4～5厘米，也有较浅的直径为6厘米的小夯窝。采集到的夯锤实物有两种：一种为石头夯锤，圆形锤径为15厘米，锤高13厘米或19厘米，安把的圆孔直径约4～4.5、深4～4.5厘米。另一种为铁夯锤，锤径10、高10厘米，安把的圆孔直径约4、深5厘米。夯土所留下的夯窝，可能就是用这两种夯锤所打的。

拆除北京东直门城门时，在元代城墙夯土中发现有直径40厘米的竖立木柱，柱四周用砖围砌（图2-1-3），所用之砖为辽金时期北京地区常见的绳纹砖。柱的上端压在明代城顶三合土的最下一层，说明在明代重修城垣时，这根木柱的上端已经被破坏。这根与城垣同高的木柱，很可能是《营造法式》上所说的永定柱。永定柱与夯筑城墙皆为元初至元四年（1267年），与始建元大都外城的年代一致。永定柱的做法与北宋《营造法式》所记相合，而柱外砌砖却是《营造法式》未记的。至于那些保留在夯土内的横向木柱洞，应该就是《营造法

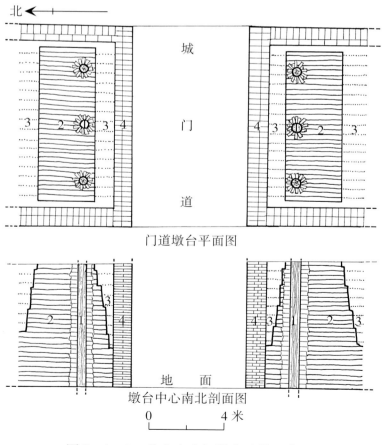

图2-1-3　北京东直门墩台建筑示意图
1. 元代永定柱　2. 元代夯土　3. 明代夯土　4. 明代城砖墩台壁

式》上所说的纤木的遗迹。纤木洞的直径一般都在 20 厘米左右。另外，东直门的遗迹现象，证实明代拆除元代崇仁门而重建东直门时，充分利用了元代城墙。东直门是明代北京各城门中建筑年代较早的一个城门，自明代正统三年（1438 年）重建后，一直到清嘉庆三年（1798 年）才有"重修东直门门楼城台"的记载，且这次重修未涉及城台内部，所以才把元代的永定柱和夯土保存了下来。而西直门的重建在明代就有三次，包括正统四年（1439 年）"重建西直门"、成化六年（1470 年）"大修西直门"和弘治十七年（1504 年）"修西直门城垣毕工"。西直门改建变动很大，城门墩台内已无元代夯土，永定柱已无保存。但元代的和义门瓮城城门于明代被封砌在西直门瓮城城墙内，保存得很完整。

（3）城顶排水设施

拆除北京西城墙时，在官园南 200 米处，明代城顶三合土层之下，发现元代夯土城顶中心铺有一条南北向瓦沟，用半圆形瓦管连接顺铺。管长 68 厘米，灰陶制，厚 4 厘米，两端有子母口衔接。在其他地段也曾发现过这种瓦沟的残迹，估计是元代城顶上的防雨排水设施，当时很可能还有竖管泄水到城下，但没有发现这些竖管。

2. 马面

在东城垣北段曾针对马面的形制用开挖小探沟的方式进行了发掘。马面从城垣外壁向外凸出 16～17 米，内面宽 21 米，外面稍窄（由于马面两外角保存不好，准确尺寸不详）。马面下夯土筑有 25 厘米厚沙土平台，比马面外壁宽出 5～6 米（图 2－1－4）。从解剖城垣与马面夯土情况看，是先筑城垣，然后在城垣外壁之外筑沙土平台，再在沙土平台上筑夯土马面。两马面之间的距离约为 75～77 米，排列很有规则。北部城垣马面的遗迹绝大部分还都保留在地面上，个别地方被夷为平地，但根据航空照片（参见图版 1－1）可以复原。明代东、西两城垣的马面完全利用了元代的马面，明代马面中心的元代夯土可以证实这一点。

北城垣有 62 个马面，东城垣有 68 个马面，西城垣也有 68 个马面（参见图 1－3）。南城垣马面在明代就已经被全部拆除，但根据钻探材料和其他三面城垣的马面排列情况，南城垣可能也有 60 个马面。

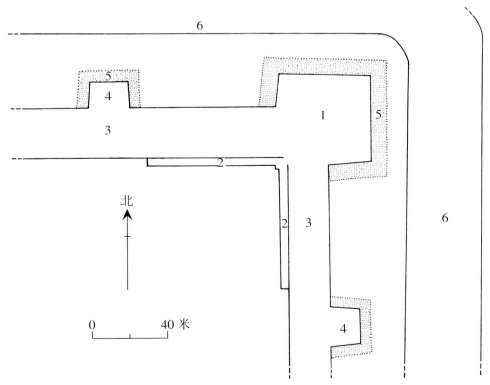

图 2－1－4　元大都外城东北角楼平面图
1. 角楼　2. 马道　3. 城垣　4. 马面　5. 平台　6. 护城河

3. 角楼

元大都外城四角建有角楼，现东北、西北角楼的墩台尚保留在地面上，东南、西南角楼墩台在明代扩展南城垣时改为中心台。为了了解角楼墩台的形制，用开小探沟的方式发掘了东北角楼的墩台和马道。

（1）东北角楼

东北角楼墩台呈不规则的方形，北壁长48.5米；东壁长47米；南壁自东南角至东城垣外壁长22米，向西包括东城垣及南马道，全长49米；西壁自西北角至北城垣外壁长18米，包括北城垣以及西马道，全长51米（图2-1-4）。角楼墩台下与马面相同，亦建有夯土平台，比角楼外壁宽出约9米，在角楼西南角建有夯土筑成的南、西两条马道，南马道宽约4米，基长65.5米；西马道宽约4米，基长67.8米。如以复原的城高16米计算，马道的坡度比约为5∶1。

在发掘过程中，发现角楼北壁有修补过的痕迹。修补的方法，是先于塌毁之处开成一整齐的缺口，用黑褐色黏土夯筑缺口底部以及左、右、后三部分，使之与原夯土黏合，然后在缺口内逐层用掺和碎砖屑的夯土夯筑。黑褐色黏土每层厚约14厘米，碎砖屑层夯土每层厚约12~13厘米。

在角楼墩台附近发现大批砖瓦石等残块（彩版三；图版2-1-7∶1、2），说明在墩台上原有建筑物。在墩台东南与东城垣相交的内角下，发现一直径约25厘米的石球（图版2-1-7∶3），应是防御所用的垒石。

为了了解东北角楼墩台的塌毁年代，在角楼墩台东侧开挖宽1、长12米的探沟（图版2-1-8）。探沟内的堆积情况如下（图2-1-5）：图中所标1为第二次塌土层，在角楼塌下的夯土中夹杂有瓦砾碎块，从此层底部的砖瓦和白灰碎片的堆积情况看，是经过一次人工平整的。2为角楼夯土墩台，保存最高处约为1.50米，其外壁已被破坏。3为第一次塌土层，亦夹杂砖瓦碎块。4为墩台下平台的黄沙土层。5为墩台下平台的黑褐色黏土层。从堆积情况可以看出，在建角楼墩台之前先筑平台，平台下部为黑褐色黏土夯筑，厚70厘米，平台上部为黄沙土层夯筑，厚50厘米，平台高约1.20米。在第一次塌土与夯土墩台取平时，曾经人工平整过一次，形成了一个比较平坦的地带。目前发现城墙夯土保存较好的地方，都是在这次人工平整以前埋于地下的。我们曾在东城垣外侧发掘过几座明嘉靖、万历至清初的墓葬（图版2-1-9；图2-1-6），这些墓都埋于第一次塌土层内，有的还打破了保存较好的夯土。因此我们推测，明初元大都北部城垣废弃后逐渐坍塌，至明代嘉靖、万历以后曾经平整过一次，其后城垣夯土继续塌毁，形成了发掘时所见的地形，保留在地面上的高岗正相当于角楼、马面和城垣夯土最高处的地点。

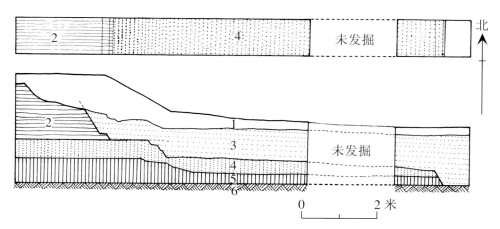

图2-1-5 元大都外城东北角楼探沟T16东壁平、剖面图

1. 角楼第二次塌土层 2. 角楼夯土墩台 3. 角楼第一次塌土层 4、5. 角楼下夯筑的平台（4为黄沙土，5为黑褐色黏土） 6. 生土层

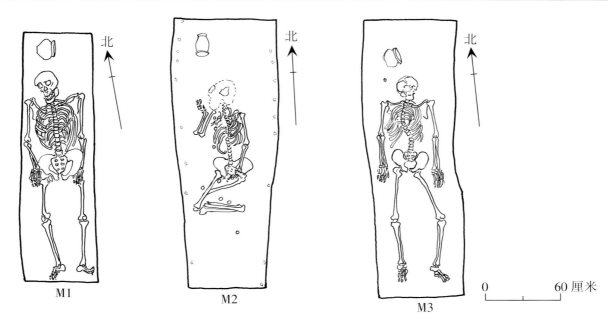

图 2-1-6　元大都外城东北角楼塌土层中的明清土坑墓

M1 随葬 1 件泥质红陶罐，为明代墓（嘉靖以后）；M2 随葬 1 件黄釉陶罐、10 枚铜钱（顺治通宝与康熙通宝），棺周边有许多棺钉；M3 随葬 1 件泥质红陶罐、1 枚铜钱（嘉靖通宝）

（2）东南角楼①

元大都城东南角楼不是主动考古发掘的。1979 年 8 月 17 日，古观象台东侧城墙倾倒，暴露出城墙中心的元代夯土（图版 2-1-10）。为了搞清楚清代观象台和明代观星台修建年代，以及观象台与元大都城墙和明代北京城墙的关系，考古人员前去清理观象台台基和城墙断面，找出各时代建筑的叠压关系和建筑形制。②

明时曾对元大都城采取弃北拓南的改造，将元大都北面三分之一面积割弃，把元大都北垣向南推进五里重新建筑北城垣，元大都东、西和南城垣则继续利用。明永乐十七年（1419 年）十一月，元大都南城垣被拆除，向南推出城的四分之一重新建筑南城墙，元大都的东南角楼改为中心台，东南角楼的西北角被削去。明正统七年（1442 年）建好观星台，是在元大都东南角楼（即中心台）西侧基础上改建的。通过这次拆修观象台和它东侧的城墙（中心台），明确永乐十七年曾修补过城墙，残缺部分用夯土补齐。明代夯土与元代夯土大不一样，明代夯土是一层夯土（厚 40 厘米）夹一层碎砖块层（厚 5～10 厘米）夯筑，夯土内不见夯窝，为平夯，没有元代夯土坚硬。补筑的夯土墙外用小砖包砌城墙皮（图 2-1-7）。正统年间在小砖城墙外又用明代大城砖包砌城墙皮，并建筑好砖石结构的观星台。

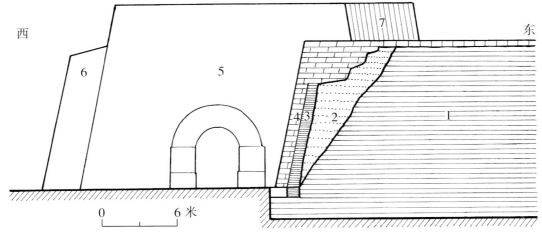

图 2-1-7　元大都外城东南角楼与北京观象台叠压关系

1. 元大都东南城角夯土　2. 明代城墙夯土　3. 小砖城墙（明永乐年）　4. 大砖城墙（明正统年）　5. 观象台（明代）　6. 马道　7. 清代扩建的观象台（城墙东侧已破坏）

---

①　元大都东南角楼是了解元大都城垣形制的重要节点，特收入本报告中。

②　蒋忠义：《北京观象台的考察》，《考古》1983 年第 6 期。

4. 护城河遗迹

大都城北部东、西、北三面的护城河遗迹犹存（参见图版 1－1；参见图 1－3），只是大部分已淤积，夏季雨涝时河中心有积水（图版 2－1－11：1）。在东北角楼稍高，钻探过东护城河的遗迹。东护城河西岸距东城垣外壁 39 米，河宽 40 米（图 2－1－4）。东、西城垣南段外的护城河为明代所利用。南城垣护城河情况已见前述。

二 外城城门遗迹

外城城门共 11 座（参见图 1－3）。东城垣的崇仁门（明代改为东直门）、齐化门（明代改为朝阳门）和西城垣的和义门（明代改为西直门）、平则门（明代改为阜成门）直接为明代所沿用，东城垣北面的光熙门，西城垣北面的肃清门和北城垣东面的安贞门、西面的健德门在地面上尚有遗迹可寻。南城垣中央的丽正门，东面的文明门和西面的顺承门，皆已压埋在北京市区街道民居之下，地面上毫无遗迹可寻，其中文明门和顺承门的部分遗迹仍可钻探出来，而丽正门遗迹正处于天安门广场下，已无法钻探出来。1969 年 6 月发现的和义门瓮城城门另章叙述，现将光熙门、安贞门、健德门、肃清门、文明门和顺承门的遗迹叙述如下。

1. 光熙门

在今和平里东，地名讹为广熙门。1964 年调查时，瓮城遗迹犹存，平面呈半圆马蹄形，航空照片上所见痕迹尤为清晰（参见图版 1－2）。瓮城城垣宽约 17 米。瓮城内宽约 70 米，长约 60 米。瓮城城垣的夯土质量很差，夯层不明显，夯土中含沙很多，大概是就地取土。瓮城开门可能向北。清代所开通向东陵的"御路"，就是从光熙门北侧出土城的。瓮城外的护城河已变成一片芦苇塘，但其绕瓮城弯曲之状的痕迹尚很清楚。瓮城内近光熙门口处遗留有巨石数块，据当地老人回忆，数十年前此处遗留砖瓦和石块极多，应是光熙门建筑的残迹。

2. 安贞门

在今安定门小关。正当安定门通往北苑去的公路上，公路正从安贞门通过。安贞门的遗迹已经荡然无存。瓮城遗迹在公路西侧的绿化队院子内尚有遗存。瓮城以外的护城河由此弯曲，遗迹尚依稀可辨。

3. 健德门

在今德胜门小关。由德胜门往昌平的旧路就是通过健德门的，这也是元朝皇帝去上都的大路。修建德清公路时，公路从五路通起离开旧路斜向东北，至元大都北城垣时，公路已偏至健德门旧路以东约 220 米。由于旧路低洼积水，废弃后变成了水沟，健德门门道已被水沟所破坏（图版 2－1－11：2）。经钻探后得知，健德门瓮城东、西两城垣各宽 17 米，两城垣相距 78.5 米。瓮城北垣已被破坏，其平面是长方形还是半圆形已无法证实，但从东、西两城垣较直的情况推测，健德门瓮城平面很可能是长方形的。

4. 肃清门

在今学院南路与学院路相交的路口西南角，旧名小西门。瓮城平面呈半圆形，南半部城垣尚保留在地面之上。瓮城内有一座坐西朝东的小庙——明光寺。

瓮城南北两侧均有缺口。根据钻探得知，在原肃清门的基址上有两条后代路土，一为东南向，一为西北向，是在肃清门废弃后形成的。又根据现在的地形图和 1907 年德国参谋处测量部两万五千分之一的地形图上所显示的遗迹推测，瓮城城门可能是在南面。通向西北的大路是后来形成的，它是从德胜门经过索家坟，出肃清门旧址豁口向西北大钟寺去的。这条路一直到新中国成立前还在使用。

肃清门以南的西城垣已平毁，瓮城城门也被一条深沟所破坏。肃清门门址在今明光寺门口，距地表深 0.70 米处有一层夯土一层砖屑的北侧城门基础，宽约 0.70 米，尚保留有 0.50 米高，因两端被破坏故长度不详。门道内有路土，因南侧门基无存，故门道宽度亦不详。

5. 文明门

在今东单十字路口稍南，正当崇文门内大街上。文明门遗迹已被破坏无存。在西裱褙胡同西口内钻探到文明门瓮城的东城垣，距地表深 2.70 米见夯土，夯土基宽约 20 米。在今东单汽车加油站南钻探出文明门瓮城的南城垣外壁，夯土距地表深 3.4 米。此外壁北距元大都南城垣外壁约 100 米。由瓮城南城垣外壁向南约 40 米处钻探出护城河遗迹，河宽约 48 米，河两岸距地表深 4～4.5 米即可见生土，河道内深 4.5～5.8 米即可见生土。

6. 顺承门

在今西单十字路口稍南，正当宣武门内大街上。顺承门遗迹已被破坏无存。在今手帕胡同东口内钻探出顺承门瓮城的西城垣，距地表深 2.70～3.00 米见夯土。夯土保存甚厚，约 1.10～1.30 米，东西宽约 18 米，南北长度不详。

三 皇城（城垣）的勘测

元大都的皇城，即《经世大典》上所谓的"外周垣"，亦即《故宫遗录》中所称之"萧墙""俗呼红门阑马墙"，它包围着宫城、御苑、太液池、隆福宫和兴圣宫。对皇城的北垣、南垣和东垣均做了钻探。

1. 北垣

共探得五点，自西向东叙述如下。

（1）旃坛寺西大街盒子胡同西口

距地表深 2.50 米见夯土，厚 0.20 米，宽 3.50 米。

（2）油漆作胡同内安居里

距地表 1.10 米以下发现夯土，为一层夯土一层砖碎屑相间夯筑，共四层夯土三层砖屑，至 2.20 米处见生土。此点宽度不详。

（3）慈慧殿胡同

距地表深 2.50 米处见夯土，厚约 0.20 米，宽 2.50 米。

（4）二道桥胡同

距地表深 2.70 米见夯土，为一层夯土一层砖碎屑相间夯筑，共四层，宽约 3～3.20 米。

（5）水簸箕胡同北口

距地表深 0.70～0.90 米见夯土，厚 0.20 米，宽约 2～3 米。

2. 南垣

探得两点。

（1）故宫西华门内稍南

距地表深 1.20 米见夯土，为一层夯土一层砖碎屑相间夯筑，共三层，宽约 4.50 米。

（2）东华门外南池子北口

距地表深 1.60 米，为一层夯土一层砖碎屑相间夯筑，共五层，夯土保存甚好，宽 3.00 米。

3. 东垣

探得两点。

（1）东安门北河沿北口路西后局大院胡同东口

距地表深约 1 米见夯土，为一层夯土一层砖碎屑相间夯筑，宽度不详。

（2）东安门北河沿南口孔德东巷东口

距地表深 1.70 米发现夯土，为一层夯土一层砖碎屑相间夯筑，厚约 0.30 米，宽 3.00 米。

4. 西垣

西垣在西皇城根附近，曾钻探过多道探卡，但均无墙基痕迹。估计明代皇城西垣可能仍利用了元代皇城西垣的旧基，两者是重合的，所以明代皇城西垣即元代皇城的西垣。

根据以上钻探情况，元代皇城平面呈现东西略宽于南北的扁长方形，北垣与南垣长约 2400 米，东垣与西垣长约 1880 米，周长 8560 米。钻探发现的夯土基是元大都皇城的地基部分，为一层夯土一层砖碎屑相间夯筑，正是地基的做法。地面上的皇城墙垣，估计是用砖垒砌的，厚当在 3 米之内。

四　宫城的勘测

钻探了元大都宫城的南垣和北垣。南垣在今故宫太和殿台基东西一线上。北垣在今景山公园寿皇殿前一线上。城垣已被拆毁，未留痕迹，但宫城北门厚载门的遗迹尚在，其北城垣在厚载门遗迹两侧。东、西两垣曾在故宫东西城墙内、景山东街、中老胡同、三眼井胡同、陟山门大街、魏家胡同等地钻探，皆未发现遗迹，从《经世大典》上所记宫城的南北长度和东西长度计算，其东、西垣当即明宫城的东、西垣（亦即今故宫东、西垣）。

1. 南垣

共钻探两点。

（1）右翼门北

在故宫太和殿西右翼门正北 69 米处。距地表深 0.77 米处发现元代夯土，为一层夯土一层砖碎屑相间夯筑，厚 0.20 米，夯土下即为生土。夯基南北宽约 13 米。

（2）南三所东墙外

在故宫太和殿东南三所南部东墙外，距地表深 0.95～1.00 米发现元代夯土，为一层夯土一层砖碎屑相间夯筑，共四层，厚约 0.45～0.50 米，其下为生土。夯基南北宽 16.70 米。

以上两点在钻探后，均曾开小探沟加以验证，夯基均建于生土上，期间虽有破坏，但基本形制仍在。估计地表上的宫城墙垣宽度亦应在 10 米以上。

2. 宫城厚载门遗迹

为了寻找宫城北垣，曾在景山公园内景山以北地带做了大面积的密集钻探，但并没有发现宫城北垣痕迹。自地表以下至 2.20～2.50 米深处均为褐色填土，比较纯净，无砖瓦等建筑材料碎块，似经人工翻填而形成。

在景山公园寿皇殿（今少年宫）前的石牌坊前发现一处大型建筑的夯土基础，其北半部分被石牌坊下铺的石板所压，无法钻探。该基础东西长 37.90、南北残长 14.5 米，南面中央又凸出了南北宽 5.50、东西长 29.90 米的类似月台的基础。这片基础埋藏在地表以下 1.10 米深处，在 0.40 米厚的夯土下，为一层夯土一层砖屑相间夯筑五层，共厚约 0.60 米，至距地表深 2.50 米处见生土，夯基保存约 1 米厚。

这片基础正处于元大都中轴线上，从其所在方位和基础的规制等看，应是元大都宫城北门厚载门的基址。因此，宫城的北垣应在这片基址的东西两侧。

根据以上资料推算，元大都宫城南北长度约为 1012 米，东西宽度约为 790 米。

第二节　街道

一　中轴大街的勘测

元大都的中轴大街是指从元大都南面正门丽正门，过千步廊、灵星门、周桥、崇天门、大明殿、延春阁、清宁宫、厚载门、厚载红门、海子桥，直抵大天寿万宁寺中心阁的大街，它是元大都平面规划设计的中轴线。这条中轴大街在今北京城的什么地方，到我们进行钻探时仍是有争论的。传统观点认为其应在今北京旧鼓楼大街南北一线，终点应在元代鼓楼。1956 年，赵正之先生提出元大都的中轴线即明清北京的中轴线，相延未变，而中轴线的终点不是在元代鼓楼，而是在当时大天寿万宁寺的中心阁，亦即明代的鼓楼。这两种意见究竟哪一种是正确的，有待于新发现，特别是新的考古发现来判断。因此，我们在进行这项考古钻探时是十分慎重的，对拟定的两种观点中中轴大街所经过的地方都进行了全面详细的钻探。

首先，对旧鼓楼大街南北一线进行钻探。从旧鼓楼大街南口向南，在大石碑胡同、白米斜街、西楼巷、油漆作胡同、米粮库胡同、恭俭胡同、景山后街西段（景山公园后墙下）、景山公园内西部和故宫西华门内武英殿前等处，都进行了钻探，没有发现任何路土痕迹。中山公园内和天安门广场上无法钻探。上述结果表明，旧鼓楼大街以南不存在南北向的大街，实际上也就否定了以旧鼓楼大街南北一线为元大都中轴线的传统说法。

然后，又在景山公园后墙外中部正对寿皇殿的行人便道上进行钻探，发现南北向的大街，在距地表深 1.10 米处见路土，厚 0.10 ~ 0.20 米，1.30 米处见生土，东西残宽约 14 米。在景山公园内寿皇殿南、景山山麓下，距地表深 1.10 ~ 1.30 米处见路土，东西宽约 28 米。此条南北向大街正从厚载门遗迹的正中穿过，向北与今地安门内大街衔接，北对今鼓楼（元代的大天寿万宁寺中心阁）。

钻探结果证明，赵正之先生提出的元大都城中轴线即明清北京城中轴线，两者相沿未变的论点是正确的。元大都的中轴大街在景山公园内外发现，这对研究元大都城市规划是十分关键的资料。

二　北部街道的勘测

元大都北部街道的勘测可以分为六区，即东北、西北、中央北部、东南、西南、中央南部（参见图 1 - 2）。现分别叙述如下。

（一）东北部分

指安贞门大街以东，光熙门大街以北地区，包括安贞门大街和光熙门大街（参见图版 1 - 2、1 - 3）。

1. 光熙门大街

自东向西共探三卡。

（1）和平里小学北

自地表以下 1.60 ~ 1.70 米见黑色填土，夹杂有碎砖瓦块，至 2.40 米处见路土，土呈黄褐色，杂质极少，厚约 0.30 米，呈极为细密的薄层，至 2.70 米处见生土。此街中央部分保存较好，两侧稍有破坏，全宽约 33 米。

（2）地坛东北角和平里商场东侧

距地表深1.80米处见路土，厚0.20米，至2米处见生土。北侧被破坏，残宽22米。

（3）安定门外大街路东后花园

距地表深约2米处发现路土，厚约0.30米，路土下为生土。此路一直沿用至今，愈走愈宽，两侧路土距地表较浅，原来宽度不详。

2. 安贞门大街

与今安定门至立水桥的公路基本上重合。安贞门稍南的元大都旧路在公路以西还保存有7米宽，距地表深0.80～1.80米不等。自小黄庄以南，元大都旧路基本上与公路重合。宽度不详。

3. 安贞门以东的北顺城街

距地表深1.20～1.30米处见路土，厚0.20米，有的地方距地表深0.90米处即见路土。宽11～13米。至安贞门时顺城街稍向南弯斜。

4. 东北部分的横排胡同

自安贞门顺城街以南至光熙门大街之间，钻探出二十一条横排胡同。按其间隔距离的排列规律，原应有二十二条横排胡同，但光熙门大街以北的第一条胡同没有发现。这二十一条胡同路土的保存情况好坏不同，有的胡同东西探过三卡，有的只探过一卡。现自北向南依次叙述。

（1）安1（光22）

第一卡　在北京机床厂职工宿舍北部。此卡钻探完毕后即开一探沟验证。距地表以下约0.85米处发现路土，路土保存甚好，厚0.15～0.20米，其下即为生土，路土宽7.20米。探沟验证结果与钻探数据完全符合。

第二卡　在第一卡东300米处。距地表以下0.80～0.90米见路土，路土保存不如第一卡，原宽度不详。

第三卡　化工学院北部。距地表以下0.40米见路土，厚0.30米，至0.70米处见生土，路土宽10米。

（2）安2（光21）

第一卡　北京机床厂职工宿舍南。距地表深0.90～1.00米见路土，1.50米见生土，路土宽10米。

第二卡　在第一卡东280米处。据地表深1.10～1.30米见路土，1.50米见生土，路土宽6米。

（3）安3（光20）

只一卡。在黄色居民大楼北侧。距地表深1.30～1.50米见路土，2.20米见生土，路土宽6米。

（4）安4（光19）

只一卡。在黄色居民大楼东侧。距地表深1.10～1.20米见路土，1.60米见生土，路土宽7米。

（5）安5（光18）

只一卡。在地毯厂以南学校西门外。距地表深0.90米见路土，厚0.15米，路土宽5.5米。

（6）安6（光17）

第一卡　在安立公路东侧。距地表深0.10～0.20米即见路土，保存甚好，厚0.15米，其下即为生土，路土宽6.50米。

第二卡　在三环路北居民大院门前。距地表深0.90米见路土，厚0.30米，1.20米见生土，路土宽7米。

第三卡　在华工学院内化验室土房门口。距地表深0.50米见路土，厚0.10～0.20米，保存不好，路土宽8米。

（7）安7（光16）

第一卡　在三环路北安立公路东侧。距地表深0.90米见路土，厚0.20米，路土宽6米。

第二卡　三环路北，皇姑坟西。距地表深0.90～1.00米见路土，厚0.20米，路土下为填土，1.60米见生土，路土宽6.50米。

第三卡　在化工学院东侧，三环路北80米处。距地表深0.70米见路土，厚0.30米，1.00米见生土，路土宽8米。

（8）安8（光15）

只一卡。压在三环路下。这条胡同的路土的北半部尚保留在三环路沥青路面北侧，距地表深1.10米见路土，厚0.30米，1.40米见生土，路土宽度不详。

（9）安9（光14）

第一卡　在三环路南村口大槐树下。距地表深0.70米见路土，厚0.30米，路土宽15米。

第二卡　在三环路南皇姑坟街上。距地表深0.90米见路土，厚0.40米，路土宽6米。

第三卡　在和平里北口路西副食商店门前。距地表深0.80米见路土，路土宽7米。

（10）安10（光13）

第一卡　在三环路南建筑科学院仓库东侧。距地表深0.90米见路土，厚0.40米，1.30米见生土，路土宽6米。

第二卡　在三环路南计量学校西小黄庄南北马路西侧。距地表深0.90～1.00米见路土，路土宽6米。

第三卡　在和平里北口路西。距地表深1.00米见路土，1.30米见生土，路土宽7米。

（11）安11（光12）

第一卡　在建筑科学院仓库东南。距地表深0.80米见路土，厚0.30米，1.10米见生土，路土北半部被破坏，残宽4米。

第二卡　在小黄庄南北马路西侧。距地表深0.90米见路土，厚0.20米，1.10米见生土，路土宽6米。

第三卡　和平里北口马路西锅炉房东北。距地表深1.30米见路土，路土宽7米。

（12）安12（光11）

只一卡。在小黄庄南北马路西侧。距地表深0.80米见路土，厚0.40米，1.20米见生土，路土宽6.5米。

（13）安13（光10）

只一卡。在和平里路西第一机械部二局大楼西边的花园内。距地表深0.80米见路土，厚0.10米，0.90米见生土，路土宽7米。

（14）安14（光9）

只一卡。在小黄庄南北马路西侧。距地表深0.90米见路土，厚0.20米，1.10米见生土，路土宽8米。

（15）安15（光8）

只一卡。在小黄庄居民区东西向大沟以北，第三排房处。路土保存不好，仅在靠近生土处发现一薄层路土，距地表深1.30米见生土，路土宽6.90米。

（16）安16（光7）

第一卡　在小黄庄居民区南北土沟东侧断面上。距地表深0.75米见路土，厚0.15～0.20米，1.00米见生土，路土宽9.20米。

第二卡　在小黄庄南北马路西侧和平里医院门前水沟内。由断面上即可见路土层，距地表深0.80～0.90米，路土宽6米。

（17）安 17（光 6）

第一卡　在甘水桥居民区自南向北第二排房。距地表深 1.30 米见路土，路土很薄，其下即为生土，路土宽 7 米。

第二卡　在小黄庄南北马路东侧东单印刷厂门前排水沟内。由断崖上可见路土层，路土宽 6.00 米。

（18）安 18（光 5）

第一卡　在甘水桥北京市第六建筑公司运输队院内。距地表深 0.70 米见路土，1.00 米见生土，路土宽 9.25 米。

第二卡　在建筑科学院向南的马路东侧大沟北断崖上，发现保存不太好的路土层，路土宽度不详。

（19）安 19（光 4）

第一卡　在甘水桥第六建筑公司运输队油库北。距地表深 0.80 米见路土，厚 0.20 米，1.10 米见生土，路土宽 7.80 米。

第二卡　在和平里化工部宿舍西侧大沟南岸。路土保存不好，宽度不详。

第三卡　在和平里北郊木材厂宿舍第六单元楼东侧。距地表深 1.00 米见路土，厚 0.20 米，1.20 米见生土，路土宽 7 米。

（20）安 20（光 3）

第一卡　在安定门外大街东侧第六建筑公司运输队门外菜园地内。距地表深 1.40～1.50 米见路土，厚 0.10 米，以下即为生土，路土宽 7.80 米。

第二卡　在和平里化工部宿舍西边马路的西侧。距地表深 1.00 米见路土，厚 0.30 米，1.30 米见生土，路土宽 7 米。

（21）安 21（光 2）

第一卡　在安定门外大街东极乐寺后楼东侧。距地表深 1.20 米见路土，保存不完整，路土宽度不详。

第二卡　在和平里化工部西边马路东侧。距地表深 0.70 米见路土，路土宽约 6.50 米。

另外还有两卡。一卡在和平里七区和平北路以北 102 米处，距地表深 0.80 米见路土，厚 0.20 米，1.00 米见生土，路土宽 7.50 米。另一卡在和平街大楼东侧，距地表深 1.00 米见路土，厚 0.30 米，1.30 米见生土，路土宽 7 米。以上两卡在安 20 和安 21 之间。

（22）安 22（光 1）

按胡同排列间距，应在和平里北路以南。此处地势低洼，在和平北路西头及中间地带都做过钻探，均未发现路土。

5. 文明门大街

即今由东单向北至东四、北新桥、雍和宫豁口的南北大街，这条街在元大都城中向北经地坛公园直抵北城垣。雍和宫豁口以南部分已无法钻探。我们在雍和宫豁口以北共钻探了三卡。

第一卡　在地坛公园北门内（图 2－2－1）。此卡保存情况最好，距地表深 2.00 米见路土，为黑灰色，呈极细密的路土薄层，厚 0.40 米，2.40～2.50 米见生土，路土街面宽 24.80 米。在街的东西两侧各有宽 2.50 米的水沟，西沟底距地表 2.80 米，东沟底距地表 3.10 米，沟内均有水浸污土。在东沟外侧还有一条宽 2.50 米的小路，路土距地表的深度与大街路面相同，亦为 2.00 米，但路土较薄，在大街东侧未发现遗迹。在大街西侧发现两个建筑基址。南边是一个长方形建筑基址，东西长 10.40 米，南北宽 7.50 米。此基址为一层夯土一层砖屑相间

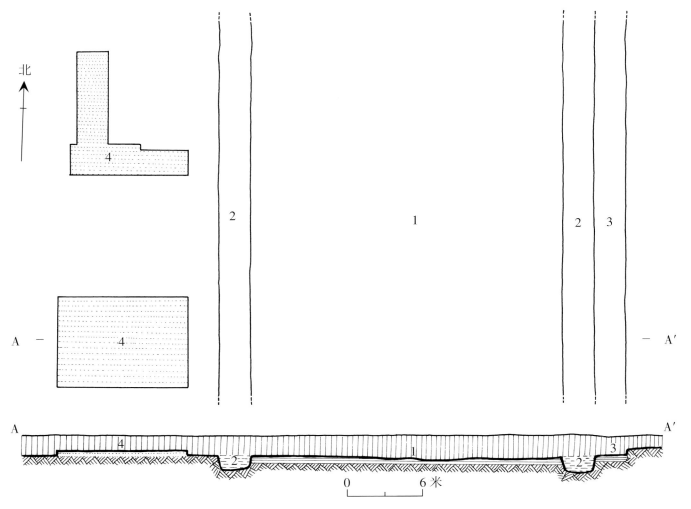

图 2 - 2 - 1 地坛公园北门考古钻探的南北（文明门）大街平、剖面图
A - A'. 现代地面线 1. 大街路面 2. 沟 3. 小路 4. 建筑基址

夯筑，距地表深 1. 20 米，厚 0. 30 ~ 0. 40 米，其下即为生土。在长方形建筑基址北面约 10. 20 米处，还有一矩尺形建筑基址，东西长 9. 40 米，南北长 7. 60 米，宽约 2. 40 米，距地表深 1. 00 米见夯土，1. 60 ~ 1. 80 米见生土。

第二卡 在三环路南小黄庄建筑科学院仓库。路土宽约 16 米。

第三卡 在三环路北六公主坟。距地表深 0. 80 ~ 1. 00 米见路土，路土宽 15 米。

6. 北小街以北的南北大街

自今东直门北小街豁口经和平里东街抵元大都北城垣。在和平里北化工学院东侧探一卡，距地表深 0. 80 米见路土，厚约 0. 30 米，至 1. 10 ~ 1. 20 米见生土，路土宽 15 米。

7. 东北角楼以南的东顺城街

此街的路土在今地表以下 1. 50 米左右，宽 12 米。

（二）西北部分

指健德门大街以西，肃清门大街以北的地区，包括健德门大街、肃清门大街在内（参见图版 1 - 4）。

1. 肃清门大街

在今学院南路沥青马路稍南。这条路一直沿用至今，东通德胜门外大街，到修成学院南路后才废弃不用。共探四卡。

第一卡 在肃清门东 60 米处。距地表深 1. 10 米见路土，厚 0. 60 米，路土宽 25. 50 米。

第二卡 在建筑公司 8 号楼西边。距地表深 1. 00 米见路土，厚 0. 20 ~ 0. 50 米，路土残宽 20. 50 米。

第三卡　在北京师范大学南门外学院南路南约 12 米处。距地表深 1.10 米见路土，厚 0.30 米，路土宽 23.0 米。

第四卡　在学院南路与新街口外大街相交处的西南角上。距地表深 0.70 米见路土，厚 0.30 米，大街北部路土保存完好，南部有破坏，路土残宽 18 米。

2. 健德门大街

此条大街一直使用到新中国成立前，德清公路修成后，五路通以北的旧路仍然使用。由于行走年深，变为路沟，新中国成立后渐渐废弃不用，成为排泄积水的水沟（参见图版 1－4；图版 2－1－11：2）。我们于马甸东街南头靠近三环路处，在水沟（旧路）东西两岸的斜坡上钻探，距地表深 1.20 米见路土，厚 0.40 米，沟中间尚有积水，无法钻探，路土宽 25.7 米。

3. 北太平庄南北向大街

此街在今新街口外大街北头北太平庄东侧、三环路南探一卡。距地表深 1.40 米见路土，厚 0.30 米，路土宽 25.0 米。

4. 健德门以西的北顺城街

只在马甸居民区第六排房处探一卡。距地表深 0.50 米见路土，厚 0.20 米，路土宽 14 米。

5. 西北部分的横排胡同

自健德门以西的北顺城街向南，至肃清门大街以北之间的横排胡同。按东北部分排列的规律，此处也应有二十二条胡同，但只钻探到九条，所缺的十三条胡同有的可能已被破坏，有的可能原来有大型建置而没有规划。现按自北向南的顺序叙述如下，所缺的十三条胡同亦加注明。

（1）健 1（肃 22）

第一卡　在西北角楼黄亭子正东 150 米处断崖上，路土宽 7 米。

第二卡　在北太平庄有色金属厂西墙外。距地表深 0.90 米见路土，厚 0.40 米，路土宽 7 米。

第三卡　在马甸居民区内。距地表深 0.50 米见路土，厚 0.30 米，路土宽 7 米。

自健 2（肃 21）至健 4（肃 19）三条胡同的路土未发现。

（2）健 5（肃 18）

只一卡。在马甸居民区南头。距地表深 0.90 米见路土，厚 0.30 米，路土宽 7 米。

另在北太平庄铁路干校东墙外距地表深 0.80 米发现零星路土，路土宽度不详。

（3）健 6（肃 17）

第一卡　在北太平庄铁路干校东墙外。距地表深 0.90 米见路土，宽 7 米。

第二卡　在马甸南。距地表深 0.40 米见路土，厚 0.30 米，路土宽 7 米。

健 7（肃 16）未发现路土。

（4）健 8（肃 15）

只一卡。在北太平庄铁路学院南近三环路处。距地表深 1.40 米见路土，厚 0.30 米，路土宽 7 米。

健 9（肃 14）至健 14（肃 9）六条胡同的路土未发现。

（5）健 15（肃 8）

只一卡。在学院路东侧邮电学院东墙外。距地表深 0.60 米见路土，厚 0.40 米，路土宽 8 米。

健 16（肃 7）只见零星路土。

（6）健17（肃6）

第一卡　在学院路东侧。距地表深1.20米见路土，厚0.20～0.30米，路土宽7.20米。

第二卡　在新街口外大街西侧师大宿舍东门外。距地表深0.60米见路土，厚0.10～0.20米，路土宽7.40米。

健18（肃5）和健19（肃4）两条胡同的路土未发现。

（7）健20（肃3）

只一卡。在学院路东侧。距地表深0.90米见路土，厚0.10～0.20米，路土宽8.50米。

（8）健21（肃2）

只一卡。在学院路东侧邮电学院墙外。距地表深1.50米见路土，厚0.15米，路土宽6米。

（9）健22（肃1）

第一卡　在肃清门北100米学院路东侧。距地表深0.70米见路土，厚0.30米，路土宽10米。

第二卡　在新街口外大街西侧师大东门外。距地表深0.90米见路土，厚0.20米，路土宽6米。

（三）中央北部部分

中央北部部分指安贞门大街以西、健德门大街以东，北起北顺城街，南抵光熙门大街和肃清门大街一线（参见图版1-3）。在这个范围内分四条线路钻探横排胡同。另外，还钻探了安贞门大街和健德门大街之间的四条南北向的大街。

1. 安贞门大街西的横排胡同

沿今安定门外大街（亦即安贞门大街）以西，自北顺城街向南进行普探，如无破坏，每条胡同遗迹皆探有两卡。

（1）安西1

第一卡　在安定门小关南，公路西侧。距地表深1.10米见路土，厚0.20米，路土宽6.5米。

第二卡　在结核病院东。距地表深0.90米见路土，厚0.10～0.15米，路土宽8.5米。

（2）安西2

第一卡　在公路西侧。距地表深0.90米见路土，厚0.30米，路土宽8米。

第二卡　在五路居27号北侧。距地表深0.80～1.00米见路土，厚0.10～0.20米，路土宽8米。

（3）安西3

第一卡　在五路居小房西墙外。距地表深0.80米见路土，厚0.40米，路土宽8.5米。

第二卡　在五路居33号。距地表深0.60～0.80米见路土，厚0.30米，路土宽9.5米。

（4）安西4

第一卡　在公路西侧五路居。距地表深0.60米见路土，厚0.40米，路土宽8米。

第二卡　在五路居22号。距地表深0.60～0.80米见路土，厚0.30米，路土宽9.8米。

（5）安西5

第一卡　在公路西侧。距地表深0.60米见路土，厚0.30米，路土宽9米。

第二卡　在五路居20号（那家坟）。距地表深0.60～0.80米见路土，厚0.10～0.30米，路土宽9米。

（6）安西6

这条胡同被压在北三环路下，在北环路南侧的路沟内发现有零星路土，未做钻探。

（7）安西7

第一卡　在甘水桥汽车站西壕沟内。距地表深0.80米见路土，厚0.30米，路土宽7.7米。

第二卡　在五路居旧甲7号。距地表深0.70~0.90米见路土，厚0.10~0.20米，路土宽9.5米。

（8）安西8

在五路居8号门前，由于此地势较低洼，路土多被破坏。

第一卡　距地表深0.80米见路土，厚0.40米，路土残宽4.4米。

第二卡　距地表深0.70米见路土，厚0.40米，路土宽度不详。

（9）安西9

第一卡　在甘水桥汽车站正西。距地表0.80米见路土，厚0.20米，路土宽8米。

第二卡　在五路居贵子胡同旧12号。距地表深0.30~0.40米见路土，厚0.30米，路土宽7米。

（10）安西10

第一卡　在育鹏小学东北角。距地表深0.80米见路土，厚0.30米，路土宽8米。

第二卡　在外馆后街2号。距地表深0.50~0.80米见路土，厚0.10~0.30米，路土宽9.5米。此卡距第一卡较远，而且斜向西北，不能确定与第一卡是否为同一胡同。

（11）安西11

第一卡　在育鹏小学东大门南。距地表深1.20米见路土，厚0.30米，路土宽7.5米。

第二卡　在育鹏小学西南以外。距地表深0.40~0.60米见路土，厚0.10~0.20米，路土宽10米。此卡与第一卡相连。路土稍斜向西南。

（12）安西12

只一卡。在安外孝贤牌胡同。有两个钻孔中距地表深0.80米处发现乱路土，路土残宽4米。

（13）安西13

只一卡。在安外大街西煤厂。有两个钻孔距地表深1.10米处发现乱路土，路土宽度不详。

（14）安西14

只一卡。在义学胡同西侧柏树坟南边。距地表深0.80米见路土，厚0.30米，路土宽7米。

（15）安西15

只一卡。在义学胡同3号。距地表深0.90米见路土，厚0.10~0.40米，路土宽9.5米。

2. 健德门大街东的横排胡同

自北顺城街向南，沿健德门大街以东，在德清公路西侧进行普探。现自北向南依次叙述如下。

（1）德1

第一卡　在德胜门小关南德清公路西侧。距地表深1.10米见路土，厚0.40米，路土宽7.5米。

第二卡　在德清公路东侧建筑技校北球场。距地表深0.40~0.60米见路土，厚0.15米，路土宽7.6米。

（2）德2

第一卡　在德清公路西侧高岗上。距地表深1.00米见路土，厚0.30米，宽8米。

第二卡　在德清公路东侧建筑技校北球场。距地表深0.50~0.80米见路土，厚0.30米，路土宽7.8米。

（3）德3

第一卡　在德清公路西侧。原地面已被推平，故距地表深0.20米即见路土，厚0.40米，质量极好，路土宽 8 米。

第二卡 在德清公路东侧建筑技校西南角。距地表深 0.80 米见路土，厚 0.20 米，路土宽 9 米。

（4）德 4

第一卡 在德清公路西侧马甸东后街。距地表深 0.80 米见路土，厚 0.40 米，路土宽 8.2 米。

第二卡 在德清公路东侧马甸东后街 19 号。距地表深 0.80 米见路土，厚 0.40 米，路土宽 7 米。

（5）德 5

只一卡。在德清公路东侧马甸东后街 18 号北边。距地表深 0.90 米见路土，厚 0.40 米，路土宽 7.5 米。

（6）德 6

第一卡 在德清公路西。距地表深 0.80 米见路土，厚 0.40 米，路土宽 8.2 米。

第二卡 在德清公路东侧马甸东后街 16 号北边。距地表深 0.90 米见路土，厚 0.40~0.60 米，路土宽 9 米。

（7）德 7

第一卡 在德清公路西马甸居民区 13 号楼南。距地表深 1.00 米见路土，厚 0.10 米，路土宽度不详。

第二卡 在德清公路东侧马甸东后街 16 号南边。距地表深 1.50 米见路土，厚 0.30 米，路土宽 7.8 米。

（8）德 8

第一卡 在德清公路以北。距地表深 1.00 米见路土，厚 0.30 米，路土宽 7.5 米。

第二卡 在德清公路东侧北环路以北。从沟的断崖可见路土，路土宽 9 米。

（9）德 9

只一卡。在德清公路西侧北环路北 13 米处。距地表深 0.70 米可见路土，厚 0.10 米，路土宽度不详。在德清公路东侧北三环路两边均未发现路土，可能已经被压在北三环路下。

（10）德 10

第一卡 在德清公路西侧马甸街 70 号西南。距地表深 1.60 米可见路土，厚 0.40 米，路土宽 9 米。

第二卡 在德清公路东侧马甸东后街 1 号南边。距地表深 0.80 米可见路土，厚 0.30 米，路土宽 7.5 米。

（11）德 11

只一卡。在德清公路西侧。距地表深 1.80 米可见路土，厚 0.20 米，路土宽 9 米。在德清公路东什方院 25 号附近钻探未见路土。

（12）德 12

第一卡 德清公路西侧葡萄园北部。距地表深 0.80 米可见路土，厚 0.50 米，路土宽 9 米。

第二卡 德清公路东侧什方院 20 号南。距地表深 1.00 米可见路土，厚 0.30 米，路土宽 7.5 米。

（13）德 13

第一卡 德清公路西侧葡萄园内。距地表深 0.80 米可见路土，厚 0.50 米，路土宽 9.5 米。

第二卡 德清公路东侧炮校西墙外。距地表深 0.80~1.00 米见路土，路土宽 8 米。

（14）德 14

只一卡。在德清公路东侧炮校西墙外。距地表深 1.10~1.30 米可见路土，厚 0.40 米，路土宽 8.5 米。

（15）德 15

只一卡。在德清公路东侧炮校西墙南端。距地表深 1.20 米可见路土，厚 0.50 米，路土宽 8 米。

（16）德 16

只一卡。在德清公路东侧公共汽车站内。距地表深 1.2 米可见路土，厚 0.30 米，路土宽 8 米。

德 17 和德 18，两条胡同的路土未探得。

（17）德 19

只一卡。在德清公路东侧第四设计院南。距地表深 1.30～1.40 米见路土，厚 0.30 米，路土宽 8 米。

（18）德 20

只一卡。在德清公路东侧火神庙小学内。距地表深 1.20～1.40 米可见路土，厚 0.30 米，路土宽 9 米。

（19）德 21

只一卡。在德清公路东侧火神庙小学南。路土已被破坏，只在两个探孔内发现乱夯土，路土宽约 8.5 米。

德 22，胡同路土全被破坏。

3. 自人定湖经黄寺至红庙的横排胡同

从人定湖东岸向北，经黄寺西侧，过北三环路至红庙 15 号南侧路沟止，共探测十条东西横排胡同。以"黄"字编号。

（1）黄 1

在人定湖北部东岸。距地表深 0.50 米见路土，厚 0.20 米，路土宽 7.5 米。

（2）黄 2

在人定湖北岸地质学校南门内。距地表深 0.70～0.90 米见路土，路土宽 9 米。

（3）黄 3

在地质学校内。距地表深 1.00 米见路土，厚 0.30 米，路土宽 8 米。

黄 4，胡同的路土也应在地质学校内，已被破坏。

（4）黄 5

在地质学校主楼前。距地表深 0.80 米可见路土，厚 0.50 米，路土宽 9 米。

黄 6，胡同的路土应在地质学校与西城汽车修配厂之间，已被破坏。

（5）黄 7

在西城区汽车修配厂东墙外。距地表深 0.60～0.80 米见路土，厚 0.30 米，路土宽 9 米。

（6）黄 8

在西城区汽车修配厂东北角。距地表深 0.80～1.00 米见路土，厚 0.40 米，路土宽 8.5 米。

（7）黄 9

在黄寺塔正西。距地表深 0.90 米见路土，厚 0.30 米，路土宽 9.5 米。

黄 10、黄 11、黄 12，三条胡同的路土均已被破坏。

（8）黄 13

在北环路北侧五路居八大队一小队队部前。距地表深 1.50 米见路土，厚 0.40 米，路土宽 10 米。

（9）黄 14

在黄寺后身新 20 号门前。距地表深 0.60 米见路土，厚 0.50 米，路土宽 9 米。

黄 15、黄 16，两条胡同的路土已破坏。

（10）黄17

在红庙15号南侧路沟南。距地表深1.20米见路土，厚0.50米，路土宽8米。

4. 自五路居北顺城街向南至北三环路一线之东的横排胡同

从五路居北顺城街向南，经王家坟至北环路，在上条钻探线之东，共探出东西向横排胡同五条。以"五"字编号。

五1，胡同路土已被破坏。

（1）五2

在黄寺后身22号东侧。距地表深0.40米见路土，厚0.20米，路土宽5米。

（2）五3

第一卡 在黄寺后身20号北。距地表深0.80米见路土，厚0.40米，路土宽7.5米。

第二卡 在黄寺后身旧22号南80米处。距地表深0.60米见路土，厚0.40米，路土宽9米。

（3）五4

第一卡 在黄寺后身30号前王家坟。距地表深0.50~0.80米见路土，厚0.30米，路土宽9.5米。

第二卡 在黄寺后身30号东侧水沟东小菜园房子前。距地表深0.60米可见路土，厚0.30米，路土宽8.5米。

五5，胡同路土大部分已被破坏，只在黄寺后身18号北面有零星路土。

（4）五6

在五路居八大队二小队队部。距地表深0.40米可见路土，厚0.20米，路土宽7.5米。

五7，胡同路土大部分已被破坏。在黄寺后身13号以南40米处发现零星路土。

（5）五8

在北环路以北约45米处。距地表深0.50米可见路土，厚0.30米，路土宽8米。

5. 德胜门以东的北顺城街

第一卡 在健德门大街东侧，马甸居民区内。距地表深0.80米可见路土，厚0.50米，路土宽24米。

第二卡 在德清公路以东，建筑技校北面。路土宽25米。

6. 安贞门与健德门之间的南北街

安贞门与健德门之间的南北街，共探出四条。现自东向西依次叙述如下。

（1）安贞门西第一条南北街

即健德门东第四条南北街。共两卡。

第一卡 在北环路南侧。距地表深0.60米见路土，厚0.30米，路土宽14米。

第二卡 在外馆后身交通干校新三排北一排稍北。距地表深0.40米见路土，厚0.40米，路土宽16米。

（2）安贞门西第二条南北街

即健德门东第三条南北街。共两卡。

第一卡 在三路居旧21号东侧。距地表深0.3米见路土，厚0.20米，路土宽14米。

第二卡 在五路居旧46号东北。距地表深0.40米见路土，厚0.20米，路土宽13米。

（3）安贞门西第三条南北街

即健德门东第二条南北街。共两卡。

第一卡 在北环路北侧约13米处。距地表深0.90~1.20米可见路土，厚0.30米，路土宽18米。

第二卡 在第一卡之北，五路居 23 号西侧约 50 米。距地表深 0.30 ~ 0.50 米见路土，厚 0.10 ~ 0.20 米，路土宽 16 米。

（4）安贞门西第四条南北街

即健德门东第一条南北街。共三卡。

第一卡 在双旗杆旧 9 号南 13 米处。距地表深 0.50 米可见路土，厚 0.30 米，路土宽 20 米。

第二卡 在双旗杆旧 9 号北约 85 米处。距地表深 0.50 米可见路土，厚 0.50 米，路土宽 23 米。

第三卡 在北三环路南侧。距地表深 0.50 米见路土，厚 0.30 米，路土宽 18 米。

（四）东南部分

东南部分指光熙门大街以南、安贞门大街以东的部分地区。其中安定门外大街以东建筑物较密，钻探不便，中间有地坛公园，地坛以东地势低洼，元大都时期的地面皆已被破坏，自地表向下 0.10 ~ 0.20 米即可见生土。故此，东南部分的横排胡同无遗址可寻。唯在地坛公园北门探得文明门大街北段遗址，已在东北部分叙述。

（五）西南部分

西南部分指肃清门以南、健德门大街以西，至明代北城垣的北部地区。分三处钻探，一是自北太平庄起，沿新街口外大街路西，自北向南探；二是自德胜门外石佛寺起，沿德胜门外大街路西，自北向南探；三是自新街口外太平湖北岸起，经索家坟向北至学院路南路。

1. 北太平庄至新街口豁口大街以西的横排胡同

自北向南共探九卡，发现三条胡同的路土。编号为"新"。

（1）新 2

在小西天 1 号大门向南 75 米处。距地表深 0.70 米见路土，已被破坏，路土残宽 4.80 米。

新 1、新 3、新 4，三条胡同路土已被破坏。

（2）新 5

在北京电影学院北红楼南端。距地表深 1.90 米见路土，厚 0.20 米，路土宽约 7 米。

（3）新 6

在北京电影学院大门向南 10 米处，距地表深 1.20 米见路土，厚 0.40 米，路土宽 8 米。

新 7、新 8、新 9，三条胡同路土已被破坏。

2. 德胜门大街路西自石佛寺至冰窖口的横排胡同

在这条钻探线上共探十卡，发现五条胡同的路土。编号为"德西"。

（1）德西 1

在德胜门外石佛寺 11 号西南墙角。距地表深 1.90 ~ 2.10 米见路土，厚 0.10 ~ 0.20 米，路土宽 12 米。

德西 2，胡同路土已被破坏。

（2）德西 3

在德胜门外西后街 4 号门口。距地表深 1.60 ~ 1.80 米见路土，厚 0.40 米，路土宽 6 米。

（3）德西 4

在德胜门外西后街 9 号门口。路土宽 9 米。

（4）德西 5

在德胜门外西后街 37 号门口。距地表深 0.70 ~ 0.80 米见路土，厚 0.20 ~ 0.30 米，路土宽 8 米。

德西 6，胡同路土已被破坏。

（5）德西 7

在德胜门外西后街 49 号门口。距地表深 2.50 米见路土，厚 0.30 米，路土宽 13 米。

德西 8，胡同路土已被破坏。德西 9，在德胜门外西后街 89 号门口。距地表深 1.60 米见零星路土，路土宽度不详。德西 10，在冰窖口胡同内西后街南口。距地表深 1.70 米见零星路土，路土宽度不详。

另外，在以上各探卡的西侧还探过四卡，编号为德西 11 ~ 14，叙述如下。

（6）德西 11

在敞风口街富家胡同后门 11 号。距地表深 2.00 米见路土，厚 0.60 米，路土宽 8 米。

（7）德西 12

在德胜门外西后街 51 号西南墙角。距地表深 2.10 米见路土，厚 0.50 米，路土宽 9 米。

（8）德西 13

在德胜门外西后街西八道湾新 3 号。距地表深 1.80 米见路土，厚 0.20 米，路土宽 9 米。

（9）德西 14

在电力设计院后 1 院 55 号西南墙角。距地表深 1.80 米见路土，厚 0.30 米，路土宽 7.5 米。

3. 太平湖至索家坟、学院南路的横排胡同

在这条钻探线上共探八卡，发现六条胡同的路土。编号为"索"。

（1）索 1

在索家坟胡同中部十字路口处。距地表深 1.10 米处见路土，厚 0.30 米，路土宽 8 米。

（2）索 2

在索家坟胡同电器厂门口。距地表深 1.10 米处见路土，厚 0.30 米，路土宽 7.5 米。

（3）索 3

在太平湖西北索家坟胡同东口煤厂。距地表深 1.20 米见路土，厚 0.40 米，路土宽 8.5 米。

（4）索 4

在太平湖西北索家坟胡同北口。距地表深 1.00 米见路土，厚 0.30 米，路土宽 7.5 米。

索 5、索 6，两条胡同的路土已被破坏，此处地势低洼，为近代后填之土。

（5）索 7

在大钟寺中部的高台地上。距地表深 0.80 米见路土，厚 0.20 米，路土的南半部被壕沟所破坏，宽度不详。

（6）索 8

在学院南路南约 130 米处。距地表深 1.10 米见路土，厚 0.30 米，路土宽 8.5 米。

（六）中央南部部分

中央南部部分指自肃清门至光熙门大街之间以南、安定门外大街以西、德胜门外大街以东的地区（参见图

版 1 - 3）。分三段钻探，一在中部，即人定湖向南；二在安定门外大街西侧；三在德胜门外大街东侧。

1. 人定湖南的横排胡同

在人定湖公园内，从人定湖南岸至公园南门有三条胡同路土。人定湖公园南门外还有两卡。编号为"人"。

（1）人 1

在人定湖南岸 30 米处。距地表深 0.80 米见路土，厚 0.20 米，路土宽 8 米。

（2）人 2

在人 1 卡南 80 米处。路土宽约 6 米。

（3）人 3

在人定湖公园南门内，人 2 卡以南约 60 米处。距地表深 0.40~0.50 米见路土，厚 0.10 米，路土宽 11 米。

（4）人 4

在人定湖公园南门外约 150 米处。距地表深 1.40 米见路土，厚 0.30 米，路土南部被破坏，宽度不详。

（5）人 5

在人定湖公园南门前十字路口处。距地表深 0.50 米见路土，路土宽约 8 米。

2. 安定门外以西的横排胡同

在安定门外大街以西的横排胡同，共探四卡。编号为"定西"。

（1）定西 1

在安德路南天然冰厂内。距地表深 0.80 米见路土，厚 0.40 米，路土宽 8 米。

（2）定西 2

在西营房胡同 25 号门南 8 米处。距地表深 1.50 米见路土，厚 0.20 米，路土宽 7 米。

（3）定西 3

在青年湖胡同东口。距地表深 1.20 米见路土，厚 0.40 米，路土宽 8 米。

（4）定西 4

在安外西后街。距地表深 1.20 米见路土，厚 0.40 米，路土北部被破坏，残宽 2 米。

3. 德胜门外大街东侧的横排胡同

在德胜门外大街东侧，共探五卡，发现三条胡同的路土。编号为"德东"。

（1）德东 1

在张家大院 1 号和 2 号门之间。距地表深 0.90 米见路土，厚 0.20 米，路土宽 9 米。

在张家大院南口探一卡。距地表深 1.20 米处发现零星路土，路土厚度不详。

（2）德东 2

在德胜门外东后街。距地表深 1.10 米见路土，厚 0.30 米，路土宽 9 米。

在教场口街北部探一卡。未发现路土。

（3）德东 3

在教场口街 13 号和 15 号院内。距地表深 1.40~1.50 米见路土，厚 0.40~0.50 米，路土宽 10 米。

第三节　河湖遗迹

元大都河湖遗迹的勘测，包括金水河、太液池、积水潭（海子）和通惠河。另外，对坝河的遗迹也进行了考察。

一　金水河的勘测

金水河入城处在西直门南，距西直门瓮城南壁约 124 米。1961 年拆除西城墙时，在此处城墙砖皮之内发现一水涵洞，洞底铺条石，洞顶为砖券。据当时目击者吴老先生云，与 1964 年在北城墙下发掘的水涵洞形制一致。自西直门向南至阜成门之间的西城墙内，除此处发现有水涵洞之外，其他地方均未再发现有水涵洞。这与文献上所记金水河自和义门（今西直门）南入城的方位是符合的。以此水涵洞的位置为起点，向东钻探至沟沿（今赵登禹路），共探五卡。编号为"金"。

（1）金 1

在西直门南顺城街，正对合作总社汽车库，其北为翠峰庵胡同。河宽 12 米，河道内距地表深 1.50～2.00 米见淤土，两岸距地表深 2.20～2.30 米见生土。

（2）金 2

在西直门南小街路西。河宽 13 米，河道内距地表深 2.50～2.70 米见浸淤土，北岸距地表深 2.10 米见生土，南岸距地表深 1.70 米见生土。

（3）金 3

在老虎庙胡同 20 号门以南。河宽 14 米，河道内距地表深 1.60 米见淤沙，南岸距地表深 2.00 米见生土。

（4）金 4

在半壁街胡同中间路北侧。河宽约 20 米，河道内距地表深 1.60 米见淤沙和冲积沙层，北岸距地表深 2.20 米见生土。

（5）金 5

在柳巷胡同内。河宽约 20 米，河道内距地表深 1.70～2.40 米见冲积沙层，南岸距地表深 2.00 米见生土。

金水河从今柳巷胡同向东达沟沿，是否过沟沿再向东呢？我们在沟沿（今赵登禹路）以东布了南北向的钻探线，在前公用库胡同北八道湾胡同内做了钻探，一般距地表深 1.80～2.00 米见生土，未见河道内的淤泥层。由此可证，金水河是由柳巷胡同以北注入沟沿，没有再向东流。金水河从沟沿向南流，过马市桥（今赵登禹路与阜成门内大街相交的十字路口处），至今政协礼堂以南，从前泥洼胡同东口折而向东。由前泥洼西口至西单北甘石桥共探十一卡。

（6）金 6

在前泥洼胡同西口、大小油房胡同之间。北岸在小油房胡同南口，距地表深 4.00 米处见堤岸夯土，为一层砖一层夯土相间夯筑，堤岸宽 2.90 米。堤岸北尚有一条干沟，沟内距地表深 4.30～5.30 米见生土，干沟北岸距地表深 2.00 米见生土。河南岸在大油房胡同北口以南，距地表深 2.60 米即见生土。河宽约 15.50 米。河道内距地表 3.50 米以下见黑灰色水浸土，4.00 米见污泥，5.00 米见流沙（厚约 0.10 米），5.10 米见淤澄土（厚约 1.70 米），距地表深 7.30 米仍见黑色稀污泥。

（7）金 7

在前泥洼胡同中部、中北宽街之间。北岸在北宽街，距地表深 2.30 米见生土。南岸在中宽街北口以南 12.90 米处，距地表深 2.60 米见生土。河宽约 29 米。河道内距地表深 5.40 米见淤沙，5.70 米见污泥，6.60 米见生土。

（8）金 8

在前泥洼胡同东部、中北半壁街之间。北岸在北半壁街南口以北 20.55 米处，距地表深 2.80～4.50 米见生土，南岸在中半壁街北口以南 6 米处。河宽 31 米。河道内距地表深 5.10 米见淤沙，5.20 米见污泥，6.40 ～ 6.60 米见生土。

（9）金 9

在后泥洼胡同 24 号（新 8 号）院内。为金水河向南弯的外角（东北角）。岸上距地表深 3.70 米即见生土。河道内距地表深 5.20 米见污泥。

（10）金 10

在南骆驼湾北口和花枝胡同北口之间。此卡为金水河向南流后的东西向卡。西岸距地表深 3.50 米见生土，东岸距地表深 1.90 米见生土。河道内距地表深 5.20 米见淤沙，5.60 米见细沙，6.10 米见污泥。

（11）金 11

在锁链胡同。西岸在南骆驼湾西，距地表深 3.00 米见生土。东岸在花枝胡同中部，距地表深 3.00 米见生土。河道内距地表深 5.00 米见淤沙（厚 0.70 米），至 5.90 米见生土。

（12）金 12

此卡为金水河从南北流向转往东流的西南角，在锁链胡同和南半壁街中部，辟才小六条北口相会的地方。河岸一般距地表深 4.10 ～ 4.30 米即见生土。河道内至距地表深 5.20 ～ 5.70 米才见生土，以上为淤土。在淤土中发现一枚清"顺治元宝"铜钱。

（13）金 13

在宏庙胡同西口、阴凉胡同和辟才五条胡同之间。北岸在阴凉胡同南口内，距地表深 2.30 米见生土。南岸在辟才五条胡同北口以南 10 米处，距地表深 2.70 米见生土。河宽约 28 米。河道内距地表深 4.90 米见淤沙淤泥。

（14）金 14

在宏庙胡同中部、豆芽菜胡同和辟才四条胡同之间。南岸在辟才四条胡同，距地表深 2.00 ～ 2.10 米见生土。北岸在豆芽菜胡同南口以北 5.30 米处，距地表深 2.80 米见生土。河宽约 28 米。河道内距地表深 5.00 ～ 5.60 米见淤泥。

（15）金 15

在宏庙胡同中部。南岸在辟才头条胡同北口以南 14.50 米处，距地表深 2.90 ～ 3.60 米见生土。北岸在宏庙胡同 8 号院内，距地表深 1.70 ～ 2.30 米见生土。河宽约 30 米。河道内距地表深 4.00 ～ 5.20 米见淤泥淤沙。

自宏庙胡同东部向东至西斜街，两侧无南北胡同，且布满民居，无法钻探，找不到河的两岸所在。在宏庙胡同小学院内，宏庙胡同 65 号院内，西斜街 68 号、65 号院内，宏庙胡同 39 号、37 号、62 号院内的探孔中，均在距地表深 3.70 ～ 4.50 米处见河道内的淤土。由此可以证明，金水河仍沿宏庙胡同和西斜街稍偏南的地方流过，至西单北大街的甘石桥。

金水河从前泥洼胡同至甘石桥这一段的河道，今天已全部湮埋在地下。根据在辟才六条胡同探孔淤土中发现的"顺治元宝"钱（见于金 12）可知，清代初年这条河道尚未完全填平，仍有部分遗迹存在。明代嘉靖末年成书的《京师五城坊巷胡同集》中，咸宜坊内尚保留有"小河漕儿"的地名，很可能就是指的前泥洼胡同至辟才六条胡同一带已废弃了的元代金水河故道。至于宏庙胡同一带的金水河故道，当时可能已被填平，因为在《京师五城坊巷胡同集》的咸宜坊内已经有"红庙儿街"的地名了。清乾隆十五年（1750 年），这一带的河道遗迹已全部掩埋于地下，因此在乾隆《京城全图》中已无河道的痕迹，全部变为胡同和民居了。估计从明代嘉靖末年尚有河道遗迹到完全变为胡同，这个过程的完成时间当在清康熙、雍正之际。在清《京城全图》上，甘石桥西侧、宏庙胡同南边尚画有一段干沟，这无疑仍是元代金水河遗迹。

金水河过甘石桥向东，流至今灵境胡同北侧，然后再分为两支，一支沿灵境胡同北侧向东，过府右街而入中海；另一支沿东斜街向东北流，由皇城根向北，至厂桥而转向东。

由灵境胡同东口至西口，共探四卡。

（16）金 16

在灵境胡同西口路北。北岸距地表深 2. 20 米见生土，南岸在灵境胡同沥青路面上。河宽约 28 米。河道内距地表深 3. 50 米见淤泥，至 5. 60 米时见淤泥土。

（17）金 17

在灵境胡同北侧八宝坑胡同内。南岸在灵境胡同北行人道上，距地表深 2. 20 ~ 2. 80 米见生土。北岸在八宝坑胡同 1 号门以北，距地表深 2. 00 米见河堤三合土，河堤宽 3. 65 米，尚保存有 1 米多高。河宽约 20 米。河道内距地表深 3. 50 ~ 4. 50 米见河底沉积土。

（18）金 18

在西皇城根南口。南北岸均距地表深 2. 20 米见生土。河宽 19 米。河道内距地表深 3. 00 米见淤沙。

（19）金 19

在灵境胡同东口与府右街相会处。南北两岸均距地表深 3. 20 米见生土。河宽 15 米。河道内距地表深 4. 50 米见淤沙土。

由东斜街向北的支流至西安门，共探三卡。

（20）金 20

在东斜街南口。东岸在东斜街 16 号门内，距地表深 5. 00 米见生土。西岸在北京市公用局院内，距地表深 4. 60 米见生土。河宽 14 米。河道内距地表深 4. 00 米见淤泥，4. 40 米见河底沉积土。

（21）金 21

在东斜街与大酱房胡同交会处。东岸距地表深 2. 70 米见生土，西岸距地表深 3. 60 米见生土。河宽 10 米。河道内距地表深 2. 70 米见淤沙淤土，3. 00 米见胶泥。

（22）金 22

在西皇城根与颁赏胡同相会处。西岸距地表深 3. 50 米见生土，东岸在皇城墙下。河道已全部被压在沥青路面下，估计此处河宽约 10 米。

金水河北支由西皇城根过西安门向北流，直至厂桥才又向东转。从西安门到厂桥之间，河道全部被压在今皇城根街的沥青路面下，已无法进行钻探。乾隆《京城全图》中在西安门北与马市大街相会处的丁字口上画有一桥，注记为"断魂桥"。这是元大都金水河北支的遗痕，证明此处原来确曾有河道。

从皇城根北口，厂桥以南，西通毛家湾处为起点，由此向东至北海公园内，共探八卡。

（24）金 24

在太平仓胡同东口与毛家湾胡同相会处。为金水河北支向东转弯的地方。由此向北向西的探孔中均不再见河道遗迹。

（25）金 25

在第四中学后门（西门）内西墙下。南北岸均距地表深 1. 70 米见生土。河宽约 10 米。河道内距地表深 2. 20 米见淤土，2. 60 米见水浸生土。

（26）金 26

在后库东大街西第四中学东墙外。南岸距地表深 1.50 米见生土，北岸距地表深 1.90 米见生土。河宽 10 米。河道内距地表深 2.70 米见水浸土，其上有后来填入的乱砖碎瓦。

（27）金 27

在西大街路西、杨家大院西口外。河两岸均在距地表深 2.20～2.70 米见生土。河宽 15.30 米。河道内距地表 5.10 米以上均为填入的砖瓦渣土，5.10 米以下见淤沙土（厚 1.10 米以上），至 6.20 米才到河底，也有的地方距地表深 2.70～3.00 米即见淤土。

（28）金 28

在北海公园万佛楼北。南岸在万佛楼台基北侧，距地表深 1.70 米见生土。北岸在万佛楼院内，距地表深 2.60 米见生土。河宽 23.50 米。河道内距地表深 1.90 米见流沙和胶泥，3.00 米见黑灰色细沙淤土，至 4.20 米仍不到生土。

（29）金 29

在北海公园九龙壁西南。南岸距地表深 3.60 米见生土，北岸距地表深 2.00～2.60 米见生土。河宽 30 米。河道内距地表深 3.60 米见灰色污泥，5.90 米见黑色污泥，6.00 米尚不见生土。

（30）金 30

在北海公园天王殿西墙外。南岸距地表深 1.50 米见生土，北岸距地表 2.00 米见生土。河宽 28 米。河道内距地表深 2.40～2.60 米见淤沙土。

（31）金 31

在北海公园天王殿东墙外。南岸距地表深 1.70 米见生土，北岸距地表 1.80～3.00 米见生土。河宽 30 米。河道内距地表深 2.00～2.40 米见污泥，3.50 米见黑色污泥并杂有蜗牛壳等，4.20 米尚不见生土。

金水河北支自此注入太液池（今北海）。

金水河南支入太液池（今中海）后，再由东岸流出，经今中海西苑门向东流，顺西华门大街入故宫西华门。在故宫范围内共探四卡。

（32）金 32

在西华门内咸安宫门东南 22 米处。北岸距地表深 2.50 米见生土，南岸距地表深 2.80～3.10 米见生土。河宽 19 米。河道内距地表深 3.20 米见淤沙淤土，3.60 米到河底。

（33）金 33

在熙和门西北 8 米处。两岸均距地表深 1.80～2.30 米见生土。河宽 23 米。河道内距地表深 3.20～3.60 米见淤泥沙并夹杂有蜗牛壳等，3.70 米到河底见生土。在熙和宫外发掘一条小探沟，编号 T1，从西壁剖面可看出：第 1 层为近代扰乱层，浅灰色，厚约 0.60 米，土中有碎砖瓦、石灰、煤渣、玻璃片及尚未腐朽的废木料等。第 2 层为填土，厚约 0.55～0.75 米，土色深灰或黑灰，包含物有琉璃瓦、青花瓷片、孔雀绿瓷片、粗质黑釉瓷片和各种缸片，探沟南部出土大量兽骨。因熙和门路南即为明清的膳房外库及瓷器库，故这些堆积和它们有关。第 3 层为夯土层，每层厚约 0.20～0.30 米，以 0.25 米为标准，尚保存有 10 层夯土。夯土为圆形大平碗所筑，平碗直径有 29 厘米的，也有 34 厘米的，碗印深约 1 厘米。在靠近河岸的地方不用平碗夯筑，而改用小夯锤夯筑。夯土为黄褐色，包含物有红陶胎的翠绿釉琉璃瓦残片、粗绳纹砖残块以及包括汉白玉在内的很多小碎石屑。根据夯土夯筑方法及其包含物所显示的年代，应是在明永乐年间修建宫城时，用夯土填平元金水河的。

第4层为淤泥沙，厚约0.20米，土质细腻，应是元代金水河底。第5层为生土。

（34）金34

在协和门东北、文华殿门前至东华门内，共探了三个点。在协和门东北、文华殿门前，河宽15米。在文华殿东南角，河宽19米。在东华门内石桥西南，河宽15米。一般都是在距地表深2.20～2.70米处发现淤土淤沙。

从故宫内所探四卡来看，元金水河南支自西华门入故宫后，沿咸安宫门前向东流，至熙和门西附近即稍向南移，由熙和门过太和门前，至协和门向东流，经文华殿门前，至东华门内又稍向北移，然后从东华门北出故宫，沿今东华大街以北，过孔德前巷而东注入通惠河（今南河沿）。

以上勘测的金水河是元大都的外金水河。它的南支过宫城前的周桥下东入通惠河。它的北支绕皇城北面注入太液池。另外，金水河流入元宫城内，即所谓内金水河，但因其地处故宫和众多的建筑物下，已无法钻探。

二　太液池的勘测

对元大都太液池，只在今北海东西两岸的北部做了局部的钻探。北海东岸共探三卡：北边一卡在北海幼儿园南门外，中间一卡在船坞正东，南边一卡在船坞以南。岸上一般距地表深1.00～1.20米即见生土。池内距地表深2.20～3.80米见淤沙淤土，4.10米见灰沙土和水。西岸也探了三卡：北边一卡在小西天南，中间一卡在北海公园西墙向东内收处，南边一卡在西墙小门正东的海岸甬路侧。岸上为堆积土，至距地表深3.80米仍不见淤沙淤土。池内则距地表深1.50～2.20米即见污泥，3.00～4.80米见污沙污泥和流沙等，5.00米以下见水。由此可证，元太液池的范围较今北海的范围稍大。

三　积水潭（海子）的勘测

积水潭（海子）的上源为高粱河，从和义门北入城。因修建西直门火车站和粮食仓库等各种原因，这段西城垣已被全部平毁，入城的确切地点无法进行钻探，只能根据靠近西城垣时海子南北两岸逐渐合拢的最西面的两点加以延伸复原。高粱河的入城处约在明北京城西北城角以北1500米处，即元大都和义门北第四个和第五个马面之间。积水潭东流为通惠河，从海子桥澄清闸（今地安门桥）向东，斜向东南，至元大都的皇城北墙，绕皇城东北角，沿皇城东墙南下（即后来的北河沿、南河沿），出元大都的南城垣，折而向东，过文明门外东流至通州。

积水潭的钻探工作是从今北海后门以东的白米斜街西口开始的，这里是积水潭的西南岸。然后过地安门桥向北，至大石碑胡同，沿积水潭北岸，从德胜门西至太平湖北岸，再从积水潭南岸，即今高粱桥北和第一轧钢厂东侧，再向东过新街口板桥三条、后海南岸、李广桥东街、大金丝套、南官房至箭杆胡同。现依上述顺序叙述，编号为"海"。

（1）海1

海子南岸。在今白米斜街西口路南。岸上距地表深1.40～2.20米见生土。海内距地表深1.80米见淤泥，4.00米见黑色污泥。

（2）海2

海子东南岸。在今白米斜街甲2号后院内。岸上距地表深2.80～3.70米见生土。海内距地表深4.80米见黑污泥。

（3）海3

海子东南岸。在今冰窖胡同甲2号院内。岸上距地表深2.20米见生土。海内距地表深2.40米见淤泥土。

（4）海4

海子东岸。在今地安门桥北路西火神庙院内，大殿西侧与西配殿东侧之间为海子岸。岸上距地表深2.50米见生黄沙土。海内距地表深3.00米见淤泥，再向西在后门桥194号院内亦是距地表深3.00米见黑淤泥。

（5）海5

海子东岸。在今义溜胡同内。岸上距地表深2.25米见黑土，4.60米见生土。海内距地表深3.80米见黑淤泥。

（6）海6

海子东岸。在地安门外大街141号院内。岸上距地表深1米见生土。海内距地表深3.30米见淤沙。

（7）海7

海子北岸。在大石碑胡同9号后院。岸上距地表深2.50米见生土。海内距地表深4.20米见淤沙土。

（8）海8

海子北岸。在大石碑胡同12号（新10号）前院。岸上距地表深2.70米见生土。逐渐向南倾斜，至小石碑胡同3号门前为海子底，距地表深3.80米见黑淤泥。

（9）海9

海子北岸。在大石碑胡同乙14号后院。岸上距地表深1.40米见生土。逐渐向南倾斜，至鸦儿胡同6号后院内，距地表深2.60米见淤沙泥。

（10）海10

海子北岸。在候位胡同内。岸上距地表深2.00米见生土。海内距地表深4.00米见黑淤沙淤泥。

（11）海11

海子北岸。在鸦儿胡同西口与甘水桥南口交会处。岸上距地表深2.90米见生土。海内距地表深3.60米见灰色淤泥。

（12）海12

海子北岸。在孝友胡同内。岸上距地表深3.00米见生土。海内距地表深4.00米见淤泥。

（13）海13

海子北岸。在糖房胡同内。岸上距地表深2.50米见生土。海内距地表深4.20米见淤泥沙。

德胜门东丁字街路北，距地表深2.50~2.60米皆见生土。德胜门内大街两侧距地表深2.50~2.60米发现路土，厚0.30米左右，3.00米以下为乱填土，至3.60米见水，未能探测到底。由此可知，自德内大街北口至德胜桥稍南这一地段均在元大都海子范围内，至明初始填平辟为大路。此处的海子底当在地表3.60米以下。

（14）海14

海子北岸。在铜局胡同北口。岸上距地表深2.50米见生土。海内距地表深3.60米见灰色淤沙。

（15）海15

海子北岸。在净业寺西夹道内。岸上距地表深2.50米见生土。海内距地表深3.20米见黑色污淤沙。

（16）海16

海子北岸。在太平庵西墙外太平胡同内。岸上距地表深2.50米见生土。海内距地表深3.20米见黑污淤沙。

（17）海17

海子东岸。在积水潭海潮观音庵大殿东山墙后。海子岸由此自北岸转为东岸。岸上距地表深2.60米见生土。海内距地表深 3.00 米见淤泥。

（18）海 18

海子东岸。在海潮观音庵北加油站东北。岸上距地表深 2.60 米见生土。海内距地表深 3.00 米见黑淤沙。

（19）海 19

海子东南岸。在德胜门水关以东北城墙上（城墙已拆除，今为堆料场）。岸上距地表深 3.50 米见生土。海内距地表深 2.70～3.50 米见黑淤泥。

（20）海 20

海子东南岸。在德胜门火车站西。岸上距地表深 3.40 米见生土。海内距地表深 4.20 米见淤泥。

（21）海 21

海子东岸。在德胜门火车站站台北。岸上距地表深 2.80 米见生土。海内距地表 4.20 米见淤泥。

（22）海 22

海子东岸。在德胜门箭楼西侧。岸上距地表深 2.80 米见生土。海内距地表深 3.20 米见淤泥。

（23）海 23

海子北岸。在德胜门水闸西。从德胜门箭楼西侧海子岸又折而向西，所以在德胜门西护城河一带是钻探的海子北岸。护城河北岸距地表深 1.80～2.50 米均见生土，证明海子北岸当在护城河及其以南（护城河南岸已属海子范围内，故海子北岸应在今护城河河身内）。

（24）海 24

海子北岸。在新街口外大街东侧护城河北岸以北 20 米处。1974 年在此发现打有木桩地基上铺有条石的海子岸遗迹，详情见下文"海子北堤岸遗迹"部分，此不赘述。

（25）海 25

海子北岸。在新街口外大街西侧太平湖公园东门内。岸上距地表深 3.00～4.50 米见生土。海内距地表深 3.50～5.10 米见黄淤沙土。

（26）海 26

海子北岸。在太平湖公园内北部。岸上距地表深 1.70 米见生土。海内距地表深 2.10 米见淤沙，2.40 米见大流沙。

（27）海 27

海子北岸。在饮马槽新 43 号东墙外。岸上距地表深 1.80～2.60 米见生土。海内距地表深 2.40～2.90 米见淤沙淤泥。

（28）海 28

海子北岸。在侯家坟 1 号正南。岸上距地表深 1.00～1.60 米见生土。海内距地表深 2.40 米见淤泥。

（29）海 29

海子北岸。在小村 29 号北。岸上距地表深 2.30 米见生土。海内距地表深 2.70～3.50 米见淤泥。

（30）海 30

海子北岸。在第一轧钢厂北木材厂宿舍院内。岸上距地表深 2.30 米见生土。海内距地表深 2.20 米见淤沙，2.30 米见淤泥。

由此卡再向西即将抵达元大都西城垣，亦即高梁河入城处，但其地为粮食仓库，已无法钻探，故"海 30"

为海子北岸最西的一卡。以下即转向海子南岸，海子南岸各卡由东向西叙述如下。

（31）海 31

海子南岸。在高粱桥北。岸上距地表深 2.30 米见生土。海内距地表深 2.30 米见淤沙，2.50 米见淤泥。

（32）海 32

海子南岸。在第一轧钢厂东太平湖西岸。岸上距地表深 3.20～3.50 米见生土。海子今为稻田，从地表还可以看得很清楚，稻田比北岸边低 0.80 米。

（33）海 33

海子南岸。在太平湖南岸和护城河北岸之间。岸上距地表深 3.00 米见生土。海内距地表深 4.20 米见淤泥。

（34）海 34

海子西南岸。在新街口豁口西、环城铁路北侧。岸上距地表深 2.80～3.00 米见生土。海内距地表深 3.80 米见黑淤泥。

海子岸由此点开始向东南方斜下，明代北京北城垣即压在其上。

（35）海 35

海子西南岸。在新街口豁口西侧后坑东口。岸上距地表深 2.80 米见生土，海内距地表深 2.90～3.00 米见淤泥。

（36）海 36

海子西南岸。在新街口豁口东侧铜井胡同。岸上距地表深 2.40 米见生土。海内距地表深 2.80～3.00 米见淤泥。

（37）海 37

海子西南岸。在新街口豁口东侧板桥三条 15 号与 16 号之间。岸上距地表深 2.40 米见生土。海内距地表深 2.00 米见淤泥，2.60 米见淤沙。

（38）海 38

海子西南岸。在西海西河沿 8 号门前。岸上距地表深 2.00 米见生土。海内距地表深 2.20 米见淤土。

（39）海 39

海子南岸。在西海南河沿高庙胡同东口。岸上距地表深 2.80 米见生土。海内距地表深 3.00～3.80 米见淤沙。

（40）海 40

海子南岸。在观音寺胡同东口、羊房胡同北口相会处。岸上距地表深 2.10 米见生土。海内距地表深 3.80～4.00 米见淤土流沙。

（41）海 41

海子南岸。在后海公园内。岸上距地表深 2.60 米见生土。海内距地表深 3.10 米见淤沙。

（42）海 42

海子南岸。在李广桥东街 9 号甲与 9 号乙之间。岸上距地表深 1.00～2.00 米见生土。海内距地表深 2.60～2.90 米见淤沙。

（43）海 43

海子南岸。在北官房 29 号门口。门内为海子南岸，距地表深 2.40 米见生土。门外北官房胡同为海内，距地表深 2.60~3.00 米见淤沙。

（44）海 44

海子西岸。在大金丝套胡同东口内。岸上距地表深 2.30 米见生土。海内距地表深 3.20 米见灰淤沙土。

从此卡开始，海子岸由南岸转为西岸。

（45）海 45

海子西岸。在海潮庵胡同 5 号门北。岸上距地表深 2.70 米见生土。海内距地表深 1.80~2.20 米见污土淤沙。

（46）海 46

海子北岸。在南官房东口 5 号后院内。岸上距地表深 2.60 米见生土。海内距地表深 2.50~3.40 米见淤沙土。

海子岸至此卡从西岸转为北岸。

（47）海 47

海子北岸。在槐宝庵胡同南口。岸上距地表深 2.00 米见生土。海内距地表深 2.20~2.60 米见淤沙。

（48）海 48

海子北岸。在前井胡同南口。岸上距地表深 0.80~1.00 米见生土。海内距地表深 3.10~3.60 米见淤沙土。

（49）海 49

海子西岸。在南官房胡同西口内圣泉庵东侧。岸上距地表深 2.80 米见生土。海内距地表深 3.00 米见淤泥。

自此卡开始，海子岸由北岸转为西岸。

（50）海 50

海子西岸。在箭杆胡同中部。岸上距地表深 1.80 米见生土。海内距地表深 2.00 米见淤泥。

海子西岸由此向南直抵地安门西大街。

总括以上的勘探情况，可以看出，元大都积水潭（海子）的水面积，较现在什刹海的前海、后海、西海和城外太平湖的水面略大一些。这符合人烟稠密的城市中比较静止的水面往往逐渐淤塞缩小的常规。另外，还有几点值得注意：

① 元代积水潭全湖连通，虽有宽窄不同，但全湖并无阻隔。明初缩北城垣后，在积水潭中部筑德胜门内大街北段，将积水潭分割为两个部分。这个变化直接影响到明代以后积水潭向什刹海供水渠道的改线。

② 关于什刹海（前海）与后海之间，李广桥西街和南街以东的这个三角地带，即今李广桥东街、南北官房、大小金丝套、前井胡同、大小翔凤胡同、东西煤厂、毡子房、府夹道和三座桥一带，以前有人认为是元代积水潭的一部分。我们在这一地区进行普遍钻探，均未发现淤土淤沙等沉积土，一般在距地表 2.00 米左右均见生土，说明这一地区不是积水潭的湖面。

③ 关于积水潭的最南端，特别是其与元代皇城北面是什么关系？与太液池是什么关系？由于这里是地安门西大街的沥青路面，已无法钻探，所以也没有办法搞清楚。

积水潭下流入通惠河，从海子桥澄清闸（今地安门桥），穿过今地安门外大街向东南方向流去，即自今东不压桥胡同，过北皇城根，至北河沿，从水簸箕北口转向南，沿今北河沿、南河沿，从御河桥出元大都南城垣。这条河一直保持到新中国成立初期，至 50 年代才填为马路。我们曾经在水簸箕北口钻探过通惠河的宽度，为 27.5 米。

四　海子北堤岸遗迹

1974 年 3 月，在新街口豁口外东侧护城河北岸 20 米处，基建施工时发现一片木桩地基遗迹，同时出土一批元代遗物。据勘探得知，此地为大都城西北面的海子边，这些木桩遗迹无疑是元代海子边岸的建筑残迹。现把遗迹、遗物分述于后。

（一）木桩地基范围与做法

木桩地基分布在一个南北长 60、东西宽 40 米的施工现场地基坑内。木桩全部夯进黑色淤泥中（图版 2 - 3 - 1），其上部平铺长方形条石两层（图版 2 - 3 - 2：1），条石以上为近代扰土和明清时代堆积，厚约 5 米。仅南部和北部各有一段木桩保存较好。

南部木桩地基保存较好的范围东西长 11、南北宽 7 米，在这一范围内共有木桩 4 排（南北成行，东西成排），每排 9 根或 13 根不等，木桩为柏木或杉木，直径 25~35 厘米不等，相距一般为 0.80~1.20 米，密集的地方夯筑 2 根或 4 根，每排相隔 0.80~1.20 米（图 2 - 3 - 1）。木桩下部砍成尖锥状，夯进淤泥中约 3 米，发掘时

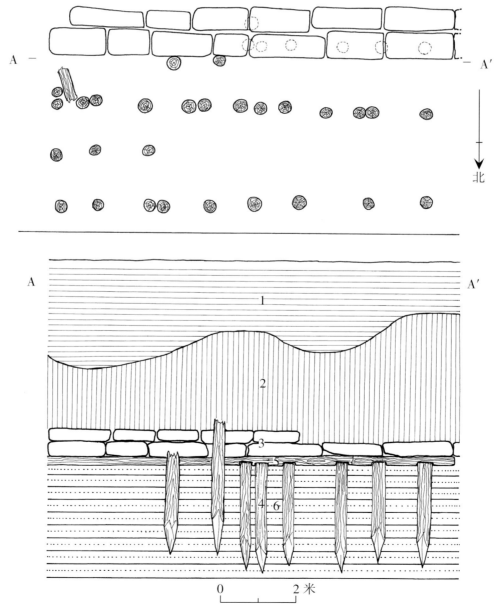

图 2 - 3 - 1　新街口外东侧海子北堤岸遗迹平、剖面图
1. 近代扰乱层　2. 明清堆积层　3. 条石　4. 木桩　5. 枋木　6. 黑污泥（3~6 为元代遗迹）

最南侧一排木桩上保留两层青条石，厚0.80米（图版2-3-1：1、2），木桩与条石之间铺垫一层宽17、厚25厘米的长条柏木枋子，拼接而成柏木板。从条石西北角外侧暴露的4根木柱结构观察，木板与木桩接触面作凹槽，木桩顶部砍为齐头或稍加修饰，然后放入木板的凹槽中（图版2-3-1：3）。在条石东侧有两根木柱紧贴于条石外侧并高于条石面，长者高出两层条石面0.15米，短者高出第一层条石0.10米（图版2-3-2：2）。上述条石往南继续延伸，由于现在地面上有建筑未能往南清理发掘。

北部木桩地基遗迹距南部29米，分布在东西长14、南北宽2.4米的范围内，共夯筑木桩8排，夯筑方法如前所述。但木桩较细，一般直径为15厘米，间距较密，每排相距0.30米，行距0.50米。木桩上部青条石已破坏。

（二）出土遗物

除大量瓷器碎片外，完整器物有如下数件。

1. 瓷像

影青釉童子像　1件。YS74：1，景德镇湖田窑。高13.5厘米。坐姿，头微侧，左手残缺，右臂下垂。身穿系带短衫。白胎质细腻，青白釉，釉面莹润淡雅（彩版二〇：1；图版2-3-3：1）。

青白釉观音像　1件。残。YS74：6，景德镇湖田窑。残高约20厘米。分两部分，上为坐像，缺头，上身外罩长衫，内和尚领衫，胸前挂长丝络打蝴蝶结，左手放在膝上，右手抬起，中指、拇指相捏，双腿缺。座下饰水涛纹（图版2-3-3：3）。

2. 石造像

泗州大圣石造像　1件。YS74：7，通高约31厘米。盘腿坐像，头戴风帽，方圆脸，涂黑，双目圆睁，身穿和尚领长袍，双手心朝上，放于腹下。像下为方形基座（图版2-3-3：2）。

3. 铜镜

"富贵家常"连弧纹镜　1件。YS74：2，直径15.7厘米。外缘呈连弧纹，内区饰四个乳丁纹，并铸有"富贵家常"铭文。桥形纽，纽座外饰一周连弧纹（图版2-3-4：1；图2-3-2：1）。

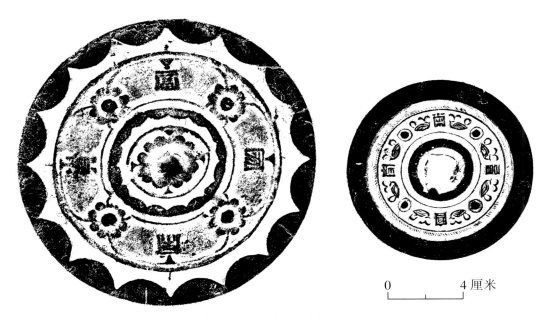

图2-3-2　新街口外东侧海子北堤岸出土的铜镜
1. "富贵家常"连弧纹镜（YS74：2）　2. "常命富贵"鸟纹镜（YS74：5）

    "常命富贵"鸟纹镜 1件。YS74：5，直径9.8厘米。宽边缘，内饰一周鸟纹，并有四字"常命富贵"，中心有圆形纽（图版2-3-4：2；图2-3-2：2）。

    4. 铁器

    灯碗 1件。YS74：3，高5、口径10厘米。敞口，浅腹，平底。一侧有云形錾手，器形与YG73F6：12（参见图版4-8-44：6）相同。

第三章　城门和涵洞建筑

第一节　和义门瓮城城门的发掘

一　发现经过

1969 年 5 月拆除西直门瓮城箭楼时，在箭楼下的明代城墙中发现了一个城门洞。明代城墙砖最外一层为大砖所砌，厚约 0.40 米。大砖内为小砖城墙。小砖城墙内为厚约 2.50 米的乱砖所砌的墙，就在这堵墙内发现了城门洞的券洞。北京市古建队的工人在洞内的墙壁上发现了墨书题记，随即报告给北京市文物工作队。

1969 年 6 月上旬决定配合拆除工程发掘这座城门。当时，城门的内脸已露出，城门楼的东墙已被全部拆除，从城门楼内填土中还可以看出城门楼东墙的三个窗户的痕迹，城门楼南北两墙的断头也已露出（图版 3 – 1 – 1）。门洞内的墨书题记已大部脱落。

1969 年 6 月 13 日准备发掘，17 日正式开工。先清理城门楼，然后清理门洞（图版 3 – 1 – 2、3 – 1 – 3、3 – 1 – 4：1）。7 月 28 日发掘工作结束，遂进行拆除工作，在拆除过程中还做了一些必要的解剖，以了解城门结构和施工的程序（图版 3 – 1 – 4：2）。全部工作一直到 1969 年底结束。

二　城门的形制

城门由内、外两个券洞组成，内券洞高长，外券洞低短，内、外券洞之间安过梁、门额、鸡栖木、门簪、立颊、门砧石和铁鹅台等，并装板门。城门洞地面全长 16.34 米。门洞上建低于城墙的地堡式城门楼，面阔三间，进深三间，两侧各有一间小耳室，有砖砌台阶，上通往城墙。在城门楼上有两个水漏子，分三条流水道从内、外券之间下通木质门额，这是专门设计的防御火攻城门时的灭火设备。

和义门瓮城的平面可能呈半圆形（傅熹年先生复原的瓮城为方形），因为在明代新建的平面呈方形的西直门瓮城西垣南北两端的夯土中未发现元代夯土（图版 3 – 1 – 5：1），但瓮城门两侧均为标准的元代夯土（图版 3 – 1 – 5：2），也就是说，和义门瓮城城垣从瓮城城门两侧不远的地方即内收为半圆形。和义门城门与瓮城城门在一条直线上的这种布局，大概就是明代称其为"直门"的缘由。

三　地基

　　为了了解和义门瓮城城门地基的情况，我们曾在南鹅台石北面没有铺地石的地方开挖一探坑，地层堆积如下（图3-1-1）。

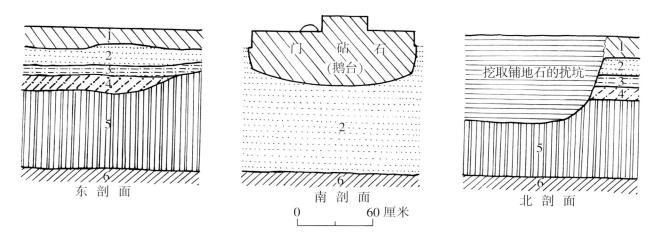

　　　　东　剖　面　　　　　　　　　　南　剖　面　　　　　　　　　北　剖　面

　　　　　　　　　　　　　　　0　　　　　60厘米

图3-1-1　和义门瓮城门道地基剖面图
1. 铺地石板　2. 垫土　3. 路土　4. 炉渣土　5. 填土　6. 以下未发掘到生土

　　城门洞铺地石以下有未经夯打的垫土一层，厚处约20厘米，薄处约8厘米。在安放门砧石处，此层垫土厚达87厘米，薄处亦有70厘米。

　　垫土层下有一层厚约4～10厘米的路土，在城门洞内铺地石之下都有这层路土，但在门洞墩台两壁石地栿和门砧石下却不见这层路土，当是建门洞时挖去的。这条道路是修建瓮城城门以前，从和义门通往城外的路，建城门后被压在下面。

　　路土层之下，有的地方还垫有炉渣，愈到门洞的中心，所垫炉渣愈厚，可达13厘米。炉渣层至门洞两边近墩台处变薄，在距门砧石约0.50米处即消失，为路土层所代替。

　　炉渣层和路土层之下为很厚的填土层，比较坚硬，下挖近1.00米尚未至生土。这层填土应是长期在道路下面践踏而成的硬土。

　　从地层堆积可知，这里在修建和义门瓮城城门以前是和义门外的大路。在修建瓮城城门时，并没有对地基做专门加固，只是将路土平整了一下，在路土上垫了一层土，然后便铺砌城门洞内的铺地石。

四　券洞

（一）铺地石和石地栿

　　整个券洞地面皆铺长方形或方形条石（图版3-1-6；图3-1-2），长方形条石长约200～300厘米，宽约102厘米，方形条石边长约100厘米。条石向上铺路面的部分均凿磨平整，而向下的底部则均未加工，凹凸不平。条石最厚处达18厘米，最薄处约7厘米。这些条石大体上分十五排横铺在整个门洞中，靠近门砧石的地方，铺地石被撬去两排（图版3-1-7：1），可能是在拆除城门（两扇大板门）时撬去的。

　　在外券洞铺地石的最外边，用宽20厘米的条石砌石侧线一条。在内券洞铺地石的最外边南半部亦有宽20厘米的条石砌石侧线；北半部未砌石侧线，用铺地条石铺齐。

　　在内券洞的铺地石上，距门砧石铁鹅台（即相当于城门关闭后的板门内侧）内2.84米处，凿有两个凹槽

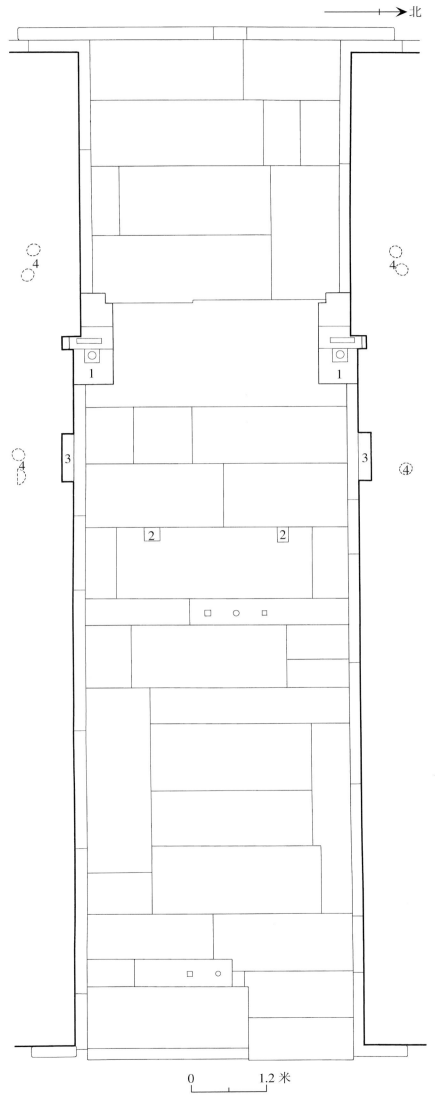

图 3-1-2　和义门瓮城门道平面图

1. 门砧石　2. 顶门杠戗槽　3. 墙壁内戗板槽　4. 立门时的戗柱洞

（图版 3 - 1 - 7：1；图 3 - 1 - 2）。北凹槽宽 18、长 25 厘米，距北墩台壁 1.13 米；南凹槽宽 25、长 21 厘米，距南墩台壁 1.12 米。两凹槽之间相距 1.88 米。凹槽自西向东呈斜坡状，东面最深处约 5 厘米。这是关闭城门后，顶门关的两根顶门棍的戗槽。

在戗板凹槽东面，东距铺地石外边 7.35 米处，铺地石上并排有三个孔，中孔为圆孔，直径 5 厘米，两边都是 5 厘米见方的孔，深约 5~8 厘米。再向东，东距铺地石外边 1.40 米处，铺地石上还有并排的一个方孔和一个圆孔，方孔为 4 厘米见方，圆孔直径为 4 厘米，深 5 厘米。这两排孔的作用不明，似乎与门洞内的设施无关，也可能是施工时凿上的（图 3 - 1 - 2）。

在券洞两侧墩台（即城门道两侧）砖壁下，均砌有凸出于砖墩台之外 0.18 米，高出于铺地石 0.12 米的石地栿一道（图版 3 - 1 - 7：1；图 3 - 1 - 2）。券洞的墩台即建于石地栿之上。

（二）内券洞

内券洞指板门立颊以里的部分（图版 3 - 1 - 6：1；图 3 - 1 - 3、3 - 1 - 4）。从板门立颊向东至墩台里砖垛角石全长 11.66 米，从立颊至东券脸长 7.94 米，这是内券的实际长度。内券洞底宽 4.62 米，高 6.86 米。

内券洞的墩台可以分为两部分，一部分是承受券脚的墩台，另一部分是在东券脸外两侧砌出的砖垛。内券洞两侧墩台壁高 4.80 米，两壁均微有收分，至墩台起券脚处，两壁间距离为 4.64 米，比洞底宽出约 2 厘米。在墩台北壁上有一方孔，南壁上有两个方孔（上下相距约 0.93 米），方孔呈"凵"状，高 16~20 厘米，应是施工时搭架子所遗留的痕迹。方孔之上至券顶有一裂纹，可能是因地震或地基问题形成的（图版 3 - 1 - 7：2、3）。墩台以长 30、宽 15、厚 4.5 厘米的砖搭缝平砌，用白灰勾缝。东券脸外两侧的砖垛，底长 3.72 米。在砖垛的两内角砌角石。砖垛外壁收分较甚，每一层砖向内收 1 厘米以上，其收分率为 44.4%。北砖垛底宽 3.05、顶宽 2.98、残高 7.98 米，北角石宽 0.38、高 1.32 米。南砖垛底宽 3.05、顶宽 2.95、残高 7.68 米，南角石宽 0.42、高 1.38 米。这两个砖垛把内券两侧的券脚掩砌在内，使不外露。

内券券拱共五层，四券一伏（图 3 - 1 - 3），总高 1.39 米。从南侧券脚看，第一层券和第二层券的半个券脚直接落在墩台上；第二层券的另一半券脚和第三、第四层券脚，以及最上面的伏，都落在墩台上面平砌的砖上。起券用砖与墩台砖为同一规格（30 厘米 × 15 厘米 × 4.5 厘米）。券洞内自两侧券脚开始抹一层青灰（图版 3 - 1 - 8：1），在内券的东券脸上抹一层白灰，在券的底边上涂一道宽 8 厘米的青灰条带。券洞内顶上的青灰基本完好，东券脸上的白灰已大部脱落，边上的青灰条带仅在北侧券脚上残留有一小段。内券半径如从两券脚之间算起应为 2.33 米，但实际上券拱半径（即其高度）为 2.07 米，两者相差 0.26 米，也就是说这个券的圆弧并不是正圆。

（三）外券洞

外券洞指板门立颊以外的部分（图版 3 - 1 - 6：2；图 3 - 1 - 3、3 - 1 - 4）。从板门立颊向西至墩台外砖垛角石全长 4.70 米，从立颊至西券脸长 1.98 米，这是外券洞的实际长度。外券洞底宽 4.38 米，比内券洞窄 0.24 米，即外券洞墩台两壁向内各缩入 0.12 米。外券洞高 4.56 米。

外券洞两侧墩台壁高 2.56 米，两壁亦微有收分，至墩台起券脚处，两壁间距离为 4.36 米，比洞底宽出 2 厘米。西券脸外两侧的砖垛底长 2.72 米，在砖垛两内角砌角石。砖垛外壁斜收至西券脸第四层以上第六层砖高 6.05 米处，两侧砖垛与城门上部外墙皮接合，再向上斜收 4.50 米（垂直距离为 4.12 米）至城门楼西壁残毁处。总高 10.17 米，收分率为 43.6%。北砖垛高 6.05、底宽 2.47、上宽 2.58 米，角石长 1.40、宽 0.58 米。南砖

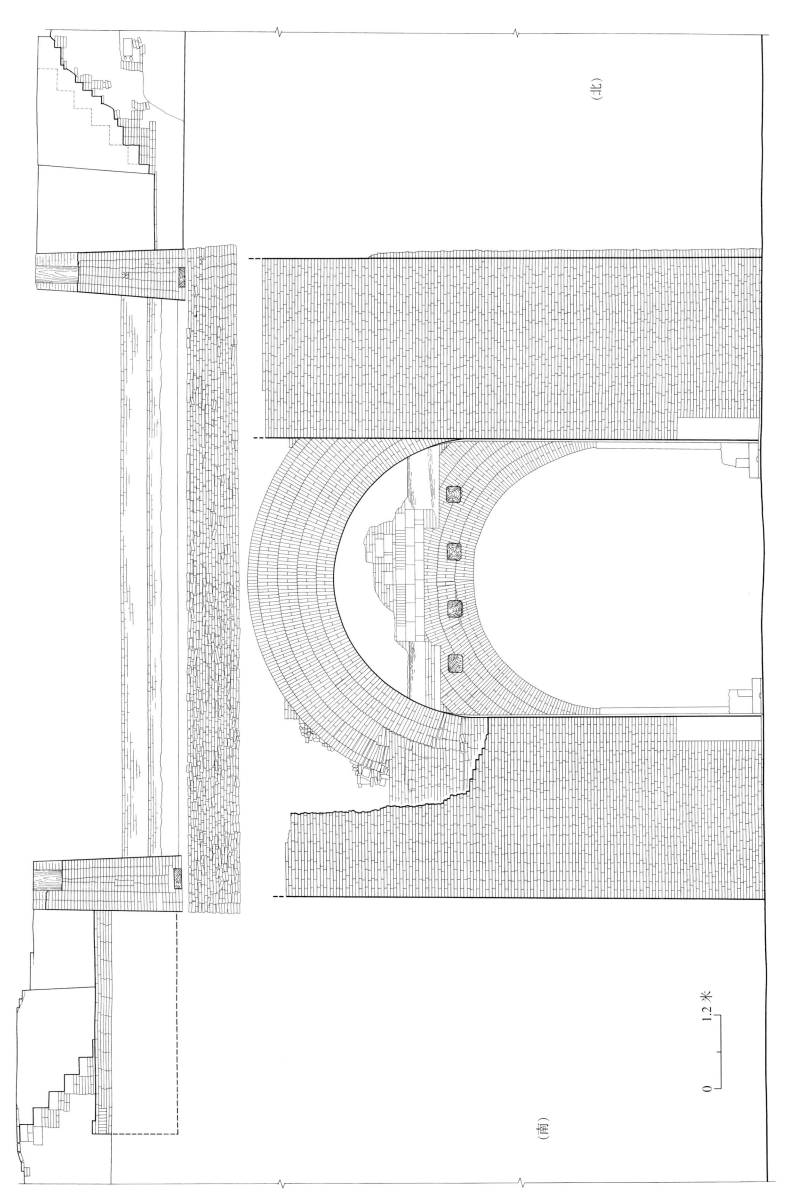

（北）

（南）

0

1.2 米

图 3－1－3　和义门瓮城门东券脸（内侧）立面图

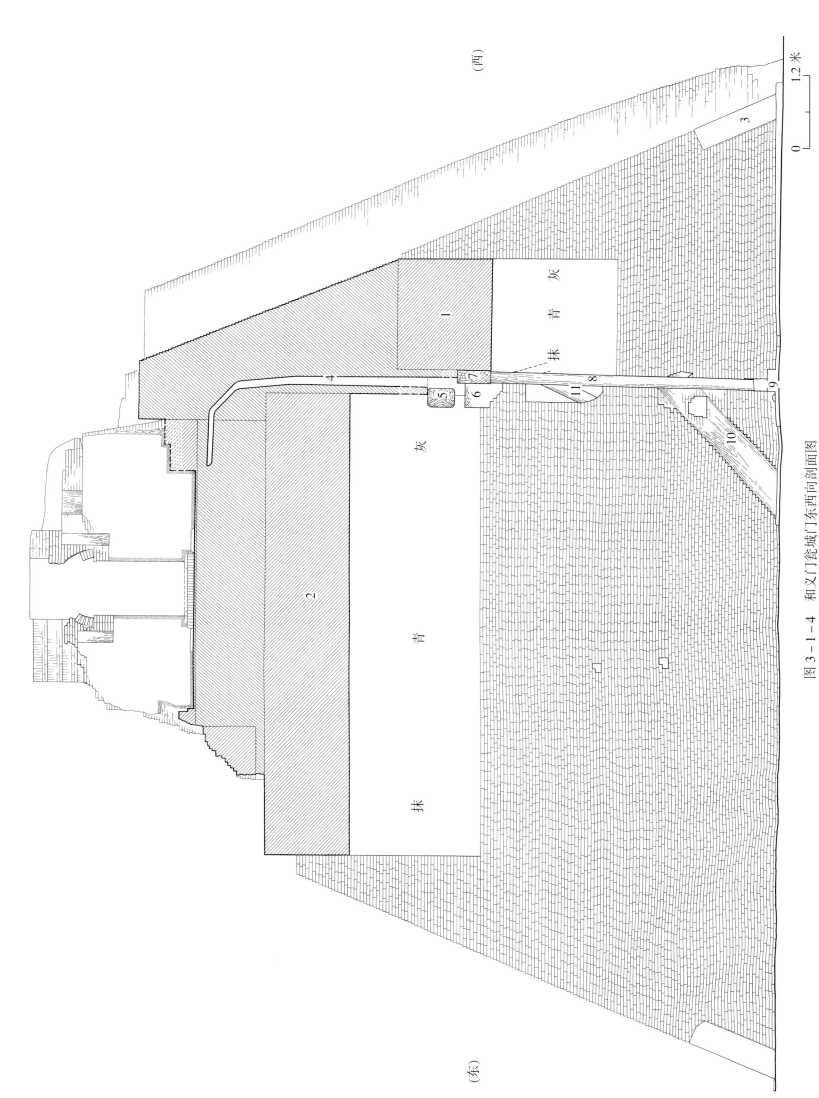

图 3 - 1 - 4　和义门瓮城门东西向剖面图

1. 外券顶　2. 内券顶　3. 角石　4. 流水道　5. 过木　6. 鸡栖木　7. 门额　8. 门额　9. 门砧石　10. 斜餧板　11. 餧柱

垛高 6.05、底宽 2.60、上宽 2.84 米，角石长 1.33、宽 0.53 米。在南北砖垛两侧为明初所砌的城墙外皮，它们都压在砖垛之外（图版 3 - 1 - 8：2）。明代南墙皮向南比砖垛凸出 0.50 米，残留 14.70 米，比元代城门地面高出 0.30 米，城墙基本有 0.70 米厚的八层石板砌的城基。明代北墙皮斜抹着压在砖垛上，斜面宽 0.70 米，向北残留 15.00 米，城墙基高于元代城门地面 0.40 米，城基为 0.70 米厚的五层石板砌成。明代城墙底部之间的距离为 9.45 米，上端距离为 10.50 米。在城门券的上方有四个方孔（图版 3 - 1 - 6：2），最小的为 15 厘米×9 厘米，最大的为 15 厘米×16 厘米，应是城墙施工中所遗留的痕迹。

外券只有四券，总高 1.22 米，两券脚之间相距 4.36 米，则券拱的半径应为 2.18 米，但实际券拱半径（高度）为 2.00 米，相差 0.18 米，这与内券洞的做法是相同的。第一层券脚直接落在墩台之上，第二、三、四层券脚则落在墩台上的平砖上（图 3 - 1 - 5）。券洞内由两侧券脚开始抹一层青灰，在外券的西券脸上先刷一层极薄的白灰浆，厚约 0.1 厘米，然后再抹一层厚 10 厘米的白灰皮，白灰内羼和有麦秸，底边也与内券东券脸的做法相同，在白灰皮上勾一道宽 8 厘米的青灰饰带。白灰皮尚存留有一部分，青灰带则大部分已脱落。

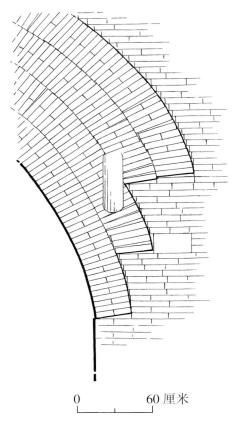

图 3 - 1 - 5　和义门瓮城门外券券脚结构图

外券洞的里面，即安装板门立颊的一面，从墩台至券拱，自下而上微向外（即向西）斜收，收分率为 1.6%，墩台底部长 1.98 米，至墩台顶部起券脚处长 1.92 米，至第一层券的中心点长 1.86 米，至第四层券顶中心点长 1.82 米。这样就使立颊和板门稍向外倾斜地靠在外券洞的墩台和券拱上。

（四）板门遗迹

城门的板门安装在内券洞和外券洞之间（图 3 - 1 - 4），上有过木。过木上承托灭火设施的空斗砖和流水孔道（图版 3 - 1 - 9），过木下安门额、鸡栖木和门簪（图版 3 - 1 - 10），两边安立颊，立颊立于门砧石上（图版 3 - 1 - 11，3 - 1 - 12：1、2，3 - 1 - 13），在立颊内安板门，板门肘板的铁靴臼扣在门砧石上的铁鹅台上（图版 3 - 1 - 13）。在立颊内侧还安装两条木戗板，并在木戗板的上部开装门关横木的方孔。当城门废弃封堵时（图版 3 - 1 - 14：1），要先把上述城门的各种部件统统拆除，所以我们发掘出来的城门只剩下在内外券之间安装板门时残留在墩台壁上和拱券上的一些残迹了。自上而下叙述如下。

1. 过木

过木孔开在内券上，高 44、宽 32 厘米，四角稍抹，下距门洞内铺地石 5.50 米。南过木孔深 2.41 米，北过木孔深 1.90 米，两过木孔之间相距 4.06 米。这条过木主要是承托从内券砌下来的空斗砖和流水孔道。城门封堵后，过木并未拆除，还在填土和过木之间垫了七层砖（图版 3 - 1 - 14：1）。过木已朽，上面所承托的空斗砖亦有塌落。

2. 门额

门额孔在过木孔外侧 7 厘米处，比过木孔低 4 厘米。门额孔高 56、宽 21 厘米，南门额孔深 153 厘米，北门额孔深 154 厘米，两门额孔之间相距 4.60 米。在门额北端解剖时有残存的斜戗固定木，用铁钉钉牢（图 3 - 1 - 6）。

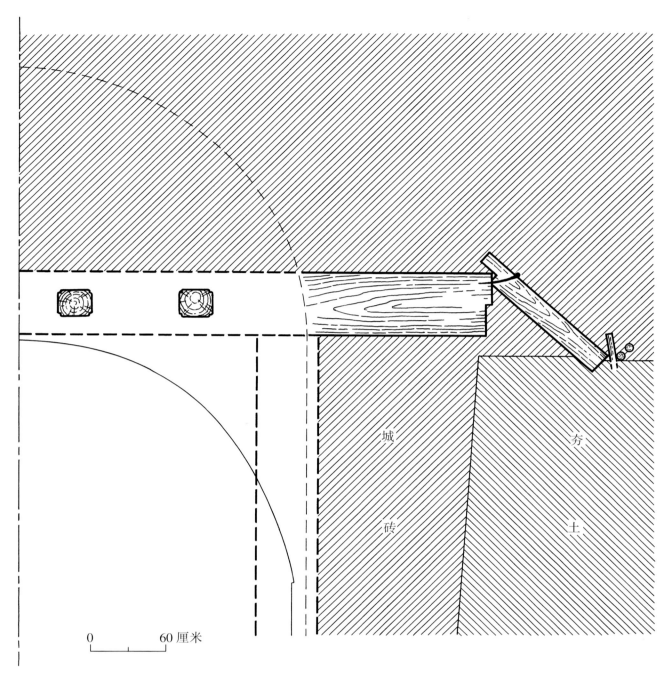

图 3 - 1 - 6　和义门瓮城门额北端的斜戗固定木

3. 鸡栖木

鸡栖木孔在门额孔之后，上距过木孔 0.15 米。鸡栖木孔高 39、宽 40 厘米，南鸡栖木孔深 52 厘米，北鸡栖木孔深 59 厘米，两鸡栖木孔之间相距 4.60 米。

4. 门簪

四枚门簪均开在外券东脸上（图 3 - 1 - 3），安在门额的前方。四枚门簪孔大小相同，作扁方形。门簪孔内抹有白灰，在白灰上尚残留有木纹的痕迹（图版 3 - 1 - 12：3），从门簪孔四角上白灰所存留的门簪原形来看，门簪四角均刻作海棠曲线。门簪孔高 25、宽 30、深 33 ~ 34 厘米。

5. 立颊、门砧石和铁鹅台

立颊安在内外券之间，上承门额，下立于门砧的立柣石卯槽内。立颊凹槽宽 19.3 厘米，立颊的高度自门额至门柣立柣为 4.25 米。南立颊槽凹入内券 19 厘米，凹入外券 30 厘米。立颊下部残存的包铁最高 36 厘米，西面铁皮高 37 厘米，北面铁皮高 18 厘米，东面铁皮高 12 厘米（图版 3 - 1 - 13：1 ~ 3）。南门砧石总长为 170 厘米，宽 74 ~ 82、厚 67 厘米（图 3 - 1 - 7）。门砧石平面凿成很规整的长 150、宽 70、厚 18 ~ 32 厘米的门砧卧石面。

立栿与卧栿合造。立栿宽 36 厘米，立栿比铺地石高出 19 厘米，立栿比卧栿高出 13 厘米，卧栿比铺地石高出 6 厘米。立栿中间凿有安立颊的卯槽，长 39、宽 7、深 8 厘米。立颊里面的卧栿上安有铁鹅台，铁鹅台的底座嵌在卧栿石内，略作方形（22 厘米×24 厘米），上有直径 12 厘米、高出底座 6 厘米的铁鹅台。在铁鹅台上原来安有板门肘板的铁靴臼，这是目前发现的唯一的铁鹅台实例。北立栿槽凹入内券 11 厘米，凹入外券 25 厘米。立颊下部残存的包铁最高 47 厘米，西面铁皮存高 47 厘米，南面铁皮存高 20 厘米，东面铁皮存高 15 厘米。铁皮厚度尚清晰，约 0.3 厘米，铁皮内有朽木痕迹，铁皮上留有数枚钉铁皮时的铁钉。北门砧石和铁鹅台（图版 3 - 1 - 13：4 ~ 6）与南门砧石和铁鹅台的形制相同，尺寸也完全相同。

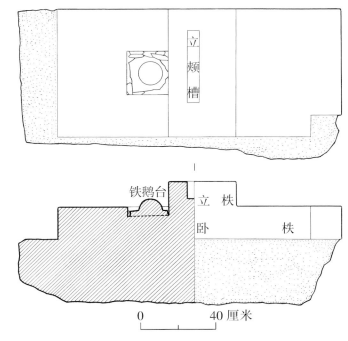

图 3 - 1 - 7　和义门瓮城门道的南侧门砧石（铁鹅台）平、剖面图

　　在两侧立颊内外的墩台中，都发现了支撑立颊的戗柱。北立颊外有两条戗柱，一条柱脚距立颊和外券墩台石地栿为 1.80、1.05 米，另一条为 2.80、0.75 米，北立颊内也有一条戗柱，柱脚距立颊和内券墩台石地栿为 2.05、0.83 米。南立颊外也有两条戗柱，一条柱脚距立颊和外券墩台南壁为 1.86、0.75 米，另一条为 2.05、0.60 米。南立颊内也有一条戗柱，柱脚距立颊和内券墩台南壁为 2.30、0.90 米。这些戗柱都是在建墩台前立立颊时戗起来的，砌墩台时并未拆除，把这些戗柱砌在土墩台中。而在废弃城门拆除立颊时，有的戗柱也不得不拆毁，如立颊中段就有因拆毁戗柱而将墩台壁凿了一个大缺口的痕迹（图版 3 - 1 - 11，3 - 1 - 12：1、2）。

6. 戗板和门关洞

　　立颊内侧各有一条戗板。戗板已被拆去，两侧墩台壁上留有戗板凹槽（图版 3 - 1 - 11，3 - 1 - 12：1、2），南壁戗板凹槽内尚残存有朽木痕迹。凹槽宽 52、深 19 厘米，凹槽底宽 78 厘米，在戗板凹槽的上部凿有高 30、宽 32 厘米的门关洞，洞下距门砧石 1.12 米，前距立颊 0.12 米。

五　城门楼

　　城门楼是半地堡式建筑，由门楼、两侧耳室和楼道组成（图版 3 - 1 - 14 ~ 3 - 1 - 16；图 3 - 1 - 8）。城门楼基础建在城门券拱和墩台之上，自券顶以上有厚 20 厘米的夯土，夯土上砌十七层总厚 85 厘米的砖基，砖基上还有厚 15 厘米的夯土，城门楼即建在这个从券顶向上总厚 1.20 米的基础之上。两耳室和楼道建在瓮城城墙内，自现存楼道的第一层台阶至门楼铺砖地面深 2.58 米。

（一）门楼

　　门楼面阔三间，当心间宽（柱心间距）4.32 米，北次间宽 2.86 米，南次间宽 2.80 米，总阔 9.98 米（图 3 - 1 - 8）。由于两次间的外柱是砌在两山墙内的暗柱，因此门楼室内的实际面阔为 9.34 米，两山墙外皮间总阔为 10.95 米。门楼进深三间，当心间深 1.62 米，前间深 1.78 米，后间因后墙和后墙内暗柱拆除尺寸不详。如以后墙下的最外一块铺地砖为准，实测门楼室内进深总长为 4.94 米。

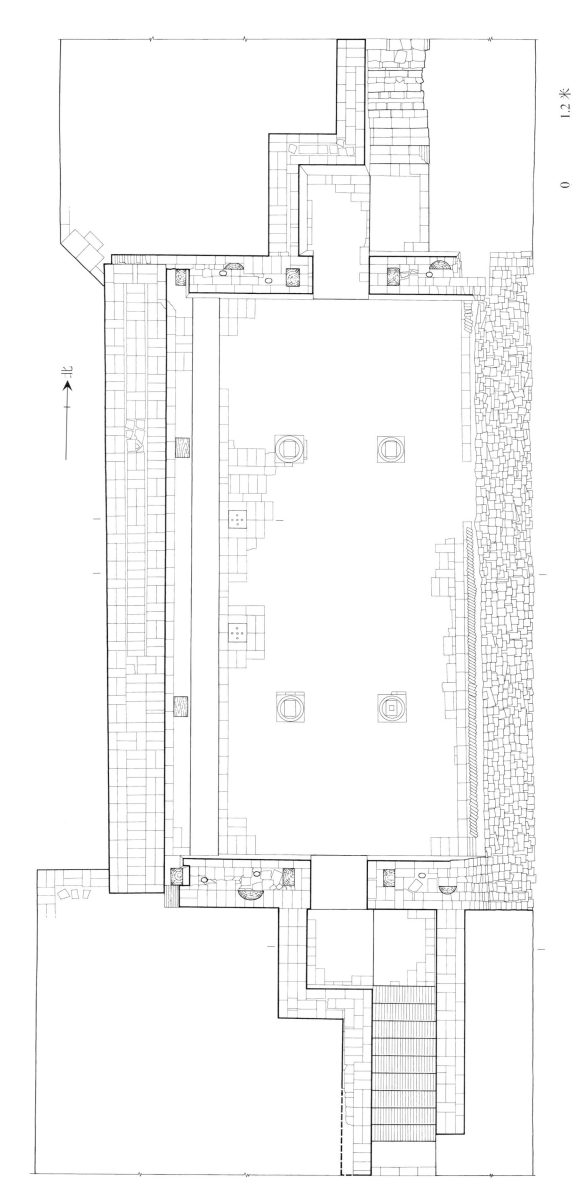

北

0 1.2 米

图 3—1—8 和义门瓮城城门楼平面图

门楼地面平铺一层小砖，已大部残缺，仅在西墙台阶下面尚保存有少数铺地砖，靠近台阶的一行顺铺，里面基本上是两顺一丁。四根内柱的石柱础均安放在原位上（图版3－1－17，3－1－18：1、2），形制相同。柱础石的底座呈方形，高出铺砖地面6厘米，上为高4.5厘米的素覆盆，覆盆顶面上印有四角稍抹的长方形（25厘米×19厘米）朱红色柱子痕迹。西南柱础方形，边长44厘米，覆盆底径42.5、顶径31厘米（图版3－1－18：3）；东南柱础方形，边长45、覆盆底径42、顶径31厘米，在覆盆中央凿有边长4.5、深4.5厘米的方孔（图版3－1－18：4）；西北柱础方形，边长46厘米，覆盆底径44、顶径32厘米；东北柱础方形，边长44厘米，覆盆底径42、顶径31厘米。在西墙下的第二层台阶上，有与上述两行柱础相对的两个长方形（30厘米×22厘米）柱洞，柱洞下有木地栿（图3－1－9）。

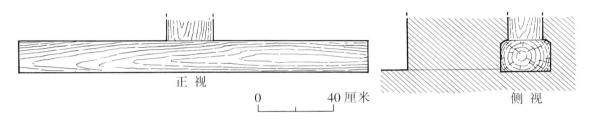

正视　　　　　　　　0　　40厘米　　　侧视

图3－1－9　和义门瓮城门楼前（西）墙基内木柱与地栿

在西墙和东墙（即门楼前脸墙和后墙）下都有台阶。西墙下的台阶分两层，部分遗迹尚存，两层台阶的总宽为84厘米，台阶底部与台面均用砖铺平，中间实以夹杂有砖瓦块的夯土，立面抹白灰（图版3－1－19：1）。第一层台阶高40、宽44厘米，台阶面的铺砖已全部拆去。第二层台阶比第一层台阶高出10厘米，高出室内铺地砖面50厘米，宽40厘米，台阶面上的铺砖除靠墙的一行为横铺，外边两砖为两顺两丁铺砌。东墙下的台阶已拆毁，从南墙上所画青灰边饰表示的东墙台阶的轮廓来看只有一层，高约50厘米，下部微向内收（图版3－1－16，3－1－17：1、2）。从门楼室内东南部所保存的铺地砖和台阶的残砖来看，在台阶的底部还有用半头砖所砌的棱角牙子一道。这种"台阶"的实际作用可能为室内坐炕，西墙下的"台阶"还可登上，从窗户察看城外情况。

西墙台阶下中心间内砌有两个漏水孔（图版3－1－17，3－1－18：1、2），详见后文"防火设施——地漏与流水道"。

西墙南北长10.50米，东西宽0.90米，残高（自门楼室内铺砖地面算起）0.90米。西墙内外两侧砖的砌法或两顺两丁或两顺一丁，中心部分或两顺或一丁。墙的南端则内外两侧均用两顺、中心部分用一砖丁砌。

南、北山墙的结构相同。正对门楼中心间的南、北山墙上开南北两券门（图版3－1－20）。墙内设木地栿，在木地栿上立断面长方形暗柱，两暗柱之间架断面半圆形木骨和小斜撑（图版3－1－21，3－1－22：1、2）。墙的砌法是内侧砌一行顺砖，外侧砌一行丁砖，中心部分立木柱或斜撑，然后用碎砖填充。南北山墙的内外侧皆有收分。内壁抹白灰墙皮，在白灰墙皮的边缘上用青灰勾宽5厘米的边饰一道。

南山墙底宽0.90米，残存最高处为2.34米，高至1.29米时顶宽0.82米（图3－1－10）。南山墙外壁较直，无收分，内壁有收分，为42/1130。南山墙东端破坏，总长不详，券门以西部分长2.10米，如券门以东部分以此为准加以复原，则南山墙总长约5.10米左右。南山墙西端木柱在墙外，另有两暗柱在券门两侧，柱洞均为29厘米×19厘米。券门以西的两柱相距1.78米，两柱之间有两根斜撑和一个半圆木骨，斜撑洞径6.8厘米，木骨洞长40、半圆的最大径15厘米。券门以东只剩一个长方形（柱洞29厘米×19厘米）暗柱、一个斜撑（洞径8厘米）和一个半圆木骨（洞长28、半圆径13厘米）。从南山墙东端断面上所见木地栿的空洞（图版3－1－21：4），宽33、厚13厘米。

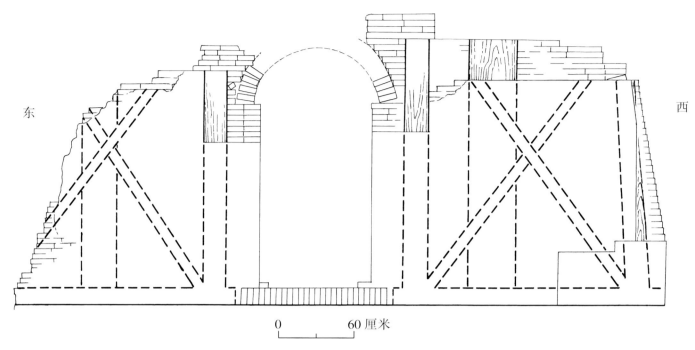

东

西

0　　60 厘米

图 3 - 1 - 10　和义门瓮城门楼南山墙结构图（北—南）

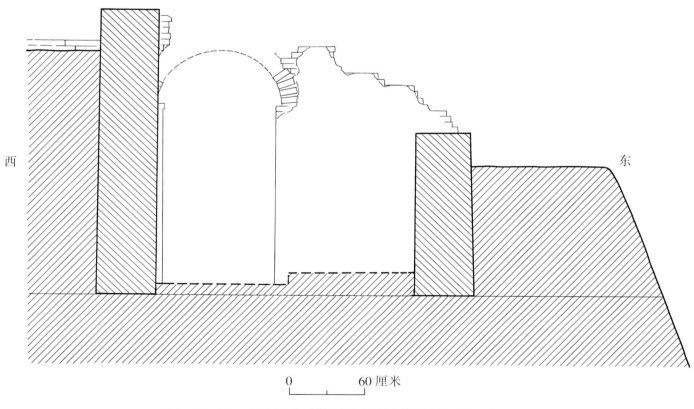

西

东

0　　60 厘米

图 3 - 1 - 11　和义门瓮城城门楼南山墙外侧剖面图（南—北）

　　南山墙券门下宽 0.90 米，门洞两壁稍向内倾，高至 1.46 米起券处，门洞宽 0.86 米（图 3 - 1 - 11）。门洞地面比门楼地面高出 0.15 米，即一丁砖之高。券只一层，两侧券脚比门洞两壁稍向内收 4~6 厘米。

　　北山墙底宽 0.82 米，残存最高处为 1.74 米，高至 1.29 米时顶宽 0.63 米。北山墙内外皆有收分，内壁收分为 45/790，外壁收分为 13/370。北山墙东端破坏，总长不详，券门以西部分长 2.05 米，如券门以东部分以此为准加以复原，则北山墙总长约 5.00 米，与南山墙复原总长的数字相近。北山墙西端木柱也在墙外，另有两暗柱在券门两侧，券门以西的两个柱洞均为 29 厘米×22 厘米，两柱相距 1.80 米，两柱之间有两根斜撑和一个半圆木骨，斜撑洞径 8 厘米（图版 3 - 1 - 22：1），木骨洞长 30、半圆的最大径 12 厘米。券门以东的暗柱洞为 29 厘米×20 厘米（图版 3 - 1 - 22：2），靠东边面的西角抹角，斜撑洞径为 9 厘米，木骨洞长 34、半圆的最大径 14 厘米。北山墙东端断面上所见的木地栿的空洞，宽30、厚9厘米。北山墙券门的形制与南山墙的相同，但门上的券拱已无存。

（二）耳室与楼道

南耳室东西长2.07、南北宽1.24米（图3-1-8）。南耳室的东部地面比西部高出0.25米（图3-1-11），均用小砖铺地。南楼道宽1.02米，共九级砖台阶，每级外出27.5厘米，高25厘米，用两层小砖平铺作底，然后再在上面砌坚砖一层（图版3-1-19：2）。最上一级平接0.43米的夯土一段，其外还有平砖一行。耳室与楼道的墙为同一条，楼道西墙接耳室南墙，宽0.49米，耳室西墙宽0.46米，西墙最高处为2.30米；楼道东墙接耳室东墙，宽0.46、残高0.98米。楼道两壁均抹白灰墙皮，但砖台阶与白灰墙皮间已下沉2.5厘米，当是包入明代瓮城内被巨大的箭楼所压沉的。

北耳室东西长1.96、南北宽1.26米。北耳室东部比西部高出0.24米，均用小砖铺地。北楼道宽0.96米，现存楼道台阶是后砌的，共十四级（图版3-1-19：3）。从西壁白灰墙皮上所留的台阶的痕迹看，后砌的台阶比原台阶低0.27米左右，比原砌台阶矮小，每层台阶的高低度和外出的宽窄不同，高为4～19厘米，外出为10～30厘米，砌工很粗糙，多用半块碎砖拼砌。耳室西墙和北墙接楼道的西墙，墙厚0.47～0.52米，残存最高为1.90米。耳室东墙与楼道东墙均已破坏。

（三）防火设施——地漏与流水道

在门楼内当心间西侧的台阶前，砌有两个地漏（图版3-1-22：3、3-1-23；图3-1-8），地漏南北间距（从水孔中心计算）1.90米。从外表看，地漏呈方形，边长30厘米，与铺地砖面相平。掀开铺地砖，下面即有"漏水石"设备。漏水石呈方形，边长52、厚13厘米，正面凿有一圆窝，直径42、窝深10厘米，窝底凿穿五个圆孔，孔径皆3厘米，呈梅花点状。漏水石坐落在砖砌水槽上，水槽呈长方形，东西长42、南北宽30、深10厘米（图3-1-12）。地漏水槽用四层砖砌成，最底层砖平铺为水槽底，其上用三层砖围砌出长方形水槽，漏水石平置其上。漏水石面低于一层铺地砖，铺地砖平铺在漏水石上，只露出当中五个梅花状漏水孔，形成地漏的完整结构。

砖砌水槽西侧壁有流水暗孔道（图版3-1-23：5、6），孔口呈长方形，宽15、高7厘米。孔口向西用砖砌出暗水道，从西侧台阶和西墙基下通过，这段水道长1.1米，呈扁长形（宽14、高5厘米）。自此向西，水道向下斜折长约0.55米，然后又垂直向下砌（图3-1-12），向下3米通到板门过木上，再向下0.50米通到板门门额和鸡栖木上。这段下折垂直的水道由窄变宽，成为14厘米见方的下水道（图3-1-4）。暗水道共有三条，南侧地漏向西只有一条水道，流向如上所述；北侧地漏向西有两条水道，一条如上所述的主水道，另一条是从这条主水道上分支出的（图3-1-12）。这条水道从水槽暗口的主水道向西0.22米，即从主水道北侧壁向南直折出一条分水道，向南长约0.88米，又直折转向东流1.42米，这条1.42米长的东西水道正好处在两条主水道之间，中间水道往西向下直折与板门上方的过木、门额和鸡栖木的中心点相对。所以三条水道下端的出水口都对准了板门的木质构件，由城门楼上的两个地漏往下注水，顺三条水流暗道分别浇在南中北一条线上的木质门板上，达到防火灭火的目的。

从和义门瓮城门的东西向剖面图（图3-1-4）上看，这三条垂直水道正好处在城门内券与外券之间，两券之间有0.40米的空隙，而瓮城板门就立在内外券之间，板门之上的过木、门额和鸡栖木，南北向横架在两券之间的空隙中，过木与门额之上还承托着两券之间填砌空隙的空斗砖墙及南中北的三条水道（图版3-1-9）。

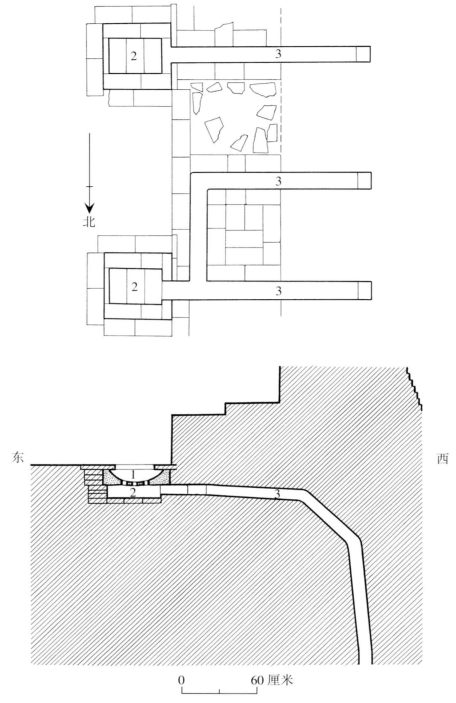

图 3 – 1 – 12   和义门瓮城城门楼的防火设施（地漏与流水道）平、剖面图
1. 石地漏   2. 方形水槽   3. 流水道（向下通至城门过梁、门额和板门上）

这种防火设施设计巧妙而合理，是我国古代城防设施经验的杰作。

六   题记

在和义门瓮城门洞内有三处题记。一处在内券顶的灰墙皮上，是用尖状物（铁钉或细枝）划写的"至正十八年四月廿七日记"竖行（图版 3 – 1 – 24：1）。另两处题记是墨书，一处写在外券东侧面的白灰墙皮上，竖行，从右至左约五行，大部分墨迹已脱落，内容为"大明洪武十四年九月丨永□……重砌丨左……于香丨右……张副□丨中……□□捻丨"（图版 3 – 1 – 24：3）；另一处书写在内券最外一层青灰皮上，字迹模糊，但年代较清楚，竖行，内容为"……至正卅四年□□□□……"（图版 3 – 1 – 24：2），上下字迹较多，已看不清。

这三处题记中有两处可解释。划写的"至正十八年四月廿七日记"，很可能是筑城工匠完工后随手划写在未干的青灰墙皮上。据此，可以推测出和义门之瓮城城门是元末顺帝至正十八年（1358 年）四月十八日筑成。元大都城是元世祖忽必烈于至元四年（1267 年）动工修筑的，十七年后，即至元二十一年大都城完工，此时大都的十一座城门外都未筑瓮城，到元末顺帝至正十九年，才先后筑完十一座城门外的瓮城。和义门瓮城发现的"至正十八年"题记，与《元史》记载的修城时间是相符的。墨书"大明洪武十四年九月……重砌……"题记反映了重砌和义门的时间。洪武初年（1368 年）明军攻入元大都，当年即废弃大都城北面三分之一面积，重新修筑明代北京城。明城在大都城基础上把北墙向南推进五里，洪武十四年就是重砌和义门（即明代西直门）的题记。另一处墨书为"……至正卅四年……"，没有这个年号，至正廿八年元朝已灭亡，如按年代看，至正卅四年已进入到大明洪武六年。战争刚结束，明初小修小补城墙和城门的事件应该很多，洪武六年修补西直门（即元代和义门）的工匠忠于元朝，顺手在城门洞顶上仍按至正年顺序书写上"至正卅四年"，只有这种解释才能符合年号题记，在当时看，这是一条反动题记。

第二节　水涵洞遗址

一　考古勘探和发掘经过

在元大都城的北垣、东垣和西垣的墙基下各发掘一座水涵洞（参见图 1－2）。这三座水涵洞都是 1964～1965 年考古勘探时发现的。

东垣水涵洞位于光熙门之南（即今北京城东北角之北），这段元大都东垣早已被毁，夯土城基下的涵洞条石已暴露，不少条石被后人挖取。1964 年 4 月、5 月，首先发掘了这处水涵洞（图版 3－2－1）。西垣水涵洞位于肃清门以北。20 世纪五六十年代，这一线正新建"八大学院"，水涵洞即位于邮电学院北。1965 年 4 月、5 月发掘了这处水涵洞，涵洞底铺砌的条石保存较完整（图版 3－2－8）。当时建筑学院的工程进度很快，为保证工程按时完工，我们只发掘了涵洞东西两端，中间部分未发掘，水涵洞也未能保存。北垣水涵洞位于健德门西二里，即今花园路北口。这处水涵洞保存较好，砖砌券顶还存在，其上的夯土城墙还保存 3.5 米高。原计划于 1966 年上半年进行考古发掘，但因"文化大革命"而未能按计划进行，七年之后恢复正常工作，于 1973 年 7月、8 月发掘了这座水涵洞（涵洞中间部分及倒塌下来的大石板石块均没清理）。考古学家夏鼐先生到考古现场之后，建议保护好这座较完整的水涵洞，请北京市文物管理处（北京市文物局前身）作好规划，与土城遗址作整体保护。2002 年 4 月～6 月，为配合元大都北土城公园的整治，北京市文物研究所对花园路水涵洞遗址进行全面清理和加固（图版 3－2－11）。目前这里已成为元大都北土城公园的一处景点。

二　东垣（光熙门南）水涵洞

自明代初年之后，元大都光熙门之南至北京东北城角的这段城墙已被毁平，涵洞石块已露出地面，破坏很严重。现存涵洞铺底石长约 14 米，涵洞宽度 2.5 米，两壁金刚石现存两层，高约 0.55 米（图版 3－2－2、3－2－3；图 3－2－1）。涵洞（金门）中央遗存半个砖砌梭墩，高约 0.68 米，在涵洞底中央有一条破坏沟。涵洞东西两端出入口全部破坏，很难复原，但涵洞地基部分保存尚完整，给我们提供了这类工程在地基处理和做法上的实物资料。

（一）地基

元大都围建城墙之前即已选定了涵洞位置。首先在确定涵洞位置的城墙下挖一个宽约 13 米的地基槽，确定

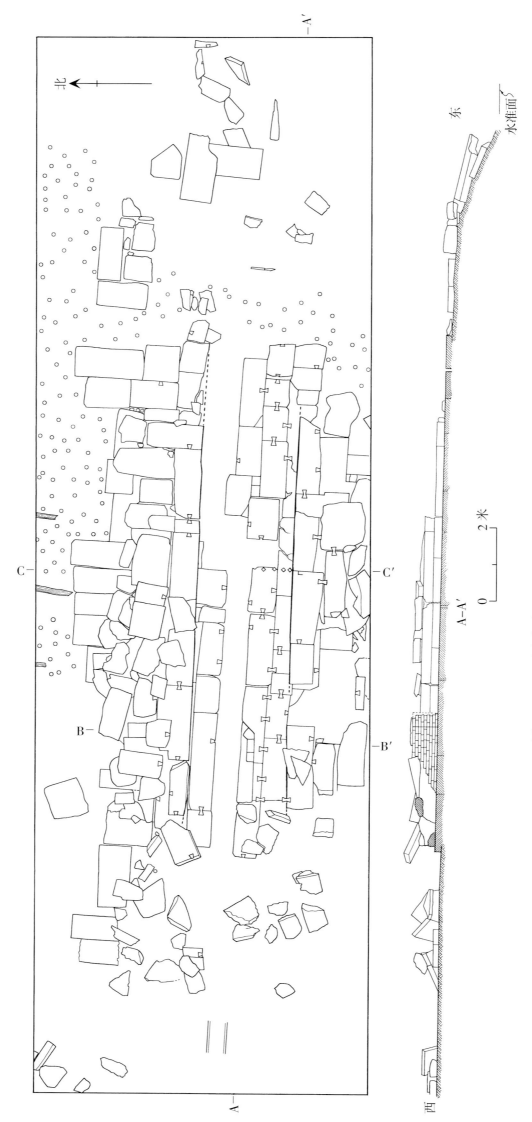

北

C——C′

B——B′

A——A′

A'

A

西 东

水准面

A-A′

0 2米

图 3 - 2 - 1 元大都东垣（光熙门门南）水涵洞平面、纵剖面图

涵洞（金门）宽度，再分层筑基。

1. 涵洞两侧石壁（金刚石）下地基

先在生土内打下地钉（即木桩），桩长 65～168 厘米不等，桩径 12～24 厘米，木桩排列亦没太大规律，桩间相距约 0.20～0.40 米（图版 3-2-4）。自生土面以上露出桩头 0.23～0.25 米高，在木桩头之间填入掏当石（即用碎石、碎砖瓦块），填平后灌浆（图 3-2-2）。这种做法在当时许多大型承重建筑物中极为流行。掏当石上有一层厚约 2 厘米的黑灰，再上为厚约 10 厘米的三合土夯实，其上平铺底石（图版 3-2-4：3）。在涵洞中部发现三条横置于掏当石上的木枋（《营造法式》谓之衬石枋），位于底石之下，木枋宽约 16、厚约 9 厘米，相距约 2 米（图版 3-2-4：1）。这三路横木起着加固涵洞自身地基承重的作用，前文海子堤岸做法也是如此，北京故宫西华门的地基也用横木。水涵洞下虽未满铺横木，但这三路横木也起到了承重的作用。

2. 涵洞底下地基

涵洞内底下的地基不同于两侧壁下的地基（图 3-2-2）。涵洞底的地基，也是先在生土中打入地钉木桩，但上面是用一层夯土、一层碎砖瓦层层夯打筑牢。夯土每层厚约 4～5 厘米，共厚 78 厘米，其上平铺涵洞底石。从地基的做法和厚度上来看，涵洞底下的地基更为坚厚一些。明代初年至明代中晚期前，北京许多大型建筑物地基都用此做法，称为"满堂红"，北京的显佑宫大殿地基即是如此。

3. 涵洞石材料

涵洞两侧石壁（金刚石）与底全部用加工的整石平铺垒砌，勾缝全用白灰，绝大部分为顺砌，偶有丁砌（图 3-2-2）。石壁（金刚墙）以外全部用荒石（未加工的石头）垒砌，因石块大小不一，形状各异，垒砌得很不整齐，最宽处 3.4 米，勾缝则用三合土。

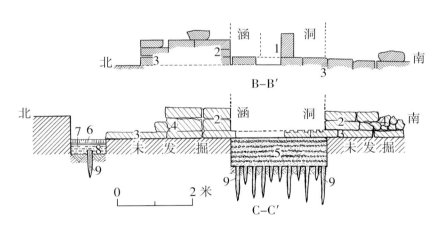

图 3-2-2　元大都东垣（光熙门南）水涵洞横剖面图

B-B. 梭墩位置剖面图　　C-C. 涵洞地基剖面图

1. 梭墩　2. 金刚石　3. 底石　4. 荒石　5. 碎砖瓦、夯土层　6. 三合土　7. 草灰、木板痕　8. 掏当石　9. 木桩

（二）涵洞形制

水涵洞被破坏严重，洞壁仅存两层石块，高约 0.55 米，洞（金门）宽 2.5 米。洞壁之上的券顶砖全部被后人拆毁取走，结构不清，券顶应是砖构 ［见后文"北垣（健德门西）水涵洞"］，采用二券二伏的做法，券顶厚约 1.1 米。涵洞东西两端的出入水口全部破坏，结构不清。靠近出水口处的底石上遗存一排安装铁栅栏的坑眼，现仅存五个，呈菱形，边长 9、孔深 4 厘米，孔与孔相距 0.10～0.15 厘米（图版 3-2-5：1；图 3-2-1、3-2-2）。

靠近西部入水口处有一砖砌梭墩（图版 3-2-5：2、3；图 3-2-3），高 0.68、宽 0.90 米，东头梭尖尚存，西头已被破坏，全长不明。共砌九层砖，砖长 35 或 36、宽 15、厚 7 厘米，直接砌筑在底石之上，中间填有碎

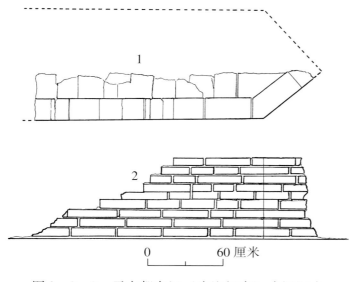

图 3－2－3　元大都东垣（光熙门南）水涵洞内
梭墩平面、立面图
1. 平面图　2. 立面图

砖。从其建筑粗糙情况看，疑与水涵洞不是同一时代所筑，梭墩用砖比土城下发现的砖稍厚（土城下砖厚 4.2～5 厘米），这个梭墩很可能是后来临时增砌的。西垣和北垣下的水涵洞均未发现梭墩遗迹。

涵洞底石或两侧石壁（金刚石），凡是石与石对缝之处均平打铁锭，牢牢连接两石（图版 3－2－5：2、4）。这是元代石工中流行的做法，明代以后逐渐减少或不用。根据铁锭遗存形状看，铁锭长 23.5 厘米，两端宽 11～12、中腰宽 6 厘米，厚 4.5 厘米，重 13～14 斤。它的嵌法是先在铺石上凿好坑眼，坑眼比铁锭形稍大，然后在坑眼四周抹 0.7～0.8 厘米厚的白灰，坑眼底也抹 1 厘米厚的白灰，将铁锭打入坑眼，牢牢与白灰黏密，铁锭生锈后极为坚牢。极个别坑眼中发现放有铜钱（图版 3－2－5：5），可能是工匠迷信，作为压胜之用。

这个水道的做法，与《营造法式》卷三所载"卷輂水窗"的做法基本相同，与元代沙克什所著《河防通议》一书（至治元年，即 1321 年）中"霸闸"的做法也有许多相似之处，但更接近于《营造法式》。说明元大都的工程，不论是土木或石工都是按照《营造法式》规定施工，可见宋代文化对元代的影响。

三　西垣（肃清门北）水涵洞

西垣水涵洞的保存现状比东垣水涵洞略好些，涵洞石壁（金刚石）最高处遗存约 1 米，东西两端入出水口皆有侧砌的石线道，东西线道即是水涵洞总长度。涵洞券顶已不存在，中部还遗存一点券脚砖（图 3－2－4）。因施工要求紧迫，重点发掘涵洞两端，中部未发掘，只确定了铁算栅栏的坑眼位置（图版 3－2－6、3－2－7）。

（一）水涵洞形状大小

涵洞平面呈长条形，总长 34.93 米，东西两端入出水口呈喇叭状（图 3－2－4）。东口宽 11 米，西口宽约 10 米，喇叭口长皆 6 米（图版 3－2－6～3－2－9、3－2－10：1）。

（二）水涵洞结构

涵洞石壁（金刚石）大部分被后人挖取石材破坏，但洞底条石上留有石壁的压印痕，从痕迹看涵洞宽 2.35 米。于中部发掘 4.5 米长的一段券脚，遗存一些券脚砖，砖长 35～37、宽 16、厚 4.5 厘米，从痕迹看券顶厚 1.2 米。铁栅栏位于涵洞中央，从栅栏坑眼向西 17.30 米和向东 17.63 米，即是涵洞东西两端的石线道（图版 3－2－10：2、3）。

涵洞石壁（金刚石）和铺底石板都经人工打凿，平整见方。金刚石以内石料绝大部分都是未加工的荒石，大小形状各异，金刚石比铺底石板厚。金刚石壁和铺底石板皆用白灰垒砌并勾缝，金刚石以内石墙绝大部分为荒石，采用三合土垒砌并勾缝灌浆。

铺底石板都为长方形，采用东西顺铺，洞底中心三行石板较窄，宽 57～67 厘米，最长石板 222 厘米，最短石板 62 厘米，一般长 130 厘米左右。石板之间接缝处，皆打入束腰状铁锭，把上下左右相邻石板牢牢连接起，

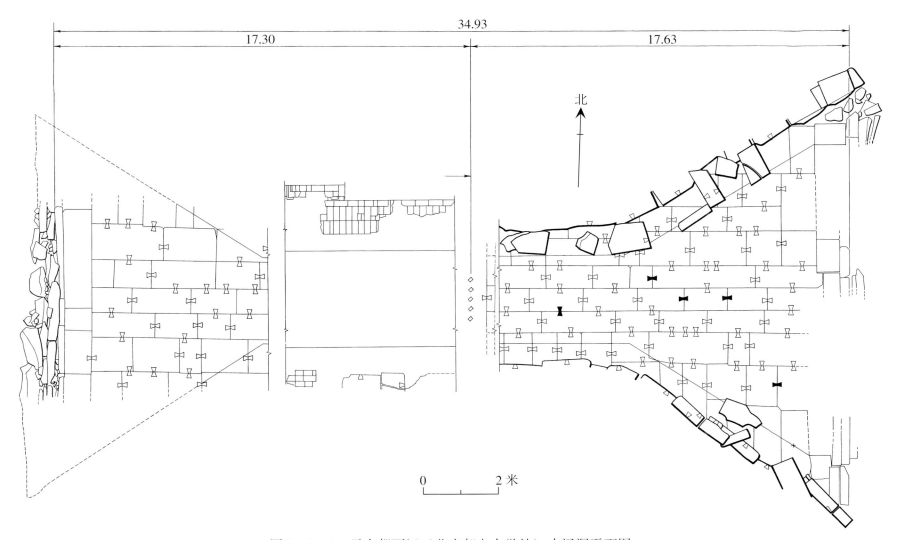

图 3 - 2 - 4　元大都西垣（北京邮电大学处）水涵洞平面图

形成一完整铺地石面（图版 3 - 2 - 10）。铁锭与石板连接的做法，与东垣水涵洞相同。

四　北垣（健德门西）水涵洞

北垣水涵洞位于北京市海淀区花园路北口，即元大都健德门西约 1 千米的北城垣下（图版 3 - 2 - 11、3 - 2 - 12、3 - 2 - 13：1）。1973 年 7 月、8 月，考古发掘了部分遗迹，取得了涵洞形式结构资料。2002 年 4 月 ~ 6 月，为配合元大都北土城花园的整治，北京市文物研究所对花园路水涵洞及城垣再次进行考古勘探和清理，涵洞遗址北面全部展现。

（一）水涵洞形制

涵洞外脸形式与考古发掘出的和义门城门相似，只不过涵洞规模小，半截在地上（券顶和门脸砖垛），半截在地下（洞壁与底），整座涵洞由城墙基下穿过，又似长条隧道状。涵洞长 14.75 米（只算城基下券顶部分），涵洞宽高皆 3 米，方向 5 度，砖石结构（图 3 - 2 - 5）。涵洞由基础、石铺洞底、条石砌筑洞壁（金刚墙）、砖砌券顶、砖砌门脸、铁算栅栏等部分组成。

1. 地基

筑大都城墙前即已规划好向城外排水涵洞的位置，先修建好涵洞，再夯筑城墙。从实测花园路水涵洞的地势看，城内从南向北有一条沟与涵洞位置相对。经实测，从原地面（元代地面）向下挖深约2.5、宽约7.4米的一条沟，沟北端（城外）与护城河通。沟槽挖好后，用碎砖瓦块和灰土层层回填到沟底，厚约 70 厘米，并经夯打

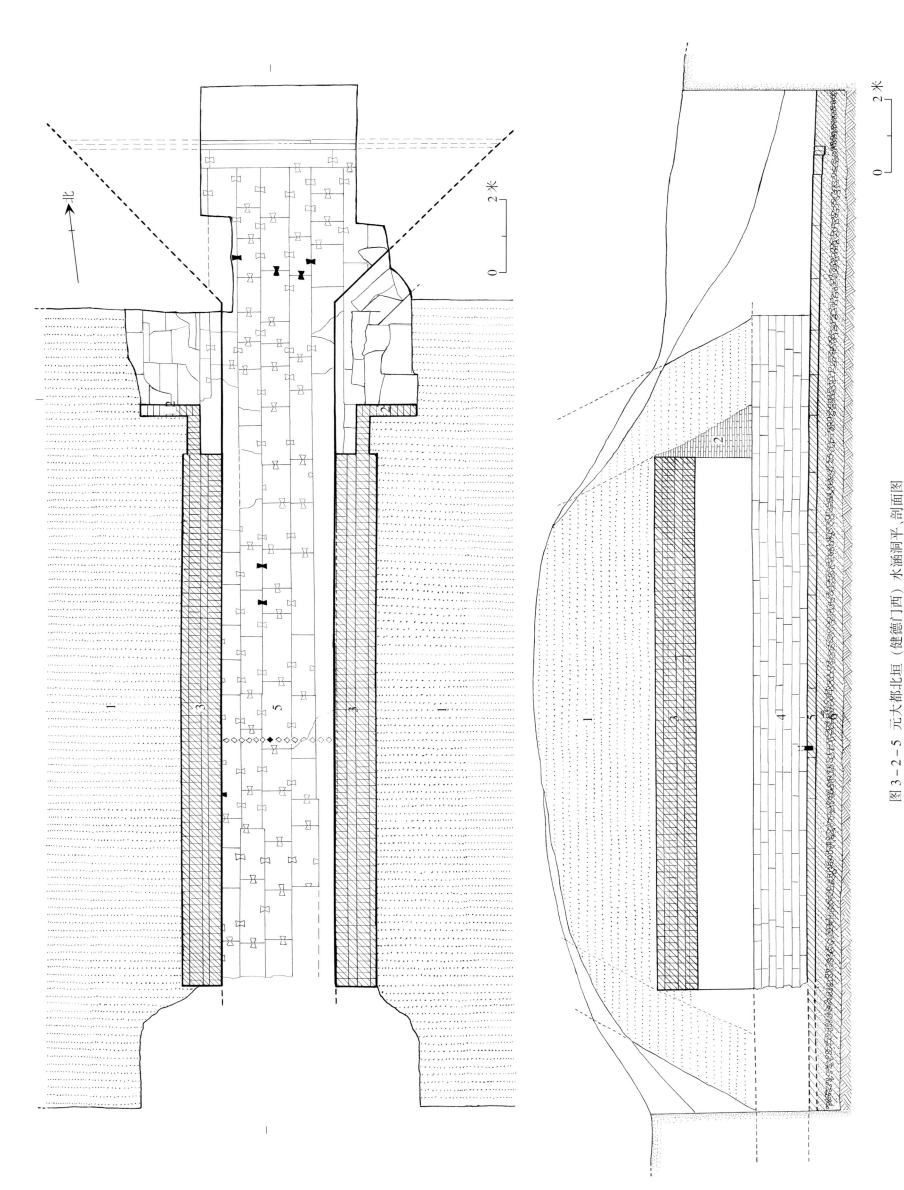

北

0 2 米

0 2 米

图 3 - 2 - 5 元大都北垣（健德门西）水涵洞平、剖面图

1. 夯土城墙 2. 门脸砖墙 3. 砖券顶 4. 条石砌洞壁 5. 条石铺底 6. 灰土碎砖瓦基础

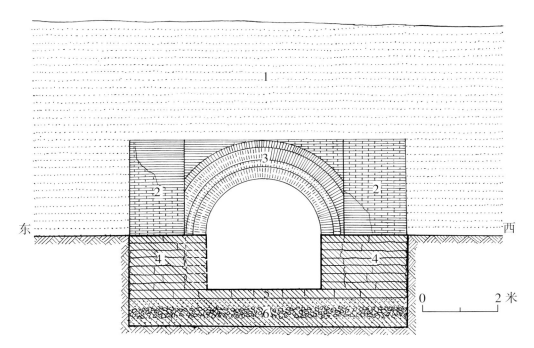

图 3 - 2 - 6 元大都北垣（健德门西）水涵洞北口横剖面图
1. 夯土城墙 2. 门脸砖垛 3. 砖券顶 4. 条石砌洞壁 5. 条石铺底 6. 灰土碎砖瓦基础

坚固，作为涵洞基础（图 3 - 2 - 6）。

2. 石铺洞底

在涵洞基础之上，用长 65~250、宽 60~85、厚约 20 厘米的条石南北向平铺。从北端出口看，共顺铺七行，行与行之间错缝，用白灰勾缝灌浆。条石之间用长 25、头宽 10~13、厚 5 厘米的束腰状铁锭平铆在接缝处，增加牢固度。绝大部分铁锭被后人挖取，只留下一个个凹槽（图版 3 - 2 - 13：2）。洞底南面稍高，出洞口向外逐渐下坡。

3. 石砌洞壁（金刚墙）

涵洞两侧洞壁均用条石垒砌，条石长短不一，厚约 15 厘米，共平铺顺砌七层，壁厚约 2、高 1.5 米。壁内所用条石比较粗糙，壁表面（金刚石）条石都经凿雕成光平面。每层条石都用白灰灌浆砌，并用凹凸槽相卯，相当坚固。

4. 砖砌券顶

以涵洞的两侧石壁作为券脚基础，其上用长 35、宽 17、厚 5 厘米的城砖券砌涵洞顶。共砌二券二伏券顶，厚 1.05 米。每砌一层券，均灌注白灰浆，使券顶成一整体半圆形（图 3 - 2 - 6、3 - 2 - 7）。券顶砖已被后人取砖挖毁，仅残存中间直立砖券和横立砖外券（图版 3 - 2 - 12、3 - 2 - 13：1）。

5. 涵洞门脸

砖石结构的涵洞建好后，其上筑夯土城墙，把涵洞压在城基之下。涵洞券顶高出原地面 2.6 米。券门部位均用城砖包砌，南侧入口处的城砖已被破坏，北侧出口处的城砖保存较完整。在券门两侧砌有对称的砖垛，砖垛以内侧两券券脚起，向外凸出 1.4 米，用城砖垒砌门脸垛，东侧砖垛宽 1.45 米，西侧砖垛宽 1.66 米，残高 2.55 米（图 3 - 2 - 7）。砖垛从下往上依城墙收分垒砌，砌垒 2.60 米高，应与外券顶平齐，再往上城壁砖已无保留（图版 3 - 1 - 12）。门脸包砖，一为美观，二为使夯土城墙不易坍塌。大都城北垣废弃后被后人挖砖取石，水涵洞洞壁券顶遭到严重破坏。清理时发现，涵洞内和洞口两侧有大量冲积倒塌的夯土和碎石残砖堆积，并逐渐被埋没。

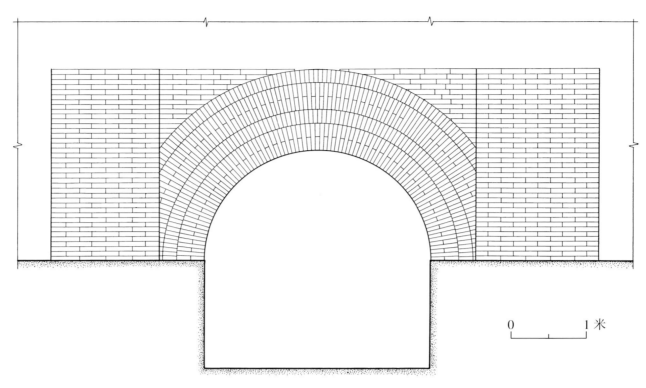

图3-2-7　元大都北垣（健德门西）水涵洞北口门脸砖砌券顶和两侧砖垛立面复原图

6. 铁栅栏

铁栅栏位于涵洞中腰（距北侧洞口8米），在条石底上遗存东西向一排算眼，铁栅栏已被后人破坏取走，有一算眼中遗有铁栅栏残迹。算眼呈菱形，每个算眼长宽17~18、深18厘米，算眼间距10厘米，约有14根铁栅栏（图版3-2-14：1）。涵洞中设置密集铁栅栏，无疑是防止人们从涵洞出入大都城。

7. 进出水口

涵洞南北两侧分别为进出水口，南侧的进水口被彻底破坏，北侧的出水口还遗有残迹。从出水口残迹看，为外大内小的喇叭口状（可称"八"字形或燕翅状）。出水口铺底条石与涵洞底条石是同时铺砌的。由涵洞北口（券脚起向北计算）向外4.20米仍为涵洞明沟，宽3米，由此再向北，与涵洞壁呈45度角分别向西北、东北斜向延伸6.70米，形成外口宽达12.50米的喇叭状出水口（参见图3-2-4）。铺底条石至外口处改为东西向平铺一行条石，紧贴条石边缘，用厚10~15厘米的条石立砌双线，为出水口之边。石边线以外为夯筑土底。

（二）题记

在涵洞北口的东侧砖垛下，铺砌的青石板上凿刻两行字，内容为"至元五年二月　日」石匠作头"（图版3-2-14：2）。由该题记可知涵洞修筑的确切年代。元代共有两个"至元"年号，前至元年号共31年（1264~1294年），是世祖忽必烈年号；后至元年号共6年（1335~1340年），是元末顺帝年号。据文献记载，至元三年（1266年），忽必烈决定以琼华岛为中心规划兴建大都城和宫城。至元四年（1267年）开始动工筑大都城和宫城，至元十一年（1274年）宫城筑完，至元二十一年（1284年）大都城筑完，此间还建有隆福宫、太庙、社稷坛等大型建筑。元大都城和重要建筑都是忽必烈时修筑的，后至元时期没有修城和建大型工程的记载，所以题记凿刻的年号应是前至元。

第四章　居住遗址的考古发掘

第一节　后英房居住遗址

后英房居住遗址，位于北京西直门内后英房胡同西北的明清北城墙墙基下（参见图1-2）。1965年秋天发掘了遗址的东部（图版4-1-1、4-1-2），1972年上半年又发掘了遗址的中部和西部（图版4-1-3），两次发掘面积共1830余平方米。发掘出的遗迹表明，这是一处规模较大的居住遗址，我们发掘的仅是遗址的主院及两侧东院、西院的大部分，城墙基范围以外的南北两侧遗址，在明初筑城时已被拆毁无存。

新中国成立前，北京明清的北城墙有局部曾被挖成洞室，后英房居住遗址中部即有两条洞室穿过，破坏了遗址的一小部分，但遗址的布局仍清晰可辨。遗址被压在城墙下，发掘出来的遗址呈东西长南北窄的长条形。明清北城墙自新街口豁口以西即稍向南偏，至城的西北角呈抹斜状，后英房居住遗址正好处在这段向西南抹斜状的城基下，所以遗址现存走向也是自东北稍向西南偏斜。

一　平面布局

遗址平面布局可分成三部分，中部是它的主院，两旁分列东院和西院。东院保存比较完整，主院北房完整，东西厢房已被破坏，西院仅存北房东南角以及房下台基和月台等遗迹（图4-1-1）。

（一）主院

主院正中偏北，是由三间正屋和东、西两挟屋所组成的五间北房（图版4-1-4）。正屋前出轩后出廊各三间。前轩整个凸出于两挟屋之外。北房建在平面略呈"凸"字形的砖石台基上。台基前接一条与前轩台基等宽的高露道。正屋前轩的两侧台基下各砌一踏道，由踏道下去后为砖砌的露道，露道分别通向东、西两角门。东、西角门也都建在一个小台基上。角门的两侧筑南北向围墙，墙向南抵东、西厢房的北山墙，向北至北房东、西挟屋角柱稍北一线时，即内转抵挟屋的东、西山墙上。这样就将主院北房与东、西厢房之间全用围墙封闭起来（图4-1-1）。西角门外仍有露道通向西院（图版4-1-4），东角门外又用围墙隔成一个面积很小的跨院，在跨院的东南角上再辟一角门，这个角门外的露道则通向东院（图4-1-2）。

正屋的后廊檐柱凸出于两挟屋的后檐柱0.80米，因而，正屋后廊下的台基亦随之向外凸出（图版4-1-4：1）。台基北面无踏道等设施。在东、西挟屋后各有一条围墙伸向北去（图4-1-2），再往北没有什么建筑。

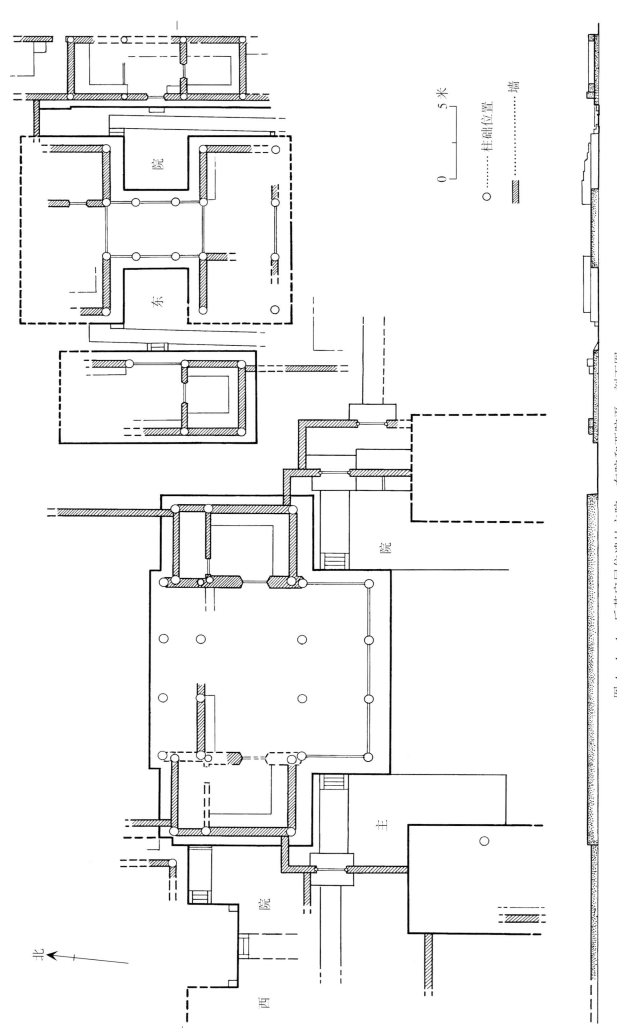

北

院

西

东

院

主

院

西

0　　5 米

.... 柱础位置
□□□□□□ 墙

图 4-1-1　后英房居住遗址主院、东院和西院平、剖面图

（说明：1. 点虚线处表示为复原部分；2. 柱础仅表示位置；3. 室内的细单线均表示坑及柱；4. 墙只表示位置不表示宽度）

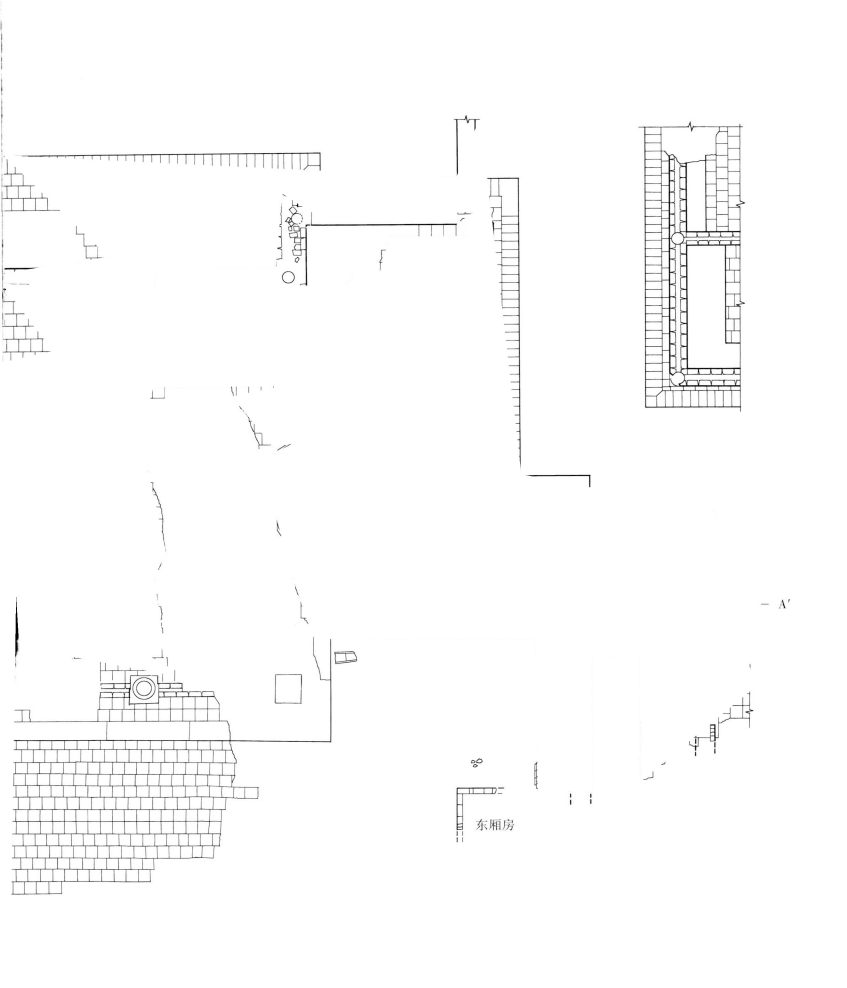

东厢房

A-A′

0   2 米

居住遗址主院、西院平面图

-B′. 主院（西侧）南北向剖面图   C-C′. 西院东西向剖面图

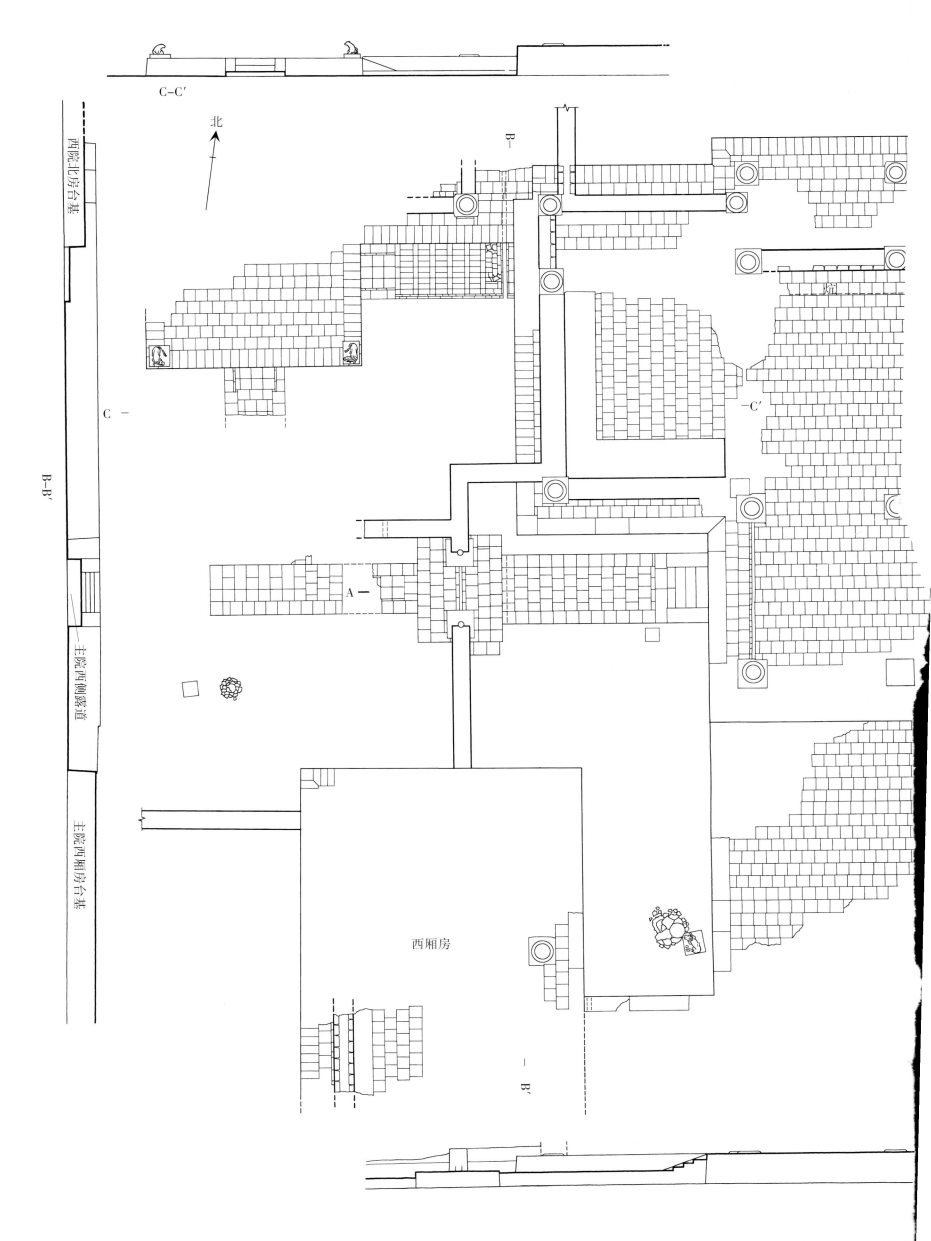

C-C′

北

西院北房台基

主院西侧露道

主院西厢房台基

C —

B-B′

B —

A —

西厢房

-C′

B′

图 4 - 1 - 2 后英房

A-A′. 主院（东角门至西角门）东西向剖面图 B

主院高露道位于院落的中心，北房与两侧的东、西厢房之间用"十"字形高露道相连接。由于破坏严重，仅残留露道痕迹。

（二）东院

东院比主院稍偏北一点（图4-1-1）。这是一座平面以"工"字形建筑为主体的院落（图版4-1-15、4-1-16）。"工"字形的砖筑台基上有南房、北房各三间，南、北房之间以三间柱廊相连接。北房台基东南和西南角下各有一砖砌台阶，台阶下各有砖墁露道，向南穿过院落，分别通向东南和西南角门。院落的北端在北房东北角柱附近，仍存有一段北围墙，估计与其相对应的西北角上亦应砌有围墙，故东院也是一座封闭式的院落。

"工"字形建筑的两侧建有东、西厢房。西厢房三间，建在砖砌台基之上。当心间正中的台基下设有踏道，与南北向露道相接。东厢房三间也建在砖台基之上。当心间正中的台基下设有一台阶。在东厢房的南北两头各有一间房屋，它们都不与东厢房相通连，其中北头一间的门是向东开的。

（三）西院

西院也比主院稍偏北一点（图4-1-1）。西院大部分被破坏，仅北部尚存一小月台（图版4-1-35）。月台南端正中及东侧各砌一踏道，南端踏道下为一条南向露道，向南与西角门外露道相接。月台的东南和西南角上各摆一狮子角石。月台北面尚存台基的东部及房屋的东南角柱础。台基略低于主院的大台基，它的东南角与大台基的西北角互相错入，都缺了角石的部分。

二 建筑结构

（一）主院

1. 北房

台基平面略呈"凸"字形，东西长24.2米，南北宽15.83米，高0.85米。其中正屋凸出的前轩台基东西长14.10、南北宽5.20米，正屋后廊下的台基向北凸出0.75米（图版4-1-4、4-1-5：1；图4-1-2）。

台基是平地起建。首先，用长30、宽14.5、厚4厘米的灰色条砖围砌台基的四壁，北壁用平铺顺砌的两层砖砌，其他三面均用单层条砖平铺顺砌，共砌18层砖，用白灰膏泥砌砖，灰缝厚约0.3~0.5厘米，单砖壁内都填塞一层碎砖块。台基壁自下往上内收2厘米。踏道与台基相接处一段台壁的砌法较粗糙，是从底部先砌两层平铺错缝条砖，其上改用立砌丁砖两层，依次交错垒砌至台面（图版4-1-8：2）。四周的台壁砌好后，台心填土夹碎砖块，层层夯打至台面，共填六层，自下而上是：第一层填碎砖瓦块，厚5厘米；第二层填黑褐色渣土，厚15厘米；第三层填碎砖瓦块，厚5厘米；第四层填黄黏土，厚20厘米；第五层填碎砖瓦块，厚10厘米；第六层填黄土，厚25厘米。台面用边长34厘米的方砖铺地。东、西、北三面台边，用长46、宽23.5、厚5.5厘米的特制长条压阑砖砌边，台的外角上放方砖代替角石，内角上则用两块压阑砖抹角拼出角线。南侧台边（自围墙以南部分）用宽40厘米的青条石压阑，台角放方形压阑石，前轩台基与北房台基相接的拐角台边，则用压阑条石抹45度角拼接出拐角线。前檐台明宽0.91米，东西两侧台明皆宽0.64米，后檐台明宽0.80米。

北房是由三间正屋和东、西挟屋以及前轩、后廊所组成（图4-1-2）。正屋总面阔11.83米，当心间面阔

4.07 米，两次间面阔皆为 3.88 米，进深一间 6.64 米。前出轩三间，面阔同正屋，进深一间 4.39 米。后出廊三间，面阔亦同正屋，进深一间 2.44 米。正屋与东、西挟屋之间砌有隔断墙，使之成为三明两暗的五间北房。东、西挟屋大小相同，面阔 4.90 米，进深两间 7.71 米，其中明间 5.67 米，北面套间 2.04 米。

北房柱础共 28 个。正屋、前轩和后廊的础石共排成四行，每行四个。从南向北数，第一、二行即为前轩檐柱和正屋前檐柱，皆为明柱；第三行为正屋后檐柱，皆为暗柱；第四行为后廊檐柱，皆为明柱。这些柱础形制完全相同，皆为青石质，覆盆式。础基近方形，长 80、宽 72、厚 15 厘米，础基上雕出素覆盆，直径 60 厘米，盆唇厚 5 厘米。盆（础）面凿刻一周线纹，直径 40～42 厘米，并在中心划有"十"字形墨线。有的础面遗有木柱压痕，木柱痕直径 40 厘米。正屋前檐柱础石比前轩檐柱础石更为工整精细，但础基略小，长 72、宽 70、厚 20 厘米。正屋后檐柱础石是暗柱，因此础石制作得简单粗糙，覆盆低矮，础基较小，边长仅有 54 厘米，部分础石为花岗岩。后廊檐柱础石比正屋前檐柱的础石略小，边长为 60 厘米，盆唇厚仅 3 厘米，制作也粗糙。

东、西两挟屋的柱础石不与正屋的柱础石混用，础石排列与正屋础石相错成行。两挟屋柱础石共有 12 个，以东挟屋为例，即前檐柱、间隔柱和后檐柱础各两个。挟屋前檐柱础比正屋前檐柱础稍向内，间隔柱础比正屋后檐柱础亦向内，这样挟屋一间比正屋一间的进深要小 0.97 米。挟屋的后檐柱在正屋后廊柱以内，因此挟屋套间的面积很窄小。东挟屋除东南角和东北角为半明柱外，其余皆为暗柱。础石有两种形制，一种为覆盆式，与正屋础石相同；另一种是用略加凿平的方石作础，不雕覆盆，都是暗柱柱础，包在墙壁之内。础石长 54、宽 40、厚 15 厘米。前檐墙西端的暗柱础石较特殊，将方石础的一角砍掉，呈刀把形，长 51、宽 40、厚 10 厘米，刀把长 14、宽 15 厘米。这一础石安放时，缺角部分恰好紧倚在正屋前檐东侧角柱柱础的东北角上，两块柱础石嵌在一起，不易错动。

柱础下的地基都经夯筑（图版 4－1－5：2）。以北房东挟屋东南角柱础的磉墩为例，做法是：在安放柱础以前，先在台基上挖 1.5～2 米见方、深 1.1 米左右的方坑，坑底达生土，稍加平整后，用一层碎砖瓦（厚约 7 厘米）、一层黄土（厚约 20 厘米）夯筑，夯窝直径 6 厘米。坑内共填四层，近台面时铺一层灰渣土，厚 3 厘米，其上再安础石（图 4－1－3）。

这组北房，除前轩三面以及正屋前檐和后廊檐不砌墙外，其他部位都砌墙。墙都是平地起建，可分为檐墙、山墙、室内隔断墙三种。以正屋与挟屋之间的隔断墙最厚，达 0.97 米，挟屋山墙厚 0.67 米，正屋后檐墙和挟

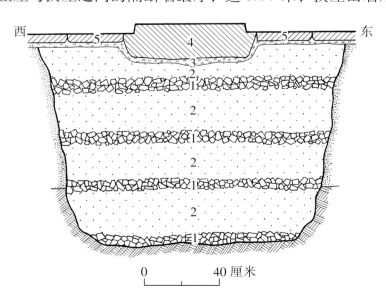

图 4－1－3　后英房居住遗址主院北房东狭屋东南角柱的础石及磉墩结构剖面图
1. 碎砖瓦　2. 夯实的黄土　3. 灰渣土　4. 础石　5. 方砖

屋前檐墙均厚0.58米,挟屋套间的山墙厚0.50米,挟屋内隔断墙及后檐墙厚皆为0.40米。大部分墙壁仅存墙的隔减部分。隔减墙都用磨砖对缝的砌法,非常坚固。如东挟屋内的隔断墙,隔减部分用长30、宽15、厚5厘米的条砖,平铺错缝顺砌里外墙壁,墙心用土填实;隔减以上用土坯垒墙(图4-1-4)。在台基东北角发现一段倒塌的山墙,这段山墙的隔减部分用磨砖对缝砌法,垒至窗台高时,最上一层砖压边起混,其上再垒土坯墙,这种砌法与东院西厢房的山墙砌法相同。墙壁至角柱时,其外壁用抹角的砌法,即将条砖靠木柱一端的外角斜向砍掉,使两端的端头呈"八"字形,柱子近三分之一露在墙外。

北房屋门都未保存下来,但在辟门之处的地面上均留有木地栿槽。前轩檐柱与正屋前檐两侧檐柱的础石之间,残存有宽10、深9厘米的地栿槽,槽内残存有朽木。从这种现象看,前轩外檐(东、西、南)三面应装有格子门。在挟屋与正屋之间和挟屋内明间与套间之间的隔断墙上均辟有过门,门下的铺地砖上皆保存有地栿槽,其中挟屋内隔墙上的过门,地栿槽长92、宽8、深6厘米,可能安装的是板门。正屋与挟屋之间的隔断墙上辟的过门,门下遗留的地栿槽比较复杂。以东挟屋到正屋的过门为例:地栿槽长160、宽10、深6厘米,地栿槽内侧(挟屋内一面)两端有门砧槽,长26、宽7厘米;中间有栓门槽,长22、宽7厘米。门砧槽与栓门槽皆呈梯形,地栿槽两端即为隔墙,墙头边不是平齐的,而是呈外"八"字形。依墙头形式,在墙头边的外侧地面上,有一条呈外"八"字形的沟槽,槽内留有木板痕,板厚3厘米,可能为护墙板。在"八"字形沟槽顶端有圆形柱洞,直径13厘米,洞内灌注白灰浆,清理时发现洞内遗存有未腐朽的圆木柱,下端呈尖锥状,残长76、直径7厘米(图版4-1-6:1;图4-1-5)。从门下所留的基础看,正屋与挟屋之间应为双扇门。

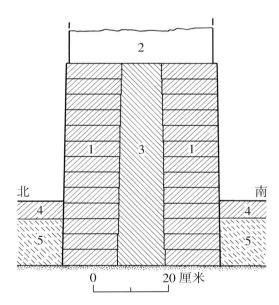

图4-1-4 后英房居住遗址主院北房东挟屋内隔墙横剖面图
1. 砖墙 2. 土坯墙 3. 墙心内填土 4. 铺地砖 5. 灰土

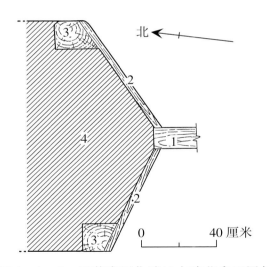

图4-1-5 后英房居住遗址主院北房正屋与东挟屋之间过门下的木结构平面图
1. 木地栿(全长160厘米) 2. 护墙木板 3. 立木(下端呈尖锥状) 4. 砖墙

北房室内全用边长34厘米的方砖,以磨砖对缝墁地。其做法是:墁地前一般先垫一层厚13厘米的灰土(白灰加土),整平后稍加夯筑;把方砖先打磨平整方正,再蘸水将方砖四边磨成斜面,内收0.5~1厘米;然后以白灰稠浆垫底,方砖平铺在灰浆之上,大面朝上,使每块砖缝对严而不露灰缝。这样既美观又坚固。

只在正屋和东、西两挟屋内有炕。正屋炕位于后檐墙下的东西两边,炕呈长条形,西炕长390、宽63厘米,东炕残长92、宽63厘米,两炕结构相同,是平地起建,用土坯垒成的实心炕。炕前脸安装薄木板,木板已朽,炕脸部位残存0.5厘米厚的板灰痕。东、西挟屋的明间内,靠前檐和山墙下,用土坯围砌出实心炕,前檐下的炕宽105、残高12~25厘米,山墙下的炕宽75、残高25厘米,结构与正屋炕相同。

2. 西厢房

西厢房大部分已被破坏，仅残存北半部分台基。台基上残留当心间的一个前檐柱础石和一段后檐墙（图版4-1-4；图4-1-2）。

台基南北残长10.5、宽7.5、高0.75米，台基壁自下而上内收1.5厘米。前、后檐台明宽0.80米。台基做法与北房台基相同。

从台基宽度及残长推测，西厢房应为面阔五间、进深一间，因破坏严重，房屋大小不清。前檐柱础石70厘米见方，厚15厘米，上雕刻素覆盆，盆面直径59厘米，盆唇厚5厘米。后檐墙残长2、厚0.52、残高0.39米，墙的砌法同北房隔减墙。后檐墙下有土坯实心炕，残长160、宽48、残高10厘米，结构与北房土坯炕相同。

3. 东厢房

东厢房已被破坏，仅残存砖砌台基的西北角，残长1.15、残宽1米。从位置上看，东厢房与西厢房是对称建筑，其结构、大小应相同。

4. 院内其他建筑

主院内还有踏道、露道、角门、院墙等连接或分隔主院内部或主院与东、西院落（图版4-1-6~4-1-9；图4-1-6）。

踏道　主院内有两个踏道，位于前轩台基的东西两侧，保存得很完整（图版4-1-8、4-1-9；图4-1-6、4-1-7）。踏道建在高0.40米的露道上。两侧踏道完全相同，以西踏道为例：踏道内宽112、高52.7、深113厘米，踏道前压砌长112、宽25厘米的青条石。分三层，皆用条石砌成，第一层高9、深22厘米，第二层高7、深27厘米，第三层高9、深28厘米。副子用长122、宽37、厚7厘米的条石砌成。踏道两侧有砖砌三层象眼，第一层象眼向内斜收6.4厘米；第二层象眼磨棱起牙，向外凸起3厘米；第三层象眼向内直收3.2厘米（图版4-1-7；图4-1-6、4-1-7：1）。

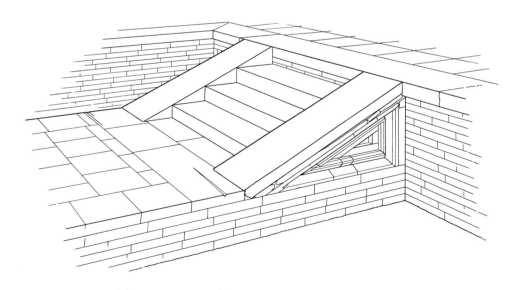

图4-1-6　后英房居住遗址主院前轩西侧踏道

露道　院中的道路，皆用砖砌成高出地面的露道。北房台基的南边为高露道，东西两侧的为矮露道（图版4-1-4）。

高露道位于北房与东、西厢房之间。露道南半部分已被破坏，南北残长8米，东西宽14.10米，高0.81米，台壁自下向上内收2厘米，露道面用边长34厘米的方砖铺砌，两边砌宽45、厚10厘米的长条压阑石。高露道的做法完全采用台基的建筑方法。高露道往南7.50米即与东、西厢房前的东西向高露道相接，东西向高露道已

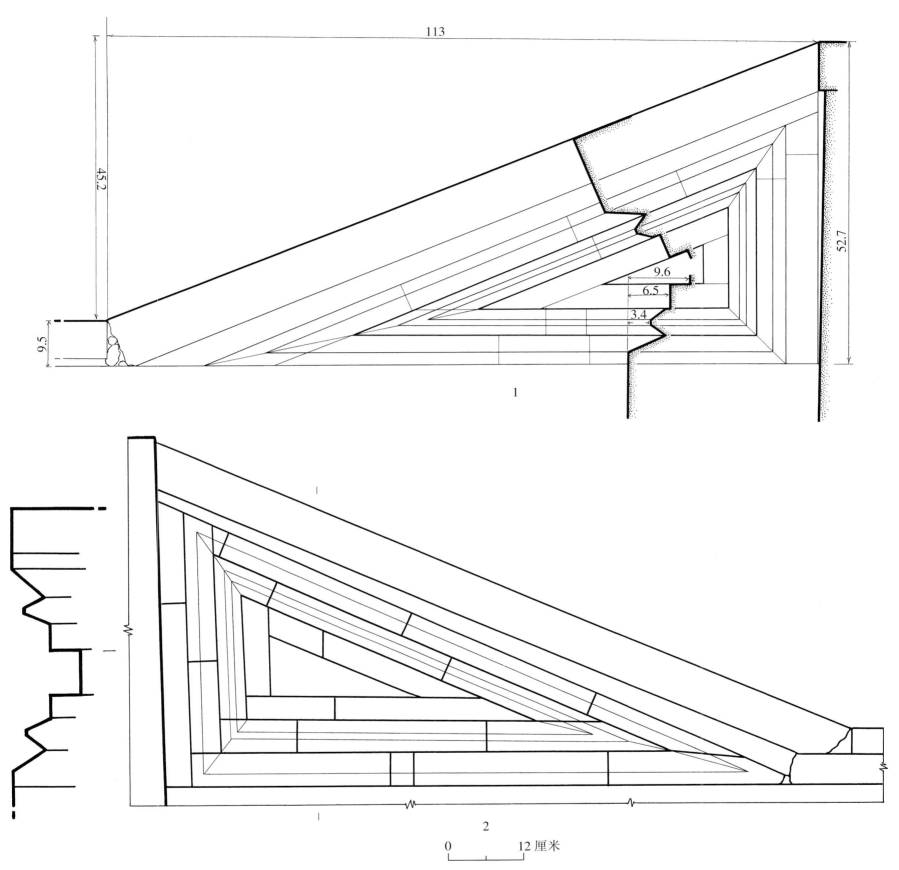

图4－1－7　后英房居住遗址主院前轩踏道副子及象眼立面、剖面图（从南侧看）
1. 西踏道　2. 东踏道

被破坏，仅残存露道的北边缘。东西向露道基下用砖砌有一南北向暗沟眼，宽14、高26厘米。南北向高露道低于北房大台基6厘米。在南北向高露道的西侧出土一倒置水缸，缸旁放有一块狮子角石，水缸下扣一莲花形石洗（图版4－1－10）。1969年当地群众取土时，曾在与此狮相对的东侧挖出一个缺头的狮子角石，形制与雕刻手法都与此角石相同，这一对狮子角石可能是北房台基上的。

　　矮露道在前轩台基踏道下的东西两侧，可通向主院的东、西两角门。露道长 4.40、宽 1.86、高 0.40 米，除露道边缘用方砖压阑外，其余做法与台基、高露道相同。露道外壁与砖砌象眼均粉刷一层白灰浆。露道与踏道相接处平砌条石，条石宽 32 厘米，在条石两端各凿一南北向小沟槽，槽长 30 ~ 40、宽 2 ~ 4 厘米（图版 4 - 1 - 9：3、4）。露道与角门台基相接处的下面，留有排雨水用的暗沟，沟眼宽 18、高 22 厘米（图版 4 - 1 - 7：2、4 - 1 - 10：2）。东、西角门以外仍有用方砖铺砌的露道，分别通向东院和西院。角门外的露道均已残断，从残存的形制看，与主院矮露道相同。

　　在东角门内的台基南侧至东厢房台基下，有一道用长方砖铺砌的露道，长 0.35、宽 0.83、高 0.15 米（图版 4 - 1 - 7：2）。它的砌法与高露道不同，路面用长 30、宽 15、厚 5 厘米的长方砖，以一横行一竖行相间铺砌，边缘以立砖顺砌出双线道。露道南端砌有二层砖台阶，高 15 厘米，可登上东厢房台基。这条露道被人长期踩踏，砖面磨损严重，凹凸不平。露道中腰砌一条排水明沟，宽 14、深 10 厘米，沟底平铺条砖，两壁立砌条砖，沟东头与主院东侧围墙下的沟眼相连。西角门内的台基南侧下，仅用方砖砌一层台阶（图版 4 - 1 - 10：2）。

　　角门　共有三座，即主院的西角门和东侧的内外双层角门。三座角门大小形制相同。以西角门为例：角门建在砖砌的长方形台基之上，台基南北长 2.88、东西宽 2.25、高 0.45 米，台基壁略有收分，台基砌法同北房台基。角门台基内全为夯土，台面及台边均用方砖铺砌（图版 4 - 1 - 10：2）。角门柱基础保存得很好，门两侧立挟门柱，柱径 15 厘米，间距 1.96 米。挟门柱之间有木地栿，木地栿已朽，仅存地栿槽，长 125、宽 8、深 10 厘米（图版 4 - 1 - 8：1）。挟门柱下各置一块锭脚石，锭脚石为正方形，边长 75、厚 16 厘米。中心窍眼直径 16 厘米，为安插挟门柱用。挟门立柱基础保存得很好，发掘时，对自锭脚石以下的基础做了解剖（图版 4 - 1 - 11、4 - 1 - 12），可清楚看到它的做法：立柱之前先挖一个 1.5 米见方、深 1.1 米左右的圆角方形基础坑；坑底垫平后，在中央平铺一块方砖；方砖上用五层条砖侧立围砌成直径约 20 厘米的圆洞，陡砖之间的空隙以半头陡砖塞紧，其外填土夯实；五层陡砖上用一层长方砖研角平铺，围砌成六角形洞口；其上铺灰安放锭脚石；窍眼与洞口上下对正，深约 1 米，自窍眼向洞内灌满白灰浆，使灰浆流入侧立的砖缝中；最后将直径 15 厘米的挟门柱自锭脚石窍眼插下，深约 73 厘米（图 4 - 1 - 8）。待白灰浆凝固后，自锭脚石以下的木柱与基础则坚固地黏结在一块。由于白灰浆起着防潮腐的作用，洞内的木柱经久未朽。

　　在东角门外稍北处，发现了倒塌下的角门的木构屋顶。屋顶中间起脊，两坡极平缓。顶上铺望板，板下钉直径 4 厘米的椽子 26 根，每根椽子间隔 8 厘米，椽子自屋脊至檐通长 160 厘米。椽子自脊至两檐再钉厚 2、宽 11、通长 270 厘米的枋子 5 条，枋与枋之间相隔 0.80 米。两头安搏风板，板厚 3、长 106 厘米（图版 4 - 1 - 13；图 4 - 1 - 9）。板的转角及头部用铁钉钉嵌云头铁叶。搏风板外侧及望板刷红色，椽子及搏风板内侧刷绿色。在角门附近的地面堆积土中，还发现了一些长 19、宽 6.8、厚 1.7 厘米的小型华头筒瓦，直径 6.8 厘米的兽面纹和花草纹瓦当，宽 9 厘米的花草纹滴水，还有一些高约 14 厘米的迦陵频伽和走兽等，这些都是角门屋顶上的瓦件。

　　在东角门外用拐角围墙砌有一小跨院，南北长 6.7 米，东西宽 2.78 米，面积仅有 18.63 平方米。小跨院的东南角为东侧外角门（图版 4 - 1 - 7：1），角门形状结构同东、西角门，只是角门下的砖建台基比东、西角门的砖台基低 5 厘米。小跨院内除西南角未铺砖外，其余部分均用方砖铺地。在角门台基东侧下，用砖砌有一条南北向排水暗沟，沟眼高 22、宽 14 厘米，沟的北头与角门北围墙下的沟眼相通。主院与东院之间设置了双层角门，这种做法在建筑规格和布局上是很讲究的。

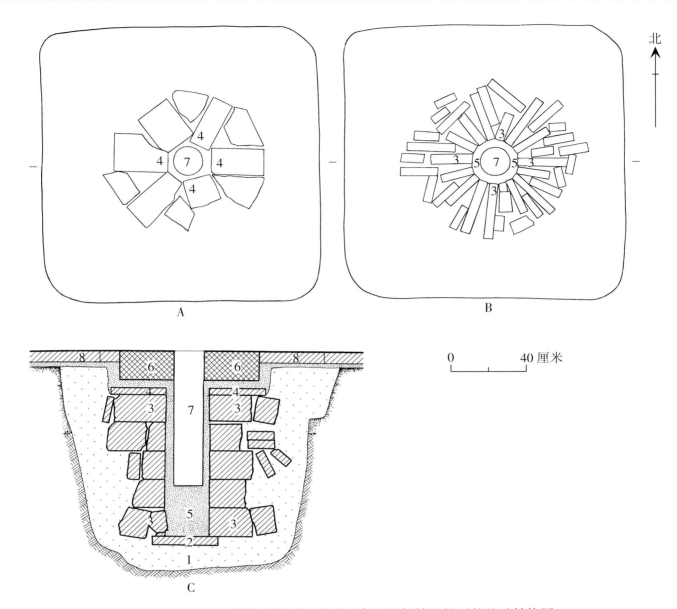

图 4-1-8　后英房居住遗址主院西角门北侧挟门柱下的基础结构图

A. 挟门柱外平铺的长方砖　B. 挟门柱外围砌的陡砖　C. 锭脚石以下的基础剖面

1. 方坑内填黄土夯实　2. 平铺方砖　3. 陡砖　4. 平铺长方砖　5. 白灰浆　6. 锭脚石　7. 木柱　8. 铺地砖

　　院墙　主院保留了两种院墙：一种是角门两侧，即北房与东、西厢房之间的拐角围墙；另一种是在北房的东、西挟屋后砌的两道南北向院墙。这些院墙是宅院内主院与东、西院之间的界墙。院墙的砌法基本相同：墙的隔减部分用长 30、宽 14.5、厚 4 厘米的条砖平铺错缝顺砌里外墙壁，墙心用土坯（或碎砖块）填实，以白灰泥砌砖，灰缝厚 0.5~0.7 厘米，隔减墙一般厚 0.56、高 0.75 米。隔减墙以上用土坯砌墙，土坯大小同条砖。土坯墙的砌法是：侧立土坯，三丁一顺排列，土坯墙外抹一层厚 1.5 厘米的黄土麦秸泥，黄泥外再抹一层厚 0.5 厘米的青灰皮。墙壁略有收分，都是平地起建，不挖槽夯打墙基。如主院东挟屋后的南北向院墙，残长 7.2、残高 0.82、厚 0.49 米，隔减墙高 0.66 米，只隔减墙由下往上内收 4.5 厘米。墙基下砌有沟眼，高 22、宽 14 厘米（图版 4-1-5：1）。

　　主院的拐角院墙砌法较讲究，也很别致，保存得很好。以西角门北拐角的围墙为例说明其做法：墙为平地起建。墙从角门的小台基以北处垒砌，向北砌至 1.45 米处向东拐角，与北房大台基相接。先用条砖平铺错缝顺砌，墙心填碎砖并灌白灰浆，砌至与角门的小台基等高（0.45 米）时，再自角门挟门柱起往北至 1.30 米处，用磨砖对缝的砌法往上砌出 10 层砖（靠挟门柱这段墙），其余部分仍用平铺错缝顺砌 6 层砖，即为隔减墙，再上则垒砌土坯墙。与北房大台基相接处的围墙，垒至隔减高（0.75 米）时，顺台基垒出一砖宽（14 厘米），

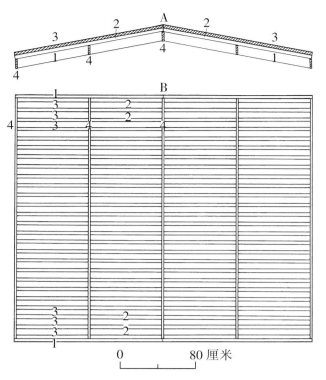

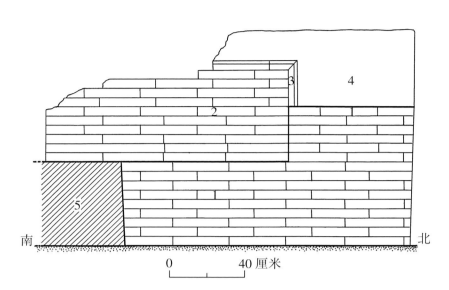

图 4 – 1 – 9　后英房居住遗址主院东角门木构屋顶图
A. 屋顶横剖面　B. 屋顶上视图
1. 搏风板　2. 木椽　3. 望板　4. 木板枋

图 4 – 1 – 10　后英房居住遗址主院西角门北侧院墙立面图
1. 平铺错缝砖墙　2. 磨砖对缝砖墙　3. 压边起混砖　4. 土坯墙
5. 西角门台基

往上仍砌砖墙，不垒土坯墙。砖墙与土坯墙相接处，均用一层砖压边起混，作为边框（图版 4 – 1 – 14；图 4 – 1 – 10）。隔减墙一律用白灰刷浆，土坯墙则先用厚 2 厘米的黄土与麦秸和泥打底抹平，然后再抹 1 厘米厚的青灰压光。隔减墙有明显收分，如墙基厚 0.56 米，砌至最上一层隔减砖时墙厚 0.49 米。

（二）东院

东院位于主院东侧偏北。东院的西北角被破坏，其余部分保存较好，可看出整座院落的布局。东院是以一座"工"字形的主体建筑为中心，两侧配建东、西厢房。"工"字形建筑是由南、北房和它们之间的柱廊所组成。东、西厢房前都有露道，向南分别通往院落的东南、西南角门（图版 4 – 1 – 15、4 – 1 – 16；图 4 – 1 – 11）。房屋下均建有砖构台基，"工"字形台基较高，两侧厢房台基较矮。

1. "工"字形建筑

台基平面呈"工"字形。南、北侧的台基为东西向的长方形，大小相同，东西长 12.90、南北宽 6.84 米，在南、北侧台基的中间用柱廊台基相连接，柱廊台基东西长 5.48、南北宽 4.2 米，台基高均为 0.71 米。台基做法和结构与主院北房下的台基相同，只是台心用四层土和三层碎砖块夯筑而成，夯层较薄，接近台面时铺 2 厘米厚的白灰土，其上再铺砌方砖台面（图 4 – 1 – 12）。台边用长 45、宽 22、厚 5.5 厘米的特制长条砖压阑，台的外角上铺放边长 34 厘米的方砖代替角石，内角上则用两块压阑砖抹角拼砌出角线（图版 4 – 1 – 17：1）。前、后檐台明宽 0.80 米，两侧台明宽 0.63 米。紧靠台基壁的四周夯筑一层用白灰加碎砖屑的硬地面，厚 0.30、宽约 0.60 米，起散水的作用。

北房建在"工"字形台基的北端，坐北朝南，面阔三间，为两明一暗，东面为暗间。每间面阔皆为 3.72 米，进深一间 4.75 米（根据南房尺寸复原）。屋门辟在当心间前檐处，门外与柱廊连接。屋门已无存，只遗留门下地栿槽，长 300、宽 8、深 6 厘米。当心间两侧的挟门柱下有方形柱础石，长 62、宽 60、厚 9 厘米，础面上

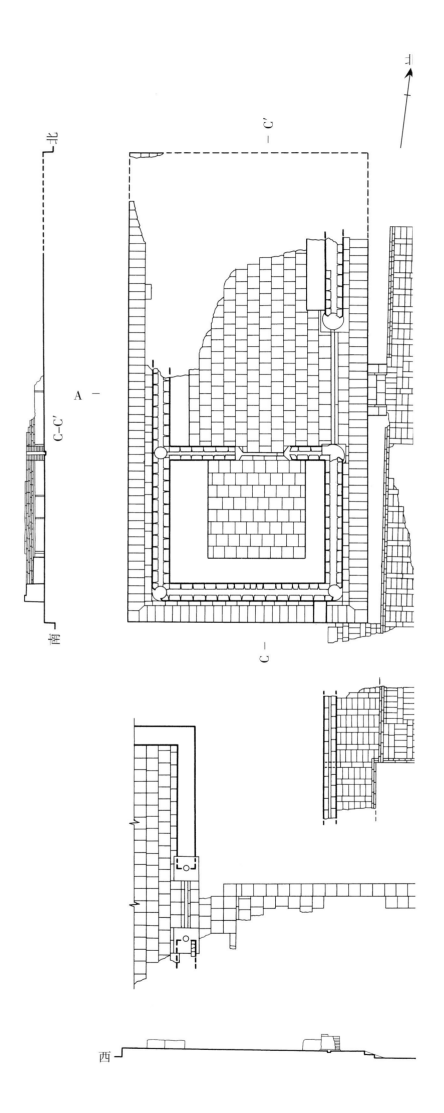

北

南

C-C′

A —

C′ —

— C′

C —

西

上

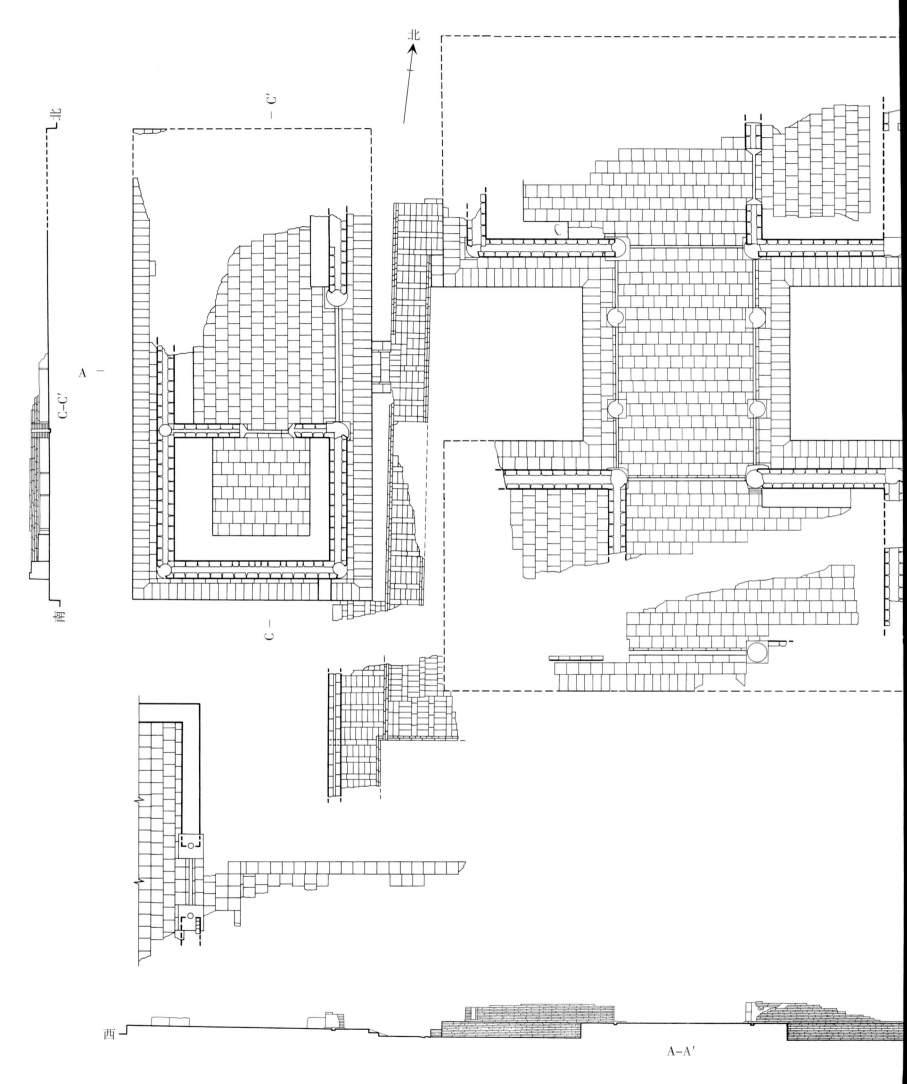

北

C-C′

北

A

C-C′

南

C′

C

西

A-A′

图 4 - 1 - 11　后英房居住遗址东院平、剖面图

A-A′. 东院东西向剖面图　　B-B′. 东厢房南北向立面图　　C-C′. 西厢房南北向剖面图

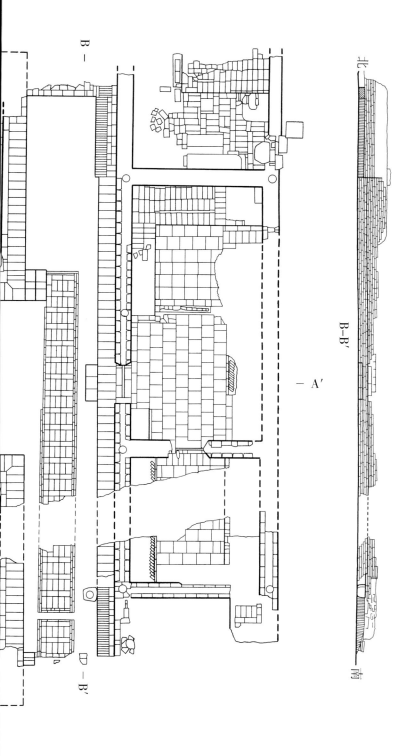

B —

B-B'

北

— A'

南

— B'

东

0　　　　　2 米

雕刻素覆盆，盆径51、唇厚7厘米。前檐东西两角的柱础石略
小，边长为54厘米，柱础石有三分之一露在墙外，露出部分雕刻
素覆盆，唇厚2厘米，墙内部分不作任何雕饰（图版4－1－17：
2）。后檐墙已被破坏，后檐柱础也无存。除当心间的前檐不砌
墙外，余皆全砌墙壁，墙的隔减部分均为磨砖对缝砌法，隔减
以上墙壁已被破坏。西明间前檐墙及西南拐角一段墙保存较好，
残高0.49、厚0.52米。角柱墙头的砌法与主院北房相同。隔断
墙也为磨砖对缝砌法，墙残高0.25～0.53、厚0.43米。在隔断
墙上偏南部位辟一室内过门，使明间与东暗间相通。过门已无
存，在铺地砖中遗有木地栿槽，长120、宽7、深6厘米（图版

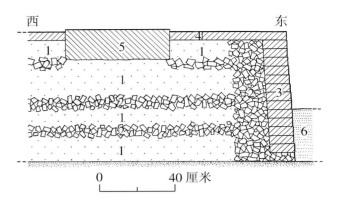

图4－1－12 后英房居住遗址东院“工”字形
建筑北侧台基东南角结构图
1. 夯土 2. 碎砖 3. 台基边砖 4. 铺地砖
5. 柱础石 6. 白灰加碎砖屑

4－1－17：3），其形制与主院正屋和东、西挟屋之间的过门相同，只是该过门下的地栿槽较小，无栓门槽和门
砧槽等构造。门两侧的“八”字形墙头未贴护板，而是抹一层厚1.5厘米的青灰压光。屋内方砖墁地，墁地前
先垫了一层灰渣土，所以房屋墙壁有二层砖在铺地砖面以下。铺地砖采用磨砖对缝法平铺，明间的方砖地面为
东西成行、南北错缝，东暗间的方砖地面则为南北成行、东西错缝。

南房建在“工”字形台基的南端，与北房相对，亦为两明一暗，面阔和进深与北房相同。墙壁、铺地砖及
柱础石的形制、做法皆与北房相同。不同点是：南房当心间的前、后檐都辟有屋门，北面屋门与柱廊连接，南
面屋门通向院外，应与主院东角门外的露道相接（图4－1－1）。南房前、后屋门下的地栿槽保存较好，其中前
屋门（即前檐当心间）地栿槽长300、宽12、深6厘米，槽内遗有木地栿痕，厚8厘米，槽底填6厘米厚的白
灰和碎瓦片，两侧填以白灰泥将地栿固定（图版4－1－18：1）。在东侧挟门柱下的础石面上，阴刻线纹一圈，
直径34厘米，并遗有木柱压痕，直径32厘米。南房的暗间在西侧，西暗间的东北角墙壁保存较好（图版4－1－
18：2），其余墙壁均已被破坏。

柱廊建在“工”字形台基中部，是连通南、北房的穿廊。共计三间，间宽与南、北房的当心间面阔（3.72
米）相同，进深三间6.32米，其中南间1.94、中间2.48、北间1.90米（图版4－1－19；图4－1－11）。柱廊
的柱础石共有四个，与南、北房当心间的柱础石相对成行。柱廊础石较别致，方形础座，边长54、厚约10厘
米，础石露在廊外的部分雕刻素覆盆，盆径50、唇厚5厘米，在廊内的部分则以木地栿内侧边线砍齐，只雕刻
出与柱子直径相等的（即28厘米）半圆形柱面（图版4－1－20：1）。柱廊两侧不砌墙，一律安装格子门，所
以在柱廊础石之间的铺地砖上遗留有地栿槽，槽宽8、深6厘米。同时在南房北门附近出土一批倒塌下来的格子
门（图版4－1－20：2）。柱廊内全部用方砖铺地，做法与南、北房中的铺地砖相同。

只在南、北房中遗有炕的痕迹，全为土坯实心炕。在南房的东明间内，顺北、东、南墙壁下围砌连接在一
起的三面炕，北炕与南炕宽50厘米，东炕宽约95厘米。北房西明间内的炕，形制与南房东明间内的炕相同。
北房东暗间内的前檐墙下有炕的痕迹，宽约45厘米，过门的北面遗有红烧土一堆，略呈长方形，东西长1.8、
宽0.7米。

2. 东厢房

东厢房台基，西距“工”字形台基1.9～5.5米。厢房台基矮于“工”字形台基，建筑质量也较差，房屋开
间进深小于“工”字形建筑房屋（图4－1－11）。

台基为长方形，南北残长16米，东西宽4.8米，高0.33米。西侧台壁保存较好，其他三面台壁均被破坏。

从西侧台壁看，台壁包砖有两种做法：一种是正面中心三间厢房下的台基，用长方砖平铺错缝顺砌台边，最上用长 45、宽 22、厚 5 厘米的特制砖压阑，台明宽 0.45 米。这段台基长 11.25 米，既整齐又美观（图版 4-1-21：1）。另一种是中心三间厢房以外南北两头的台基，台壁包砖仅砌一层侧立丁砖，台壁高仅 0.16 米，北头的台基还凸出中间的台基壁 0.10 米（图版 4-1-21：1）。从这种现象看，南北两头的台基与当中三间东厢房下的台基不是一次建成，两头的台基是后接建的，建筑质量也粗糙。

东厢房共五间。当中三间建筑质量较好，南北两头的房屋建筑质量较差。南北两头的房屋与当中三间房屋不相通，北头一间的屋门是向东开的。

当中三间东厢房为两明一暗，总面阔为 11.25 米，进深一间 3.9 米，其中当心间和南暗间均面阔 3.8 米，北次间面阔 3.65 米。屋门辟在当心间的前檐墙中，门已无存，但保存着用立砖砌成的门槛一条（图版 4-1-21：2），长 80、高 10 厘米。门槛南头遗存有木构门砧槽，长 40、宽 17 厘米。在当心间与南暗间的隔断墙中辟一室内过门，门下的铺地砖中横砌三块侧立条砖作为门槛，长 58、高 8 厘米。门槛西端留一缺口，宽 20 厘米，应为猫道。门框两侧的隔断墙头砌成"八"字形，与北房内暗间与明间之间的室内过门相同。在当心间与北次间之间用木隔扇间开，仅在铺地砖中保留一条地栿槽，残长 150、宽 8、深 6 厘米（图版 4-1-21：2）。

东厢房全为暗柱。前檐墙中保留着四个柱洞，后檐墙中仅存南北两头的柱洞（图版 4-1-22：1）。柱洞直径 20～25 厘米，柱洞下均放置一块扁平方形素面础石，边长 38 厘米。

东厢房前檐墙保存得较好，残高 0.49、厚 0.44 米。后檐墙中段被破坏，残高 0.28～0.46、厚 0.45 米。室内隔断墙残高 0.36、厚 0.46 米。墙的砌法大体相同：墙的隔减部分都用磨砖对缝砌法，隔减墙以上用土坯砌墙，土坯墙外抹黄土麦秸泥打底，然后又抹一层 1.5 厘米厚的白灰（室内一面）和青灰（室外一面）压光。室内均用方砖铺地。

在三间东厢房的南北两头各建一小间屋，但都不与东厢房相通。这两间残屋的进深皆为 3.9 米，面阔可能与东厢房同。北小间的屋门辟在东檐墙的南头，屋门是向东开的（图版 4-1-23）。门口宽 80 厘米，门槛用长 37、宽 22 厘米的条形石板和竖向平铺的大条砖（压阑砖）砌成，高 10 厘米。门槛南头留有猫道。在门槛内侧的屋地面，平铺一块长 60、宽 40、厚 5 厘米的踏脚石。门外北侧放两块叠压在一起的方青石，每块青石边长 45 厘米，其高度超过门槛。在室内靠南面隔断墙下，用六层小条砖支垫起一块长 143、宽 50 厘米的条石桌，条石桌前又平铺一块长 90、宽 32 厘米的条石作为凳子用。条石桌下遗有许多牛、马、猪、狗等兽骨残骸。

后建的北小间仅留前、后檐墙，北山墙已被破坏，南山墙即是东厢房的北山墙。从前、后檐墙看，其砌法比原建东厢房的墙壁粗糙，隔减墙是用条砖平铺错缝顺砌，而不是用磨砖对缝砌法，隔减墙高 0.30 米，隔减墙以上用土坯垒墙，土坯墙的砌法同东厢房的土坯墙。屋内地面全用小条砖铺砌，基本是一横一竖交替平铺，但比较散乱，不如东厢房的方砖铺地讲究。后建的南小屋保存得更差，仅存前、后檐墙的很少部分（图版 4-1-24）。屋内未铺砖墁地，更加简陋。从南、北两小间的建筑粗糙看，与东厢房不一致，南、北小间是后接建的房屋，可能为佣人的住房。

三间东厢房内都有炕，形式有实心炕和火炕两种。

当心间屋内有后檐炕，因后檐墙已被破坏，炕也仅残留前脸砖和底部。炕残长 280、宽 95、残高 20 厘米。西南角有前檐炕，长 85、宽 50、残高 40 厘米。为土坯实心炕，炕前脸用条砖包砌。

南暗间内靠东、西、南三面墙下围砌砖炕（图版 4-1-24：1），三面炕连接在一起，除东面（后檐）炕为火炕外，其余均为实心炕。南炕宽 44 厘米，西炕宽 62 厘米，残高均为 20 厘米。东（后檐）炕宽 86、高 40 厘米，仅保留炕南头一小段，其形制与东厢房北次间的火炕相同。

在北次间内靠西、北两面墙下砌连通的火炕，北炕东西长 348、宽 107、高 40 厘米，西炕南北长 240、宽 62、高 40 厘米，两炕结构相同。以北炕为例（图版 4-1-22：2）：炕前脸先用条砖平铺错缝顺砌两层，其上砌侧立条砖一层，在这层砖偏西处留一长方形火口，宽 20、高 15 厘米，火口直通炕心内。侧立砖上又平铺顺砌两层土坯，最上面平铺炕面砖。炕面用条砖东西向平铺三行，炕东头有部分铺砖面被破坏。从炕脸前的火口向炕心内砌有火膛，长 48、宽 20、高 11 厘米。火膛两侧顺炕方向砌三条沟槽状烟道，每条烟道宽 19、深 4.5 厘米，烟道尽端之间都留有 4~5 厘米宽的空隙，使每条烟道相互勾通。烟道在通向西炕时减为两条，西炕没有火口、火膛，烟火是从北面火炕中顺烟道传入西炕内的。北、西炕都未发现烟囱结构，这种火炕只为冬季烧火（可能为木柴）取暖用。

后建的北小间屋内，靠北山墙下砌有火炕及灶，灶与火炕相连通（图版 4-1-23）。炕东西长 230、宽 122、高 40 厘米。灶位于炕前东端，长 80、宽 70、高 31 厘米，灶膛与炕内烟道相通。这种火炕形式在元大都一般居住遗址中是很普遍的，如西绦胡同三号居住遗址发现的十几座火炕都是这种形式。

南小间屋内，靠东北墙角有一南北向炕，残长 120、宽 85、残高 30 厘米。

3. 西厢房

西厢房三间，位于"工"字形建筑的西侧。保存得比较完整，只有北次间被破坏（图版 4-1-25：1；图 4-1-11）

台基为长方形，南北长 12.8 米，东西宽 6.45 米，高 0.35 米。砖砌台基，平地起建，台心内填土夯实。台面边缘用长 45、宽 22、厚 5.5 厘米的特制大条砖压阑，台角的砌法与"工"字形台基的台角砌法相同。前、后檐台明宽 0.64 米，南、北侧台明宽 0.55 米。围绕台基壁的四周，铺垫一层碎砖渣加白灰夯筑成的硬地面，起散水作用（图版 4-1-25：2），这与"工"字形台基周围的地面结构相同。

三间西厢房建在砖筑的台基之上，为二明一暗的开间。当心间的面阔 3.76 米，北次间和南暗间的面阔均为 3.67 米，进深皆 4.65 米。西厢房的屋门开在当心间的前檐处，门下的铺地砖中保留着很完整的地栿槽，长 307、宽 8、深 6 厘米，地栿槽两端顶在当心间的两侧础石上（图版 4-1-26：1）。屋内当心间与南暗间之间用砖墙隔开，在隔墙上辟一室内过门（图版 4-1-26：2），并遗留一扇小板门。发掘时板门、立颊和门额均倒在明间的砖地上（图版 4-1-27、4-1-28：1），木门的遗迹很清楚，门额上安着两枚花形门簪。门下铺地砖中留有完整的地栿槽，长 108、宽 10、深 6 厘米。

西厢房只残存五个石柱础，前檐有三个，后檐有两个。前檐都为明柱，其中两个为当心间的挟门柱，一个为角柱。后檐一个为角柱（图版 4-1-29：1），另一个为暗柱（图版 4-1-28：2）。柱径一般为 30 厘米。石柱础可分两种形制，一种为明柱础石，础基为方形，边长 64、厚 20 厘米，其上凿刻低矮的覆盆，盆径 53、唇厚 5 厘米；另一种为暗柱础石，由于被包在墙内，所以多用略加凿平的方石为础，边长约 60、厚 20 厘米，不加任何雕饰。

西厢房残存前、后檐墙以及南山墙、室内隔断墙，都为墙的隔减部分，全为磨砖对缝砌法砌筑。其中以南山墙保存最好，墙厚 0.49、残高 0.62 米，共砌 14 层条砖，最上一层砖外沿压边起混（图版 4-1-29：2；图 4-1-13），墙端头呈"八"字形，与该遗址常见的转角抱柱墙的砌法相同。室内隔断墙厚 0.39 米，门两侧墙壁的砌法，与北房内隔断墙的室内过门墙壁砌法相同。三间西厢房内均用方砖墁地，与北房铺地砖的做法相同。

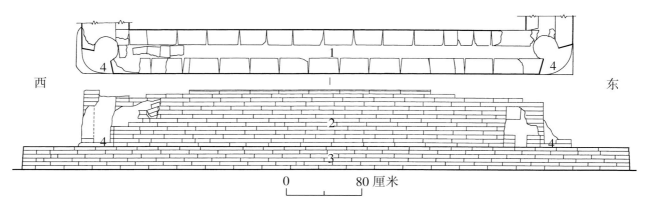

图 4 - 1 - 13　后英房居住遗址东院西厢房南山墙砌法
1. 墙平面　2. 墙立面　3. 台基壁　4. 柱础石

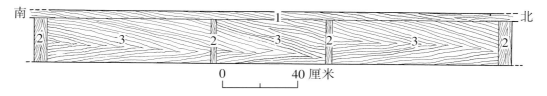

图 4 - 1 - 14　后英房居住遗址东院西厢房暗间西炕炕脸里面木结构图
1. 木炕沿　2. 楗柱　3. 木板（所有木结构均已腐朽，但木纹印在炕壁上）

三间西厢房内都有炕的设置。当心间顺后檐墙下以及北次间靠前檐墙下有土坯实心炕，宽50、高28厘米，炕北段均已残。南暗间炕保存得很完整，靠东、南、西三面墙壁下围砌土坯炕（图版4 - 1 - 26：2、4 - 1 - 30），东炕宽50厘米，南炕宽72厘米，西炕宽104厘米，炕高28厘米，三面炕结构相同。以西炕的做法为例：用侧立的土坯实砌，炕面上先用麦秸和黄泥抹平，然后再抹一层青灰压光，炕前脸全部安装木板，炕沿镶宽4.5厘米的通长木条，木条下立四根方形楗柱，两侧楗柱宽7厘米，当中两根楗柱宽3.5厘米（图4 - 1 - 14）。楗柱立于铺砖地面上，上承木炕沿，并以铁钉钉固在木炕沿上。

4. 院中其他建筑

踏道与台阶　东院内共有一个踏道和三个台阶。在北房台基的东南角和西南角各设一个台阶。东南角是用方砖砌成的两层台阶，第一层高10厘米，第二层高28厘米，台阶宽85厘米（图版4 - 1 - 31：1），踏道第一层下与东厢房前的南北向露道相接。西南角是用砖砌成的一层台阶，高19、宽85厘米（图版4 - 1 - 31：2），台阶下与西厢房前的南北向露道相接。第三处台阶在东厢房当心间前的台基下，是用三块方砖砌成的一层台阶（图版4 - 1 - 32）。踏道设在西厢房当心间前的台基下，宽85、深50、高36厘米，两层，用方砖砌成，副子长52、宽30厘米，踏道两侧用砖砌，有两层象眼，每层象眼内收3厘米，采用束腰叠涩法砌（图版4 - 1 - 33、4 - 1 - 34：1），踏道下与房前的露道相接，踏道第一层与露道面平齐。

露道　东院内有两条露道，位于东、西厢房与"工"字形建筑之间，皆南北向，纵贯全院。两条露道向南分别通向东南和西南两座角门，是对称建筑，南北长约11米，东西宽1米，高0.05米。露道是用小条砖，以一排竖砖一排横砖相间平铺而成，路面略呈弧形。露道两边各侧立砌两砖为线（图版4 - 1 - 32、4 - 1 - 33）。东侧露道近南端砌有东西向排水明沟，宽15厘米（图版4 - 1 - 34：2）。

角门　位于东院东南和西南两侧。东南角门尚存有西侧门砧（图版4 - 1 - 34：2），长30、宽37、残高26厘米。门砧用并排的条砖砌成。西南角门外有两条残露道，一条向南与主院东角门外的露道相接，一条顺工字形（南房）台基南侧向东延伸。向南的露道上有一口倒置的大铁锅和一件石杵，紧靠在西南角门外的南北向院墙旁（图版4 - 1 - 34：3）。

院墙　东院内残存一道北院墙，位于北房的东北角与东厢房之间。按对称原则，西北角上也应砌有围墙。推测在东南与西南的角门两侧也应砌有院墙，这样东院就是一个封闭式的院落。

（三）西院

西院比东院小，保存得也不如东院完整。西院绝大部分建筑被破坏，仅残存北房台基、月台、踏道和露道（图版 4-1-35；图 4-1-2）。

1. 北房

北房台基仅残留东南一角，东西残长 4.07 米，残宽 2.2 米，高 0.545 米。西院台基比主院大台基低，结构与主院大台基相同。由平面看，西院台基的东南角与主院大台基的西北角紧紧相连并互相错入，都缺了角石的部分（图版 4-1-35；图 4-1-2）。由立面看，西院台基与主院大台基之间用砖砌有一条暗沟，由台基下南北穿过（图版 4-1-35：1、4-1-36），沟眼高 22、宽 14 厘米，暗沟南端接露道排水沟。由暗沟结构（经解剖暗沟后）可以看出（图 4-1-15），西院北房台基东侧原有完整的台基壁，主院大台基西侧也有完

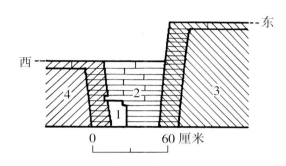

图 4-1-15　后英房居住遗址主院正房与西院北房台基之间的暗沟横剖面图
1. 暗沟　2. 台基之间填砌的砖　3. 主院北房台基　4. 西院北房台基

整的台基壁，两台基相距 0.40 米，是不相连的两座独立台基（图版 4-1-36：1），后利用这条 0.40 米宽的空隙改砌一条暗沟道：首先用条砖紧靠主院大台基西壁下，以丁砖顺砌五层砖高 28 厘米，作为暗沟的东壁，暗沟西壁即是西院北房台基的东壁，暗沟宽仅有 14 厘米，暗沟上面平铺条砖作为盖板，条砖的东端架在沟东壁上，条砖的西端插在西院北房台基东侧台壁的凹槽中。这条凹槽高 22 厘米，与沟东壁平齐，是后凿成的。沟的盖板以上用条砖层层平铺，至台面改用特制大条砖压阑，把平面的接缝（暗沟与台基之间）处盖住，但从台基南侧壁面上还能看出竖直的接缝（图版 4-1-36：2）。

月台位于台基前正中，呈长方形，东西长 5.71 米，南北宽 3.26 米，高 0.515 米，略低于台基（图版 4-1-35、4-1-37：1）。月台的结构同主院大台基。月台的东南、西南两角各摆放一狮子角石，角石基座为方形，边长 54 厘米，角石通高 30 厘米。两狮对视，形象生动。这两块角石未砌在月台之内，很可能是从别处暂时移置于此的。

台基之上的北房仅残存东南墙角，有角柱础石，方形，边长 61、厚 15 厘米，础面为素覆盆，直径 56 厘米，上有木柱痕，直径 40 厘米。柱础下有夯筑的基础坑（磉墩），与主院北房柱础下的结构相同，只是基础坑略小，坑口呈方形，边长 1、坑深 0.68 米，共夯筑三层。北房东山墙残长 0.90、厚 0.37 米，前檐墙残长 1.3、厚 0.43 米。室内方砖铺地。墙和铺地砖的砌法与主院北房相同。

2. 院内其他建筑

踏道　位于月台南侧正中及东侧（相对应的西侧亦应有踏道，已被破坏未留遗迹）各砌有一踏道，踏道下都与露道相接。这两处踏道结构基本相同。南踏道宽 105、高 52、深 65 厘米，仅一层，深 30、高 10 厘米（图版 4-1-35、4-1-37：1）。东踏道宽 147、高 51、深 87.5 厘米，两层，每层深 29、高 10 厘米。每层踏道由三块方砖砌成，副子用长条砖平、侧铺砌拼成（图版 4-1-37）。东踏道北侧副子贴于北房台基壁；南侧副子下有砖砌象眼，为束腰叠涩砌法，象眼内收三层，每层内收 3 厘米（图版 4-1-37：3；图 4-1-16）。

露道　南踏道下接院中一条南北向露道，露道残长 1.3、宽 1.6、高 0.25 米，露道砌法与主院踏道下的露

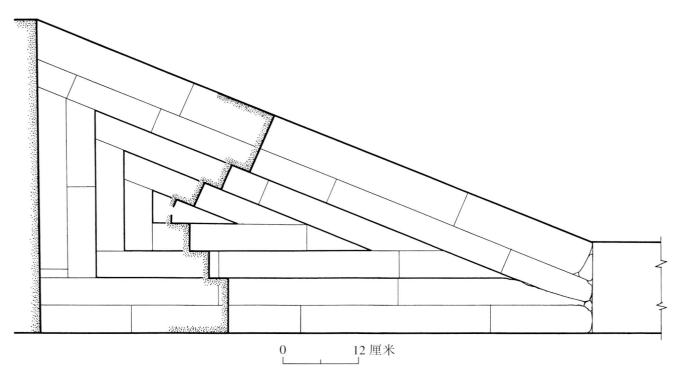

图 4 - 1 - 16　后英房居住遗址西院台基东踏道南侧象眼立面、剖面图

道砌法相同。东踏道下接东西向矮露道，露道向东直抵在主院北房大台基下，北侧紧贴西院北房台基，南侧立砌两砖为线，道面用小条砖一横一竖交错平铺（图版 4 - 1 - 35、4 - 1 - 37：1）。

院墙　院子西北及南部已被破坏，仅残存东南角一段院墙。这段院墙自主院西角门外北侧起，向西伸展 2.3 米残断，墙厚 0.49、残高 0.95 米。墙下砌有排水沟眼，高 22、宽 14 厘米（图版 4 - 1 - 35：1）。墙的砌法与主院的院墙砌法相同。

三　建筑构件

后英房居住遗址中出土了大量的屋顶瓦件和脊饰，还有一些门窗痕迹及零散的木构件。它们都是在明初建北京北城墙拆毁房屋时被原地填入城基内的，因经夯筑，多数已破损。木构件等已朽为木灰，发掘时做了细致的清理才重现原状。现分述如下：

（一）瓦

屋顶瓦件脊饰绝大部分出于院落当中，堆积于台基周围，厚 1 米左右。一般较大的板瓦、华头筒瓦、脊兽残件等均在正房周围出土，小型华头筒瓦、瓦当等则出于院内围墙及角门附近。都为泥质胎，灰色。模制，瓦凹面有布纹。板瓦为四分之一圆，筒瓦为二分之一圆。瓦当、滴水为单模印制。

素面板瓦　YH72：122，长 30、宽 17～19、厚 2 厘米，瓦前接口处作抹坡状（图版 4 - 1 - 38：1）。

滴水板瓦　YH72：123，宽 11.5 厘米，上有对称花卉纹（图版 4 - 1 - 38：4；图 4 - 1 - 17：1）。YH72：124，宽 9 厘米，上有荷花纹（图版 4 - 1 - 38：5；图 4 - 1 - 17：2）。YH72：125，宽 12 厘米，上有回首凤鸟纹（图版 4 - 1 - 38：6；图 4 - 1 - 17：3）。

重唇板瓦　瓦头呈弧面，都印有不同形式的绳索纹。YH72：146，长 29、宽 16～22 厘米，瓦头宽 5、厚 2 厘米（图 4 - 1 - 18：1）。YH72：145，宽 18～23.5 厘米（图 4 - 1 - 18：2）。YH72：147，宽 22 厘米（图版 4 - 1 - 38：2；图 4 - 1 - 18：3）。

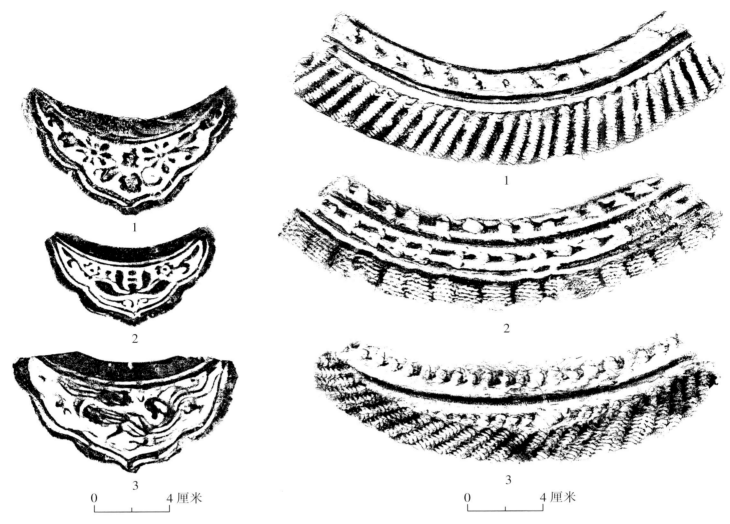

图4-1-17　后英房居住遗址出土滴水板瓦拓片
1. 花卉纹滴水（YH72：123）　2. 荷花纹滴水（YH72：124）
3. 凤鸟纹滴水（YH72：125）

图4-1-18　后英房居住遗址出土重唇板瓦瓦头拓片
1. YH72：146　2. YH72：145　3. YH72：147

筒瓦　素面筒瓦，有大小两种。YH72：148，长23.5、宽11.5、厚2厘米（图版4-1-38：3左）。YH72：149，长12.5、宽7厘米（图版4-1-38：3右）。华头筒瓦，也有大小两种。大者长29、宽12、厚2厘米，形状与YHE72：21相同。小者YH72：150，长19.5、宽7、厚1.5厘米。瓦筒作半圆形，布纹模制，瓦筒与瓦当相接处为手工粘连，接口处有明显手抹痕迹，小者瓦筒尾部留有梯形挂瓦钉。

兽面纹瓦当　形状基本相同，细部变化多样。YH72：151，直径11厘米，纹饰低平（图版4-1-39：1）。YH72：152①，直径6.5、边廓宽1厘米，兽面凸起（图版4-1-39：2）。YH72：152③，直径11厘米，兽面同YH72：152①（图4-1-19：1）。YH72：152②，直径6、边廓宽0.5厘米，双眼凸起，周边刻串珠纹（图版4-1-39：3；图4-1-19：2）。

凤鸟纹瓦当　YH72：153①，直径10.5厘米，边廓约占瓦当半径的五分之二（图版4-1-39：4）。YH72：153②，形式同YH72：153①（图4-1-19：3）。

花草纹瓦当　YH72：154，直径9、边廓宽1.5厘米，中心刻牡丹花纹（图版4-1-39：5；图4-1-19：4）。YH72：162，直径6.6、边廓宽0.5厘米，瓦当中心刻菊花（图版4-1-39：6中；图4-1-19：6）。YH72：155，直径6.5厘米，内刻菊花纹，周边刻棱线（图版4-1-39：6右）。YH72：156，边廓宽0.8厘米，瓦当中心刻以牡丹花，周边刻双棱线（图版4-1-39：6左；图4-1-19：5）。

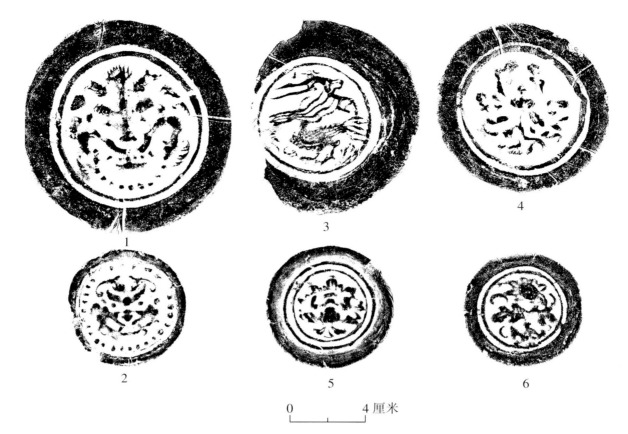

图 4 - 1 - 19 后英房居住遗址出土瓦当拓片
1、2. 兽面纹瓦当（YH72：152③、152②）　3. 凤鸟纹瓦当（YH72：153②）　4～6. 花草纹瓦当（YH72：154、156、162）

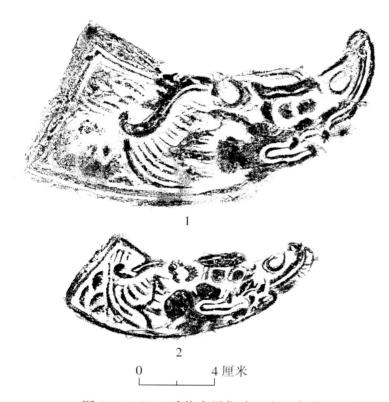

图 4 - 1 - 20　后英房居住遗址出土套兽拓片
1. YH72：157　2. YH72：158

（二）脊饰

套兽　大小两种。YH72：157，长 15、高 10.5、宽 10 厘米（图版 4 - 1 - 40：1；图 4 - 1 - 20：1）。YH72：158，长 10、高 5.5、宽 4 厘米。上述两种皆为泥质胎，灰色。双模合制，套兽的尾部皆有对穿小圆孔并穿有铁钉（图版 4 - 1 - 40：2；图 4 - 1 - 20：2）。

脊兽　大小两种，皆为泥质胎，青灰色，上有铁钉。YH72：27，高 36、宽 15、厚 22 厘米（参见图版 4 - 13 - 8：2）。

凤鸟形走兽　2 件。完整，皆为泥质胎，灰色，双模合制。YH72：160①、②，高 26、宽 16～18 厘米（图版 4 - 1 - 40：3）。

迦陵频伽　YH72：161，高 30、宽 16 厘米，泥质灰陶，形状同 YHF72：23（参见图版 4 - 11 - 2：1）。

（三）门窗

1. 格子门

东院东厢房台基之上出土格子门一扇（彩版一：1；图版 4 - 1 - 41：1；图 4 - 1 - 21：2），高 237、宽 70 厘米，程及边框均宽 7 厘米。门之四拐角外装搏肘，高 6 厘米。格眼高 134 厘米，用 2.5 厘米宽、中间出单线混面的木条组成四直方格眼图案。格眼用外宽 3 厘米的木条作子桯，格眼下双腰串隔出腰华板及障水板，障水板下再用双腰串隔出锭脚板。腰串宽 7 厘米，腰华板高 12 厘米，障水板高 44 厘米，锭脚板高 12 厘米。门的边框、桯及腰串的混作压边起混出三线。四桯拐角处作 45 度的拐角尖插交入榫。腰串处作撮尖形式，内口在边框上留飘尖，这样腰串插入榫卯后，既美观又结实。格子门外髹黑漆。

东院柱廊发现并排两扇格子门（彩版一：2；图版 4-1-41：2、4-1-42：1）。其形制与上述格子门基本相同，唯一的不同之处，是在门的双腰串处装有条形的铜看叶（彩版一：3；图版 4-1-42：1）。一扇格子门已残，仅留下双腰串及边框残段。另一扇格子门，高 237、宽 75 厘米，桯及边框均宽 7 厘米，并以七枚铁钉钉于门上。门搏肘高 13 厘米。中部用双腰串将门分为上下两部分，上部为格眼，高 132 厘米，用 1.5 厘米宽的中间出单线条桱组成四直方格眼图案，格眼四边装宽 2 厘米的子桯作框，格眼以下结构与上述格子门相同。腰串宽 7 厘米，腰华板高 12 厘米，障水板高 43 厘米，锭脚板高 12 厘米。边框、桯及腰串皆作压边通混。四桯拐角处作 45 度的拐角尖榫插入卯口，腰串与桯交接处为子母口直插榫（图 4-1-21：1 上）。在不安搏肘的边框和双腰串处用小铜钉钉条形铜看叶，长 73、宽 7 厘米，两端作燕尾式，燕尾中间夹有云头如意图案，看叶两侧錾鈒出极细的缠枝蔓草纹，看叶中部与双腰串垂直部位安一枚直径 7 厘米的铜制海棠曲线形钮头圈子（图版 4-1-43：1）。圈下 17 厘米处安一枚长 9、宽 6 厘米的铜制菱形闩座，座正中镶嵌铁闩鼻（图版 4-1-43：2；图 4-1-21：1 上）。此格子门外亦涂黑漆。

另有格子门一扇，与上述格子门同时出土。样式与上述格子门相同，但该格子门边框、桯及腰串的混面均作压边起混出单线，边框及腰串之间未装饰铜看叶。门宽 70 厘米（图版 4-1-42：2；图 4-1-21：1 下）。

除以上较完整的方格眼的格子门外，还出土一些残件。如：

龟背纹三角格眼残片 2 件，出土于东院：一件残留边框及龟背纹三角格眼，残长 80、残宽 34 厘米，边框宽 7 厘米，桯内另装子桯，边宽 2 厘米，桯内用 1.5 厘米宽的通混起单线条桱组成"米"字形格眼（图 4-1-21：3）；另一残件亦为龟背纹三角格眼，其中部用双腰串将窗格分为上下两截，上截残长 21、下截残长 20 厘米，中部双腰串宽 7 厘米，作压边起混出三线，腰串之间不装腰华板而仍用宽 1.5 厘米、中间混面起单线的木条组成龟背纹三角格眼（图 4-1-21：4）。

格子门边桯残框 2 件。一件长 70.5、宽 7 厘米。另一件长 75、宽 7 厘米，腰串长 15 厘米。桯及腰串作压边起混出三线，腰串处作撮尖，内口在桯上留有飘尖。出土时桯及双腰串处双面用小铜钉钉条形的铜看叶，一面长 70、宽 7 厘米，另一面长 75、宽 7 厘米，腰串上的看叶均长 15 厘米，看叶末端皆作燕尾式，燕尾中间夹有云头如意图案，看叶正中压混出单线，两侧錾鈒出极细的缠枝梅花纹（图 4-1-22：1~3）。在边框和双腰串的撮尖分别镶嵌铜制的菱花形闩座和钮头圈子。

边框残段 1 件。残长 30、宽 6 厘米，边框遗有铜看叶片，其上花纹与上述铜看叶相同。

在西院板门下叠压着格子门一扇，因槽朽过甚只遗留部分铜看叶，尚能看出形状及花纹的有六片，长 8~22 厘米不等，宽均为 7 厘米，两边以小铜钉钉嵌，中间压混线，两侧錾鈒出缠枝牡丹花纹，有的看叶还保留着完整的云头燕尾图案（图 4-1-22：4、5）。同时出土的还有铜制的菱形闩座及钮头圈子各一件。闩座为菱花形花瓣式，长 9、宽 6 厘米，正中留有方孔，孔内残存铁质痕迹。铜钮头圈子直径 6 厘米，圈上遗有铁钉。另外，有的格子门格眼上糊着木刻印本的书页，纸已朽烂，但字却印在泥土上（图 4-1-23）。

此外还出有铜饰件 14 件。花边铜饰片 5 件。其中一件为圆形，直径 3 厘米，可能为门轴箍（图版 4-1-43：3）。YH72：136，长 7、宽 4 厘米，上、下各有四枚铜钉，钉帽直径 0.5、长 1~2.5 厘米。零散出土的铜闩座、钮头圈子共 9 件，闩座形式与格子门上的闩座相同。

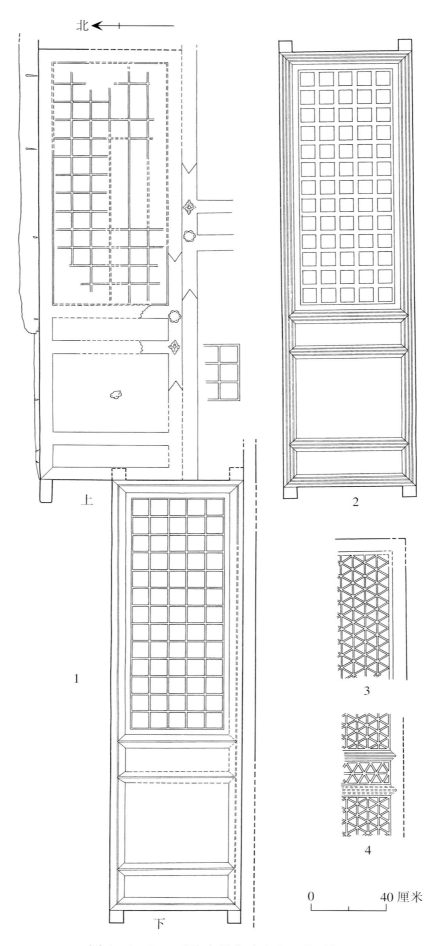

图4-1-21 后英房居住遗址出土格子门

1. 东院柱廊的格子门（上：带铜看叶的格子门；下：不带铜看叶的格子门）

2. 东院东厢房的格子门　3、4. 龟背纹三角格眼的格子门残段

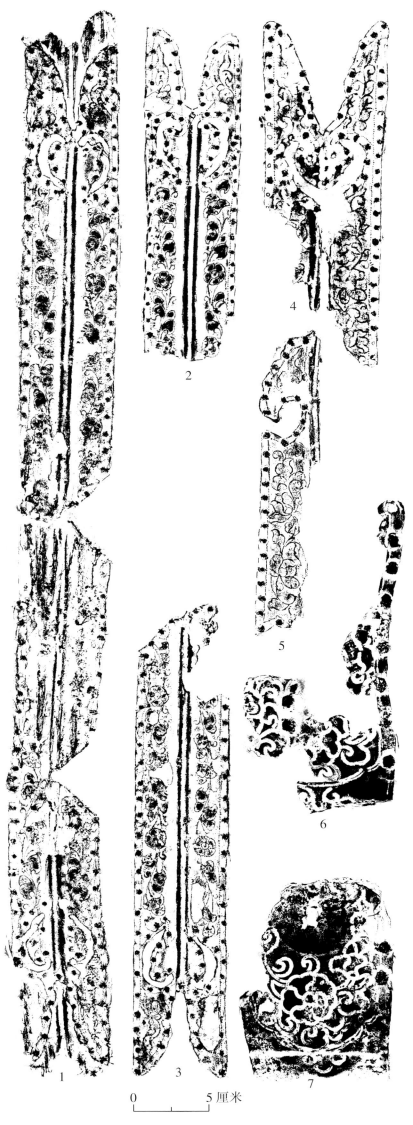

图 4 – 1 – 22 后英房居住遗址出土格子门上的铜看叶及板门铜包角拓片

1～5. 格子门上的铜看叶花纹 6、7. 板门上的铜包角

0   5 厘米

图 4 - 1 - 23　后英房居住遗址出土格子门格眼所糊书页痕迹

2. 铜钉板门

铜钉板门　共有三扇。一扇在西院露道发现，因槽朽残破只保留门的下半部。另外两扇板门皆出于东院北房南侧的台基下，痕迹完整清楚，形制相同，出土时门面朝下（图版 4 - 1 - 44）。门高 198、宽 70 厘米，肘板高 218 厘米，上镶长 10、直径 5 厘米，下镶长 6、直径 5 厘米，副肘板厚 15、宽 6 厘米。门面用五块身口板拼成，门背后用四楅，楅宽 6 厘米，门正面缘楅钉四路铜门钉，每路五钉，钉帽作圆泡形，直径 6、高 3.4 厘米，钉帽内铸有铁钉穿于门板，保存较好的铁钉残长 3 厘米。自上数第一路门钉靠近肘板的两个钉子下安铜包角，长 38、宽 15 厘米，包角上鈒出牡丹花纹。第二路门钉下安铜制兽面衔环铺首，直径 14.5 厘米，边作海棠花瓣式，铺首兽面呈圆弧面外凸状，嘴角下衔带式平雕梅花门环，沿铺首的曲线边的垂尖处铸四孔，孔内有铁钉，在门环底下有月牙形平雕云纹环垫。第四路门钉靠近肘板处减两钉。门板涂抹红漆，边框施蓝色。从残留的漆片观察，在涂油漆前先铺了一层稀疏的麻布做底子，麻布上加上一层血料，然后涂漆。

西院出土的板门与上述板门形制结构相同，门宽 75 厘米、残高 160 厘米，上镶长 6 厘米。门面朝下扣于夯土之中。门背后残留三楅，楅宽 6 厘米，门正面缘楅钉铜门钉，每路五钉，每路相距 48 厘米。自上数第一路门钉靠近肘板的钉下安铜包角，残长 24、宽 10 厘米，包角上鈒出精致的双勾缠枝花卉（图 4 - 1 - 22：6、7）。它将肘板及背后的门楅包裹，边沿钉以小铜钉。门的上镶套有一个 3 厘米宽的铜箍（图版 4 - 1 - 43：3 左）。

铁钉板门　1 扇。高 198、宽 70 厘米，门之四角各出 3 厘米长的上、下镶。门面用四块身口板拼成，板宽 20、18、20.5、12 厘米不等，门背后用四楅，楅宽 6 厘米，门面缘楅钉四路铁门钉，每路五钉，平头钉帽直径 2.5~3 厘米。自上数第二路门钉下凿长方形小孔，孔长 3、宽 1 厘米。该门制法与结构较为简单（图 4 - 1 - 24：1）。

另外，东院西厢房南暗间过门处出土一件门框（图版 4 - 1 - 27、4 - 1 - 28：1）。门框高 210、宽 93 厘米，立颊高 162、宽 14 厘米。上额枋宽 19 厘米，门额宽 14 厘米，门额正面安两枚三角形铁门簪花。地栿高 15 厘米。门立颊的内侧及门额框起阳文框线，立颊外侧安 16 厘米宽的薄板，板外又安 5 厘米宽的木框（图 4 - 1 - 24：2）。

3. 直棂窗

1 件。出土于东院厢房内。高 51、宽 186 厘米，桯宽 7 厘米。上桯压边起混，两桯之间立直棂方子 15 根，每根宽 5 厘米，棂与桯均凿子母口直插入榫（图版 4 - 1 - 45：1；图 4 - 1 - 24：3）。

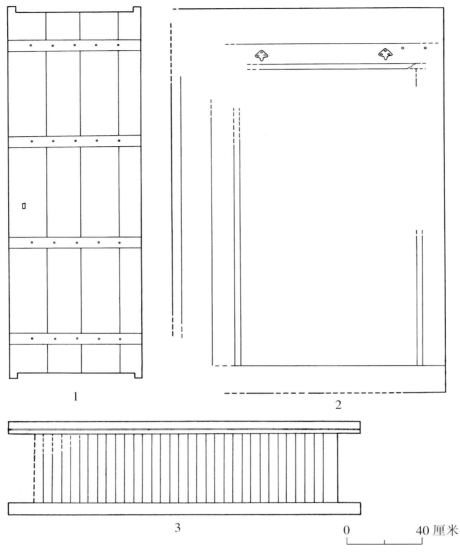

图 4－1－24 后英房居住遗址出土木门窗
1. 板门 2. 东院西厢房内过门门框 3. 直棂窗

（四）木构件

圆檩 共发现 4 根。并排出土于主院北房东侧的台基上，由北向南排列。第一根长 240、直径 17 厘米，倒向西侧的头部凿长方形榫口，长 17、宽 7 厘米。第二根长 418、直径 18 厘米，檩上钉有 10 枚铁钉。在这根圆檩南侧 50 厘米处有两根圆木，长 300 厘米左右，未作榫卯结构。

额枋 1 根。与上述圆木并排出土。长 350、宽 28 厘米。枋心以蓝、绿、墨三彩绘一整二破璇花（图 4－1－25：1）。

梁架 在东院发现有梁架残迹，残长 185、宽 39 厘米。头部砍作蚂蚱头，长 22、宽 20 厘米，榫口宽 10、深 5 厘米。头部用灰、白、黑三色彩绘盒子枋心，藻头部分绘一整二破璇花。出土时颜色清晰可辨（图版 4－1－45：2；图 4－1－25：2、3）。

阑额 1 件。残长 123、宽 32 厘米。额枋前端开长方形榫，榫长 18、宽 12 厘米。

搏风头 1 件。残长 85、宽 30、厚 10 厘米。头部砍作菊花形。

转角攀间 1 件。残长 100、宽 18、厚 6 厘米。箍头作蚂蚱头式，长 28、宽 18 厘米。卯口宽 8、深 6 厘米。枋心绘彩画已残缺，彩画颜色鲜艳。箍头中间画盒子，内画一朵璇花，藻头中间枋心画一整二破的璇花。

图4-1-25　后英房居住遗址出土额枋及梁架上的彩绘花纹
1. 额枋彩绘　2、3. 梁架彩绘

四　出土遗物

大部分遗物出土于主院和东院的居室内，杂乱地散置于屋内地面上，少量大件器物被遗弃在院内。从出土遗物散乱现象分析，明朝拆房修筑北城墙，时间紧迫而仓促，许多物件来不及搬运，被散乱丢弃在屋内外。如正屋及东挟屋内，有"曲令"墨书纸残迹、百余颗玛瑙围棋子、刻"元章"款紫端石砚和一些文玩物品等（图版4-1-6：1；图4-1-26）。主院高露道西侧，有堆放在一起的倒置水缸、石莲花洗子和狮子角石（图版4-1-10：1）；东院内发现有铁炉子（图版4-1-46）、白釉黑彩四耳大瓶和带有"内府"字样的经瓶等。

（一）生活用具

生活用具有瓷器、石器和漆器。其中瓷器最多，石器和漆器很少。

1. 瓷器

大部分瓷器是龙泉窑系和景德镇窑系的产品，器形有盘、碗、灯、碟、罐等，在堆积层中还出土有同类型的大量瓷片。另外，还有钧窑系、磁州窑系和霍窑的瓷器和瓷片，但出土数量很少。复原的完整器物如下：

青花盘　1件。景德镇窑系。YH72：1，高1.8、口径16.4、底径13.5、腹深1.6厘米。折沿作八瓣葵花形，浅腹。细白薄胎，厚仅1～2毫米，釉色白中泛青。釉下以青花料绘松、竹、梅图案（彩版一三：1；

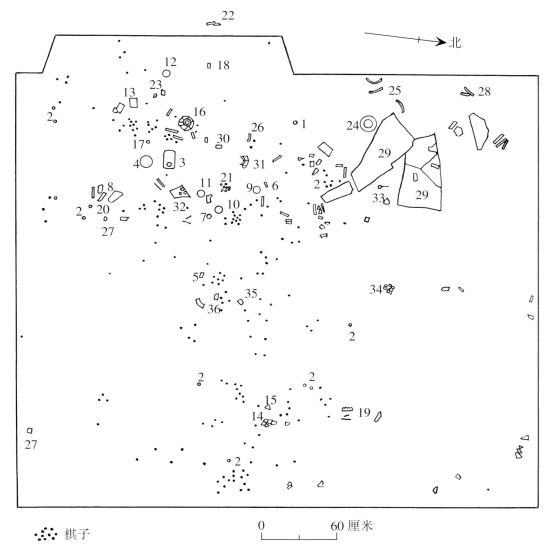

图 4 -1 -26　后英房居住遗址主院正房东挟屋的遗物

1. 铅铊　2. 蓝白珠　3. 石斧　4. 汉白玉座　5. 试金石　6. 珊瑚　7. 铜钱　8. 骨生物化石　9～12. 瓷器盖　13. 石砚台　14、15. 青花瓷片
16. 瓷盘　7. 金叶片　18. 玉管　19、20、22. 骨片　21. 石珠　23. 贝珠一串　24. 镂孔铜片　25. 铜条　26. 铜鼎腿　27. 骨器　28. 兽骨
29. 石板　30. 玛瑙石　31、32、35、36. 石笼屉　33. 残铜器　34. 贝

图版 4 -1 -47；图 4 -1 -27：1）。

青白釉盘　1 件。景德镇窑系。YH72：92，高 3.4、口径 19、足径 11.5 厘米。圆唇敞口，浅腹，盘心略凹，大圈足。白胎，影青釉，釉面有裂纹。盘心印云龙纹，内壁印缠枝花卉纹（图版 4 -1 -48：1；图 4 -1 -27：2）。

枢府釉盘　1 件。景德镇窑系。YH72：131，高 5、口径 18.5、足径 6 厘米。白胎，卵白釉。盘内印缠枝花卉。器形与 YG73F5：11（参见图版 4 -8 -28：1）相同（图版 4 -1 -48：2）。

青釉盘　2 件。龙泉窑系。YH72：15，高 6、口径 34、足径 16 厘米。平折沿作葵花形，盘心略凸，矮圈足。灰白胎，黄绿釉。盘心印牡丹花（图版 4 -1 -49；图 4 -1 -27：3）。另一件为残片，器形特别大，盘内饰海水、梅花和露胎流云花纹。

青灰釉盘　1 件。YH65：66，高 1.5、口径 16 厘米。方唇，直壁浅腹，盘心略凸，平底。褐色胎，仅盘内底有青灰釉（图版 4 -1 -48：3；图 4 -1 -27：4）。

黑白釉盘　2 件。磁州窑系。YH65：67，高 3、口径 14.3、足径 6 厘米。器形与 YG72：68②（参见图版 4 -7 -15：1）相同。YH65：65，高 4、口径 14、足径 6 厘米，器形与 YG73F9：4（参见图版 4 -8 -30：1）相同。

图 4 - 1 - 27　后英房居住遗址出土瓷器

1. 青花盘（YH72：1）　2. 青白釉盘（YH72：92）　3. 青釉盘（YH72：15）　4. 青灰釉盘（YH65：66）　5. 青釉盏托（YH72：59）
6. 白釉小碗（YH65：71）　7. 白釉高足碗（YH65：70）

　　青釉盏托　1件。龙泉窑系。YH72：59，高4、口径19、足径6.8厘米。盘形，方唇板沿，盘心下凹成碗形，矮圈足。灰白胎，青灰釉（图版4-1-48：6；图4-1-27：5）。

　　枢府釉折腹碗　1件。景德镇窑系。YH65：68，高3.5、口径4.6厘米。器形与YG72：62（参见图版4-7-11：1）相同。

钧釉碗　1件。属钧窑系。YH72：7，高8、口径19、足径7厘米。器形与 J：218（参见图版4-13-24：3）相同。黑灰胎，天蓝釉较灰，外壁釉不到底。

白釉小碗　1件。霍窑产品。YH65：71，高3.5、口径9.2、足径3.5厘米。敞口外侈，弧壁，小圈足。白胎较薄，牙白釉，外壁釉不到底（图版4-1-48：4；图4-1-27：6）。

青釉高足碗　1件。龙泉窑系。YH65：96①，通高8.7、口径11.5、足高4厘米。器形与YG72：39（参见图版4-7-13：3）相同。

白釉高足碗　1件。霍窑产品。YH65：70，通高8、口径11、足径3.8厘米。尖唇，弧壁深腹，高圈足作竹节状。乳白胎，质地细密坚硬（图版4-1-48：5；图4-1-27：7）。

枢府釉罐　2件。景德镇窑系。YH72：2，高19、口径9、腹径16.6、底径8.8厘米。圆唇，短颈，圆肩，收腹，平底略凹。白胎质坚，卵白釉细腻，腹部有接痕（图版4-1-50：1）。YH72：100，高14.2、口径7.5、腹径13.7、底径6.9厘米。器形同YH72：2。肩部与下腹部有弦纹，腹部有缠枝牡丹纹（图4-1-28：1）。

青釉罐　4件。均属龙泉窑系。YH72：4，高16.5、口径8.6、腹径14.3、足径8厘米。圆唇直口，短颈，圆肩，收腹，凹底（隐圈足）。灰白胎，豆青釉（图版4-1-50：2；图4-1-28：2）。YH72：3，高18.6、口径7.9、腹径14.1、足径8厘米。器形YH72：4。罐口附圆纽小盖。灰白胎，浅绿釉（图版4-1-50：3；图4-1-28：3）。YH72：5，高21、口径7、腹径14、足径9厘米。卷唇敛口，矮颈，鼓肩，收腹，凹底（隐圈足）。黑灰胎，厚重，蟹青釉，光泽较强，釉面有裂纹（图版4-1-50：5；图4-1-28：5）。YH72：6，口径8.7、腹径20.5厘米。腹下残缺。肩腹部饰龙纹（图版4-1-50：4；图4-1-28：4）。

枢府釉瓶　1件。景德镇窑系。YH65：138，高24、口径7、腹径12、足径7.2厘米。喇叭口，细长颈，溜肩，鼓腹，矮圈足。腹、肩部有明显接痕。白胎，灰白釉（图版4-1-51：1；图4-1-28：6）。

白釉兽面衔环盘口瓶　1件。YH72：16，高27.5、口径8、腹径13、足径8.8厘米。直沿盘口，溜肩，圆腹，高圈足。肩部有对称兽面衔环铺首。白胎，牙白釉，釉面有裂纹（图版4-1-51：2；图4-1-28：7）。

白釉经瓶　5件。均属磁州窑系。YH65：25，高37.5、口径5.4、肩径16、足径12.5厘米。小口卷唇，短颈，鼓肩，收腹，器身瘦长，凹底（隐圈足）外撇。灰白胎，外壁白釉，口沿和内壁为黑釉。肩部墨书"内府"二字（图版4-1-51：3；图4-1-28：8）。

黑釉经瓶　3件。磁州窑系。YH65：72，高31、口径6、足径11厘米。肩部刻写"内府"二字（图版4-1-51：4；图4-1-28：9）。

白釉黑彩四耳大瓶　1件。磁州窑系。YH65：77，高67、口径13.5、腹径43、足径18厘米。小口圆唇，高领，圆肩，深腹，矮圈足。肩与颈之间有四耳。灰白胎，上部施白釉，腹下部施褐色釉。用黑釉在肩部绘有弦纹、圆点纹和草叶，腹部绘双凤纹，双凤纹之间填以花叶纹（图版4-1-52）。

蟹青釉炉　1件。残瓷片。哥窑。胎呈黑灰色，胎厚0.3厘米，釉面有裂纹。器底内外有细小支钉痕。

青花瓠　2件。景德镇窑系。YH65：139，高15.5、口径7.5、腹径5、足径6厘米。喇叭口，细长颈，鼓腹出四戟，喇叭形状假圈足，平底，底部有长方孔。白胎，青白釉。口沿为缠枝纹，颈部为蕉叶和花瓣纹，腰部为菊花纹，圈足饰宝相莲花纹（彩版一四左；图版4-1-53：1；图4-1-29：1）。YH65：60，与YH65：139相同，只纹饰模糊不清（彩版一四右；图版4-1-53：2）。

白釉灯碟　11件。器形与YE65：11相同（参见图版4-10-3：2左），口沿上有烟熏痕迹。

青花器盖　1件。景德镇窑系。YH65：99①，高4、直径8厘米。圆纽，子口。白胎，青灰白釉。盖面绘一枝

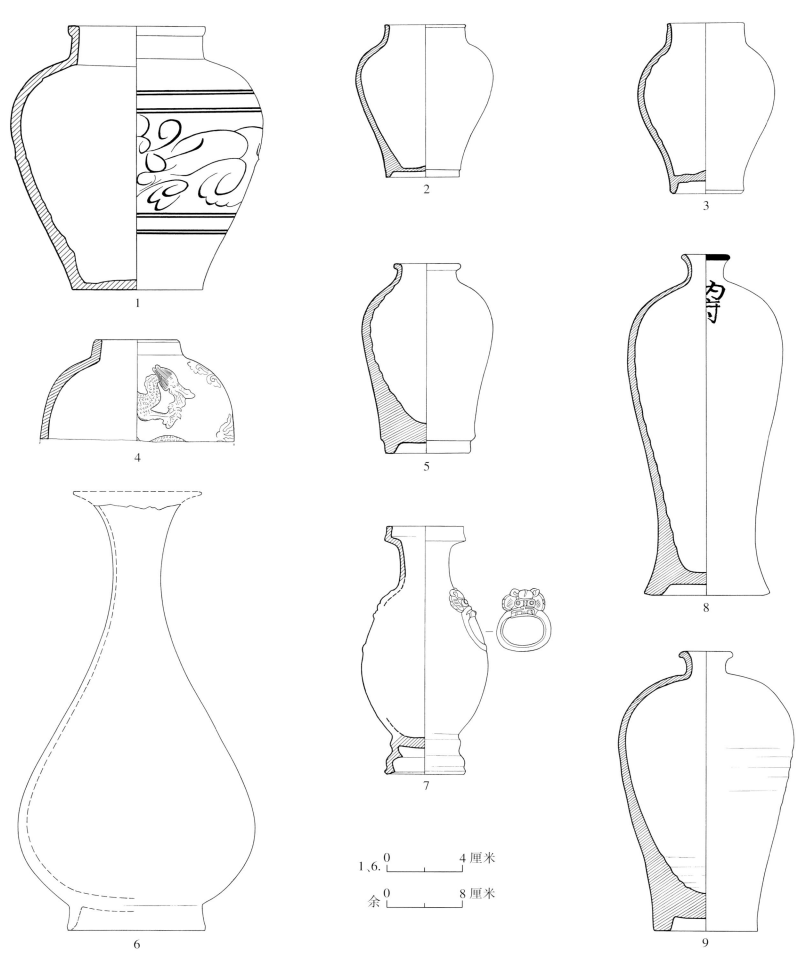

图4-1-28 后英房居住遗址出土瓷器

1. 枢府釉罐（YH72：100） 2～5. 青釉罐（YH72：4、YH72：3、YH72：6、YH72：5） 6. 枢府釉瓶（YH65：138） 7. 白釉兽面衔环盘口瓶（YH72：16） 8. 白釉经瓶（YH65：25） 9. 黑釉经瓶（YH65：72）

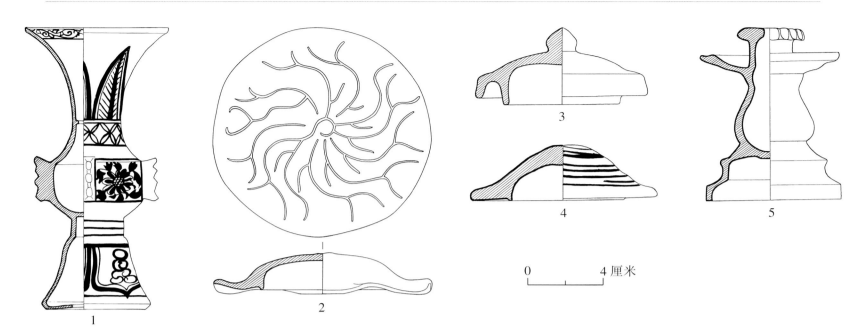

图 4-1-29　后英房居住遗址出土瓷器、琉璃器

1. 青花瓠（YH65：139）　　2、3. 青白釉器盖（YH72：10、YH72：11）　　4. 白釉黑彩弦纹器盖（YH65：98）　　5. 绿琉璃釉灯台（YH65：94）

梅花纹（图版 4-1-54：1）。

　　青白釉器盖　2 件。均属景德镇窑系。YH72：10，高 2.4、直径 11.5 厘米。盖作荷叶形。白胎，白釉闪青（图版 4-1-54：2；图 4-1-29：2）。YH72：11，高 4.2、直径 9.2 厘米。圆纽，子母口。白胎，青绿釉，有裂纹，盖内壁施白釉（图版 4-1-54：3；图 4-1-29：3）。

　　青釉器盖　1 件。属龙泉窑系。YH65：140，高 1.5、直径 3.2 厘米。圆纽，子母口。白胎，青灰釉，里挂褐色护胎釉（图版 4-1-54：4）。

　　白釉黑彩弦纹器盖　1 件。磁州窑系。YH65：98，高 3、直径 10 厘米（图版 4-1-54：5；图 4-1-29：4）。

　　青花器盖纽　1 件。残。景德镇窑系。YH72：8，高 2、长 5 厘米。器纽雕塑成卧狮形。白胎细腻，青白釉上饰以青花斑点（图版 4-1-54：6）。

　　2. 琉璃釉器

　　盘　1 件。YH65：61，高 4、口径 24、足径 16.5 厘米。敞口，平折沿，浅腹，平底，大圈足。泥质红胎，盘内施翠蓝釉。盘口作花边形，内壁印菊瓣纹，中心印团龙戏珠及流云纹（图版 4-1-55：1）。

　　灯台　1 件。YH65：94，高 9.3、口径 7、腹径 3.4、足径 7.2 厘米。浅盘，盘中心为凸起的莲瓣形灯芯，深腹，圈足。泥质红胎，外施绿釉（图版 4-1-55：2；图 4-1-29：5）。

　　炉　2 件。YH65：96②，通高 8、直径 8.5 厘米。器形同 YG73T：31。

　　器座　1 件。残口。YH65：56，残高 38、直径 31 厘米。下部作一圆鼓凳，鼓凳上塑一圈镂空花卉，下有五条卷脚曲足。红陶胎，器外施蓝、黄、绿三彩釉（彩版三四：2；图版 4-1-55：3）。

　　3. 铜器

　　灯　4 件。YH72：37，通高 8、口径 8.3、足径 6.5 厘米（图版 4-1-56：1 左）。YH65：80，通高 5、口径 4.4、足径 3.3 厘米。大口，直壁浅腹，喇叭口圈足（图版 4-1-56：1 右）。

　　勺　1 件。YH65：78，长 25 厘米。器形同 YG69：13（参见图版 4-9-4：3 上）。

　　套兽　1 件。YH65：141，长 24、宽 7.5、后端径 6、深 17.5 厘米。龙头形，两侧面有对穿圆孔。可能是套在木杆上的装饰物品（图版 4-1-56：2；图 4-1-30）。

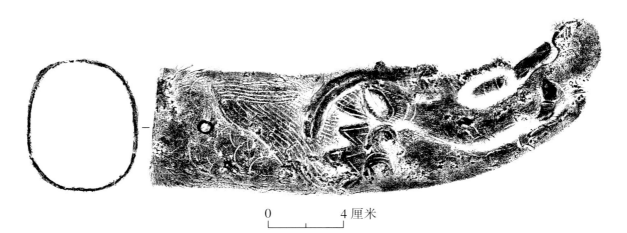

0 —— 4 厘米

图 4-1-30　后英房居住遗址出土铜套兽（YH65：141）拓片

鼎腿　1 件。YH72：57，长 8.3 厘米。腿上刻有极细的雷纹（图版 4-1-56：3）。主院东挟屋内出土。

镂空雕花饰片　1 件。YH72：29，直径 15.5、内孔直径 7 厘米。圆形，其上镂空雕刻缠枝花卉（图版 4-1-56：4）。

4. 铁器

锅　1 件。YH72：63，高 60、口径 90 厘米。大口直沿，口沿下铸有六錾（已残），深腹，尖圜底。

炉子　1 件。YH65：104，高 56、圆炉盘直径 47.5、炉口直径 12、炉膛深 15.5 厘米。腹部有长方形炉门，腹下有三条曲足，炉膛下部有五根铁炉条。炉内壁撑泥至炉口，厚 6 厘米。炉盘上遗有五块支锅用的碎砖头（图版 4-1-56：5）。

炉箅　2 件。YH65：100，直径 16 厘米。圆形，内有四根炉条，最外两根炉条出头（图版 4-1-56：6）。

灯碗　1 件。YH65：103，高 4、口径 10 厘米。器形同 YG73F6：12（参见图版 4-8-44：6）。

锁　3 件。YH72：39，长 15、宽 5 厘米。形状与 YM74F3：50（参见图版 4-5-18：1）相同。另两件与 YM74F4B：10（参见图版 4-5-18：2）相同。

5. 铅器

灯　1 件。YH65：81，通高 8、口径 6、足径 8.5 厘米。灯分两截，上截为灯碗，下截为喇叭形灯座。

坠　1 件。YH72：30，高 1.5、直径 2.5 厘米。馒头状，中心有凹槽。

6. 石器

莲瓣纹钟形器　1 件。YH72：25，高 9.5、底径 14.1 厘米。平底实心，顶部凿圆孔，深 2 厘米，上部两侧有穿孔，内插一铁梁。顶部及周身刻莲瓣纹，平底的下部雕流云数朵。用汉白玉石制成（图版 4-1-57：1）。应为帘坠。

座　6 件。YH72：26，长 11、宽 6、厚 2 厘米。紫石制成（图版 4-1-57：2）。YH65：120，长 13.5、宽 10、高 1.5 厘米。紫石制成（图版 4-1-57：3 右）。YH65：115，直径 5、高 2 厘米。椭圆形，周身刻莲花瓣。灰白色滑石刻制（图版 4-1-57：4 左）。YH65：114，椭圆形，周身刻山形纹，滑石制成（图版 4-1-57：4 右）。YH65：113，长 13.5、宽 5 厘米。下刻圭脚。灰白滑石制成（图版 4-1-57：5）。YH65：116，长 14、宽 11 厘米。长方形，四圭脚外撇（图版 4-1-57：3 左）。

器盖　1 件。YH72：34，高 3、直径 5.2 厘米。圆形，塔式纽。花岗岩石制成（图版 4-1-57：6）。

洗子　2 件。YH72：133，高 28、长 53、宽 42 厘米。盆作椭圆莲花瓣形，平沿，深腹，大圈足。盆中间凿刻莲瓣形立柱，长 17.5、宽 11.5 厘米。青黄斑大理石凿刻（图版 4-1-58：1）。YH72：132，高 24、长 70、

宽 54.5 厘米。盆作椭圆形，平沿，深腹，小圈足。盆正中凿刻椭圆形立柱，柱顶面雕刻莲花及莲子纹，足底中心凿刻圆孔。黑青石制作（图版 4－1－58：2）。

笼屉　1 套。YH72：24，高 7、直径 32 厘米。复原三节，屉作圆形，底部有方孔，外壁留有对称屉錾，上下屉之间有子母口连接。盖已残破。用青灰色滑石制成，石质松软带有黑色斑点（图版 4－1－57：7）。

长方形案　1 件。YH72：38，长 62、残宽 18、厚 2 厘米。长方形。汉白玉石磨制。

磨刀石　1 件。YH72：36，长 8.5、宽 5、厚 1.5 厘米。长方形。灰白色青石磨制。

7. 漆器

螺钿漆盘残底　1 件。YH65：62，残长 22、宽 13 厘米。木胎，髹黑漆，内底上用光平的细小螺钿片镶嵌建筑图案。从残存部分能看出一座两层的楼阁，三开间重檐悬山顶，外檐装饰格子门，平座上围设勾栏，楼阁旁植桂树和梧桐树，阁上祥云缭绕，阁的前后还有建筑，在残碎的漆片中还见有女子头像，并有一块带"广寒宫"的残匾，"寒宫"二字已残缺（彩版三九：1；图版 4－1－58：3）。

8. 骨器

骨雕建筑模型构件残片　40 余片，都出在主院正房东挟屋内。皆为骨料采用锯、雕刻、钻、磨等工艺制成。按其形状可分以下五类：

长方形　11 件。YH72：44①～④，长 12.5、宽 3.5、厚 0.1 厘米。每块均有四组花纹。花纹之间用线刻和圆点纹隔开。每组花纹皆为菱形锦地开光，花纹极细，透孔精致（图版 4－1－59）。可能为勾栏栏板，两端头插在勾栏望柱上。YH72：44⑤、⑥，长 12、宽 2.5 厘米。以镂孔组成花纹（图版 4－1－59）。YH72：44⑩、⑪，长 9 厘米。用线刻组成长方边框，两端为圆点纹，中心用如意头和透孔锦地花纹组成（图版 4－1－60）。可能为竖条窗扇。

窄长方形　6 件。均残。YH72：44⑫～⑰，可能为阑额下的雕花板。上边平直，下边雕刻各种花卉和纹饰（图版 4－1－61）。

直条形　7 件。YH72：44⑱～㉔，长 10 厘米左右。其中⑱号和⑳号为扁条形，正面通混出线，两端有榫尖。其余皆素面圆条形，一侧有凹槽，两端有燕尾形卯口（图版 4－1－62：1）。这类直条形骨器，可能是用于门窗的边框。

柱头装饰　6 件 3 对（图版 4－1－62：2）。YH72：44㉕、㉖，长约 8 厘米。葫芦顶宝瓶式，瓶座下连接扁柱，背向两侧有竖直线槽，线槽上端皆有未透的小孔，扁柱下端有榫头。YH72：44㉗、㉘，长 4 厘米。方形望柱，下端有榫头。YH72：44㉙、㉚，长 6 厘米，直折形柱，正面雕成竹节状，侧面有两条凹槽，下端有榫头。

曲鸟形装饰　5 件。YH72：44㉛～㉝，长约 10 厘米。上部为忍冬纹状鸟头形，弯长颈，颈下为直条形，直条正面雕成竹节状，两侧为竖直凹槽，其中一件的忍冬纹下还残存镶嵌的骨雕花纹片（图版 4－1－62：3）。YH72：44㉞、㉟，长 12 厘米。形制同 YH72：44㉛～㉝，但长颈部位一侧透雕镂孔花纹。上下两端都有榫头（图版 4－1－62：4）。

三角形　4 件 2 对（图版 4－1－62：5）。YH72：44㊱、㊲，一侧为直角，长边做成云齿纹，中心透穿一孔，短边一侧有榫头；YH72：44㊳、㊴，形制同 YH72：44㊱、㊲，长边做成花边状，中心为桃形透孔（图版 4－1－62：5）。可能为替木作用。

另外，还发现一些雕刻非常精美的动物与人物造像。YH72：44㊵、㊶，为飞行凤鸟（图版 4－1－63：

1）。YH72：44④，在长3.2、宽2.5厘米的方形骨片上雕出菱形开光窗，窗内刻回头跑动的小兔（图版4－1－63：2）。人物造像都已残破，均为坐像，身着长袍，戴毡帽，脚穿皂靴。以上这些骨片，表面均用红、绿色涂地。

骨雕刻器盖　1件。残。YH72：135，盖径23厘米。用六组长条形骨片组成六边形，每组三片。每组骨片钻有2～3个孔，孔内遗有骨钉。骨片上雕刻有环纹及菱形图案（图版4－1－63：3）。

（二）工具

铁斧　1件。YH65：102，长11、上宽6.7、下宽8厘米。扁平梯形，刃部较薄。装把柄处为扁圆库（图版4－1－64：1）。

齿轮形铁轴套　2件。YH65：101，直径10～12.5、厚2.5厘米。均作圆形（图版4－1－64：2）。

青石小磨　2件。YH72：18，厚7.5、直径8厘米。圆形，磨盘顶面凿成下凹的梅花形窝，中心凿穿一圆孔，磨盘底面凿刻"人"字形磨齿。盘侧壁浮雕一兽纽，已残，与其对称的一侧刻菱花形锦地，中间凿刻方孔以装把柄。该石磨仅存上扇（图版4－1－64：3）。YH72：14，厚11、直径32厘米。

石杵　1件。YH72：134，长50厘米。器形与YG73T：46（参见图版4－8－47：5）相同。

试金石　1件。YH72：33，长4、宽3.8厘米。黑色，石上遗有试金时的金黄色划痕（图版4－1－64：4）。

陶臼盖　1件。YH65：112，高8、直径15厘米。圆形，顶部有蹲狮纽。泥质灰陶（图版4－1－64：5）。

（三）文玩具

石砚　6件。YH72：21，高3.5、长22.7、宽17.5厘米。"风"字形，砚池向后倾斜，砚前有两足。石质细腻光润，紫红色。池内有明显墨痕，背面阴刻铭文五行"此琅琊紫金石所□，易得墨，在诸石□□□永□□□皆以为端□也"，下有"元章"二字（彩版三八；图版4－1－65；图4－1－31）。YH72：20，长15、宽7.3、厚1.4厘米。长方形，一端有长条形水池。石质软，背面有刻划的"胡天德"款识（图版4－1－66：1）。YH65：91，长11、宽8、厚2厘米。长方形，正面一端有半月形水池。石质灰黄色，质地较软。YH72：143，长21、上宽14.5、下宽15.5、厚2厘米。略作梯形，上部刻椭圆形池。

曲令　出土于主院北房的地面上。是数张用墨笔抄写曲令的纸，纸虽腐朽，但其中一张上的字迹却印到了砖上。字迹模糊可辨，每行大约13个字，共约10行，其中有"娘的庞儿怎的说理露""娘的庞儿难""永不别离"等字样（图版4－1－66：2；图4－1－32）。

玛瑙围棋子　1副。YH72：22，直径1.5厘米。圆饼形，

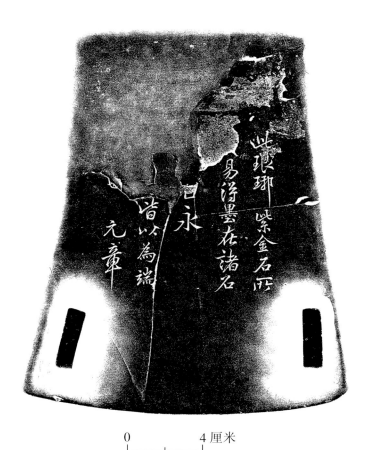

0 —— 4厘米

图4－1－31　后英房居住遗址出土石砚
（YH72：21）拓片

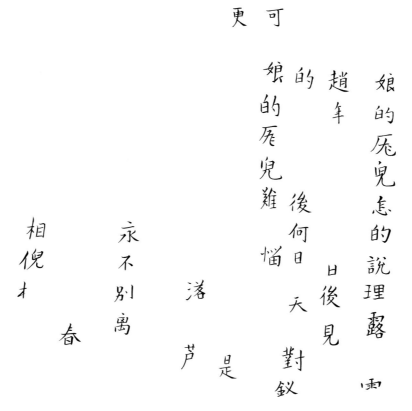

图 4-1-32　后英房居住遗址主院北房铺砖地面上"曲令"墨迹痕及摹本

用红、白两色的玛瑙琢磨而成。红子 124 颗,白子 125 颗(彩版三九:2;图版 4 - 1 - 67:1)。

陶象棋子 1 枚。残。YH72:52,泥质灰陶。圆饼形,正面残存"象"字。

骰子 1 颗。YH65:84,0.5 厘米见方。器形与 YG73F13:5 相同。

贝 10 件。YH72:23,长 2.5、宽 1.5 厘米。在主院东挟屋内出土,属文玩一类的古币(图版 4 - 1 - 67:2)。另外,还有两件海蚌壳。

海螺器 1 件。YH65:87,高 4.5、直径 8.5 厘米。将海螺锯开作装饰器皿,周身阴刻有钱币纹(图版 4 - 1 - 67:3)。

象牙化石 1 件。YH72:28,长 20、宽 8、高 10 厘米。经古脊椎动物与古人类研究所鉴定,该化石(图版 4 - 1 - 67:4)属亚洲象的臼齿。

穿孔石铲 1 件。YH72:19,长 11.8、宽 10、厚 1.3 厘米,孔径 3 厘米。长方形,扁平,青石磨制。石铲两面遗有后人随意划刻的"上天□监可□"和"或天"等字(图版 4 - 1 - 67:5)。从其磨制工艺和形式看,应为新石器时代晚期的石铲。

水晶矿石 1 件。YH65:130,长 30、宽 20、高 10 厘米。不规则晶体自然堆积连结在一起(图版 4 - 1 - 67:6)。

(四)钱币

铜钱 14 枚。计有唐开元通宝,宋天圣元宝、宣和通宝、政和通宝、元祐通宝、崇宁通宝。另有元至正元宝一枚,背面有八思巴文字。

(五)梳妆用具

铜镜 2 件。YH65:82,直径 15 厘米。器形与 YE65:20(参见图版 4 - 10 - 4:4)相同。YH72:164,长 5.5、宽 3.5、厚 0.4 厘米。铜镜残片,残留字迹"□齐年"等(图版 4 - 1 - 68:1)。

骨梳 1 件。YH65:83,残长 10、宽 7.5 厘米。器形与 YG73F10:15④(参见图版 4 - 8 - 52:4)相同。

骨簪 4 件。YH72:41,可分三种:一种为扁头形,残长 22 厘米;一种为细长圆锥形,残长 9~12 厘米;第三种为方头扁簪,长 10 厘米。

(六)装饰品

玉带饰 YH65:89,9 块。长方形,长 3 厘米。腰圆形,长 2.3、宽 2 厘米。抹角长方形,长 3.5、宽 3 厘米,以黑、白两色玉石琢磨,侧面透雕长方形穿孔,其上浮雕黑色流云及行走的乌龟纹(图版 4 - 1 - 68:2)。YH65:99②,1 块。长 3、宽 1 厘米。长方形,岫岩玉制成(图版 4 - 1 - 68:4)。

石雕饰 1 件。YH72:40,高 3、宽 4、厚 1.5 厘米。山形,表面有圆点纹。滑石质。

石串珠 60 余颗。YH72:47,直径 1.1 厘米。半圆形,蓝色为青金石,白色为砗磲,光亮,内有细螺纹。以上两色串珠中心皆钻透眼以穿系(彩版三九:3 下;图版 4 - 1 - 69:1)。

玛瑙、玉石珠饰 7 颗。YH72:53,大者直径 2 厘米,小者直径 1.5~1.8 厘米。扁圆形,中心有穿孔。玛瑙分紫、白两色,玉石分黑、白两色,表面均雕海棠花纹(彩版三九:3 上左起 1~5;图版 4 - 1 - 68:3)。

玉石坠 1 件。YH65:85,长 2、宽 1.5 厘米。作羊拐骨节状,当中钻圆孔。青石玉制成(图版 4 - 1 - 68:5)。

骨串饰　140 余颗。YH72：128，大者长 2.3、直径 0.35 ~ 0.2 厘米，小者长 0.3、直径 0.2 厘米。其中一组有 8 颗，用极细的铜丝外裹棉纸系成环状，然后用一根短而不裹纸的细铜丝打结（图版 4 - 1 - 69：2 左）。

蚌壳串　40 余颗。YH72：129，用各种不同的小而精致的海蚌壳加工磨制而成，其中 3 颗以极细的铜丝拧系在一个小铁环上作配饰（图版 4 - 1 - 69：2 右、4 - 1 - 69：3）。

金首饰　1 对。YH72：43，直径 1 厘米。圆形，中间镶嵌碧玺石（彩版三九：3 左起 6、7；图版 4 - 1 - 68：6）。

（七）造像

青白釉瓷观音像　1 件。属景德镇窑系。YH72：9，通高 19、底部宽 11 厘米。佛龛式，龛内塑双手抱膝观音坐像一尊。龛楣贴塑云朵与山峰纹，两侧贴塑缠枝花卉纹，龛下部为海水波涛纹。白胎，佛像与花纹装饰均施白釉，龛赭色未挂釉（图版 4 - 1 - 70：1）。

象驮莲石座　1 件。YH65：118，通高 13.5、长 11.5 厘米。立姿雕象，象身以锦带系佩，背负荷花褡裢，其上驮一莲蓬（图版 4 - 1 - 70：2）。

石龟趺　1 件。YH65：117，高 6、长 13、宽 6 厘米。青石制成。龟脊背凿刻凹槽用以插碑（图版 4 - 1 - 70：3）

狮子角石　4 件。均为灰白色石。YH72：165①、②，为主院正房台基角上的一对石狮。通高 48 厘米，底座长 62、宽 54 厘米。①号雄狮嘴衔飘带，下连绣球，趴卧昂头（图版 4 - 1 - 71：1）；②号雌狮头缺失，趴卧，腹部侧旁有一幼狮（图版 4 - 1 - 71：2）。YH72：166①、②，为西院月台台基角上的一对石狮。通高 38.45 厘米，底座长 53、宽 45.53 厘米。①号狮底座稍大（图版 4 - 1 - 72：1），②号狮前腿略残（图版 4 - 1 - 72：2）。

鎏金铜菩萨立像　1 件。YH65：144，通高 26 厘米。头部高发髻正中为立佛，四周为小菩萨头，可称"十一面观音"。上身袒胸披帛，下身系璎珞，立于仰覆莲座上，莲座下为八方基台。通体鎏金，已脱落（图版 4 - 1 - 73：1）。

铜坐姿菩萨三尊像　1 件。YH65：99③，通高 13.5 厘米，座长 10、宽 6 厘米。主尊菩萨结跏趺坐于束腰形圆台上，左胁侍为弟子迦叶，右胁侍为立姿菩萨，三像后有背光，下为长方形基座（图版 4 - 1 - 73：3）。

铜乐人像　2 件。YH72：48，均高 8.5 厘米。一立姿作击鼓状，另一个立姿双手执乐器。帽顶均有一系穿（图版 4 - 1 - 73：4）。

铜童子骑牛像　1 件。YH72：45，通高 9 厘米，基座长 5、宽 3 厘米。牛立于基座上，牧童骑于牛背上（图版 4 - 1 - 73：5）。

残陶兽头　1 件。YH72：55，长 12、残宽 10 厘米。泥质灰陶。头部涂以黄彩，鼻眼用黑线描画，较为清晰。

（八）其他

贝雕勺　1 件。YH65：86，长 6.5、宽 4 厘米。椭圆形蚌壳。凹面平雕葵花，映出红紫相间的珠光，后端勺把已断（图版 4 - 1 - 73：2）。

五　附记

在后英房遗址西侧发现两间东房（图版 4 - 1 - 74、4 - 1 - 75），都为单间居室，房间窄小，建筑质量简陋，不属后英房居住遗址范围内。

　　这两间东房的后檐墙距后英房居住遗址主院西厢房台基8.5米，它们之间由一道东西向院墙连接。东房建在较矮的砖砌台基上，南北残长9、高0.16米。台基边用一层丁砖立砌而成（图4-1-33）。后檐台明宽0.47米。台基的北、南、西三面已被破坏。两间东房大小一样，面阔3.7、进深4.08米，屋门均开在前檐的西南角。北侧间门宽79厘米，门槛处有地栿槽，宽7、深6厘米，槽内立砌条砖，半截条砖高出地面9厘米，为砖门槛。南侧间屋门宽90厘米，门下亦砌有砖门槛。门外平铺两块踏脚石，长70、宽35厘米。这两间东房的四角各有暗柱一个，木柱已朽，遗留有柱洞痕，直径20厘米，柱洞下铺垫素面的方形础石。屋子的墙壁保存较好，前、后檐墙残高0.56、厚0.47米，北山墙残高0.56、厚0.40米，隔减墙残高0.60、厚0.47米。几面墙的砌法相同。墙基（隔减部分）用长30、宽14、厚4厘米的小条砖平铺错缝砌，高0.35米，再上则改用土坯垒墙，土坯墙外抹1.5厘米厚的黄土麦秸泥，表面压光（图版4-1-74）。北侧间屋内未铺砖，为土地面（图版4-1-74）。南侧间屋内用小条砖墁地（图版4-1-75）。

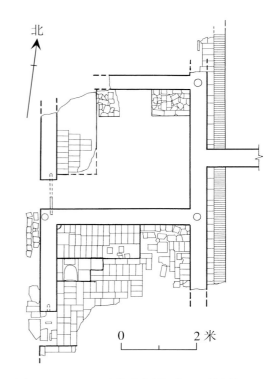

图4-1-33　后英房居住遗址西侧的
两间东房残迹平面图

　　两间东屋内都设有火炕和灶。北侧间屋内的炕靠在前檐墙下，为南北向的长条炕，残长230、宽106、高50厘米。炕的结构与西绦胡同二号遗址中F2的火炕相同。灶砌在炕前脸北侧，呈长方形，长75、宽62厘米，灶膛已被破坏。屋内的东北角还砌有一个长方形砖台，长102、宽72、高44厘米（图版4-1-74）。南侧间的炕靠在屋内西北角，为东西向长条炕，长220、宽92、高24厘米。灶膛与火炕内的三条烟道相通，烟囱设在炕的西北角处，是用板瓦围砌而成（图版4-1-75）。这种火炕的结构也与西绦胡同二号遗址中的F2火炕相同。

第二节　雍和宫后居住遗址

　　雍和宫后居住遗址，于1969年9月在雍和宫后面20余米的明代城墙下发现（图版4-2-1；参见图1-2）。遗址的发掘面积468平方米。遗址中北房和东厢房保存较好，南房和西厢房的一部分已被破坏，是一座比较完整的元代典型四合院落遗址。

一　平面布局

　　雍和宫后居住遗址，包括北房和东、西厢房以及院中的月台、踏道、"十"字形高露道、院墙等部分（图版4-2-2；图4-2-1）。整组建筑的方向为北偏东2度。

　　北房由三间正屋组成，总面阔11.5米。三间正屋建在一座长方形的砖台基之上，台基前正中建方形月台，台基与月台组成一"凸"字形平面。月台前取中往南的整个院内，用砖铺砌"十"字形高露道，由露道可通向东、西厢房和南房。东、西厢房是对称建筑，各两间，总面阔7.7米，建在长方形的砖筑台基上。南房因超出城墙南边早已破坏。北房台基高于东、西厢房台基。在月台的东西两侧各砌一砖踏道，踏道下连接东西向

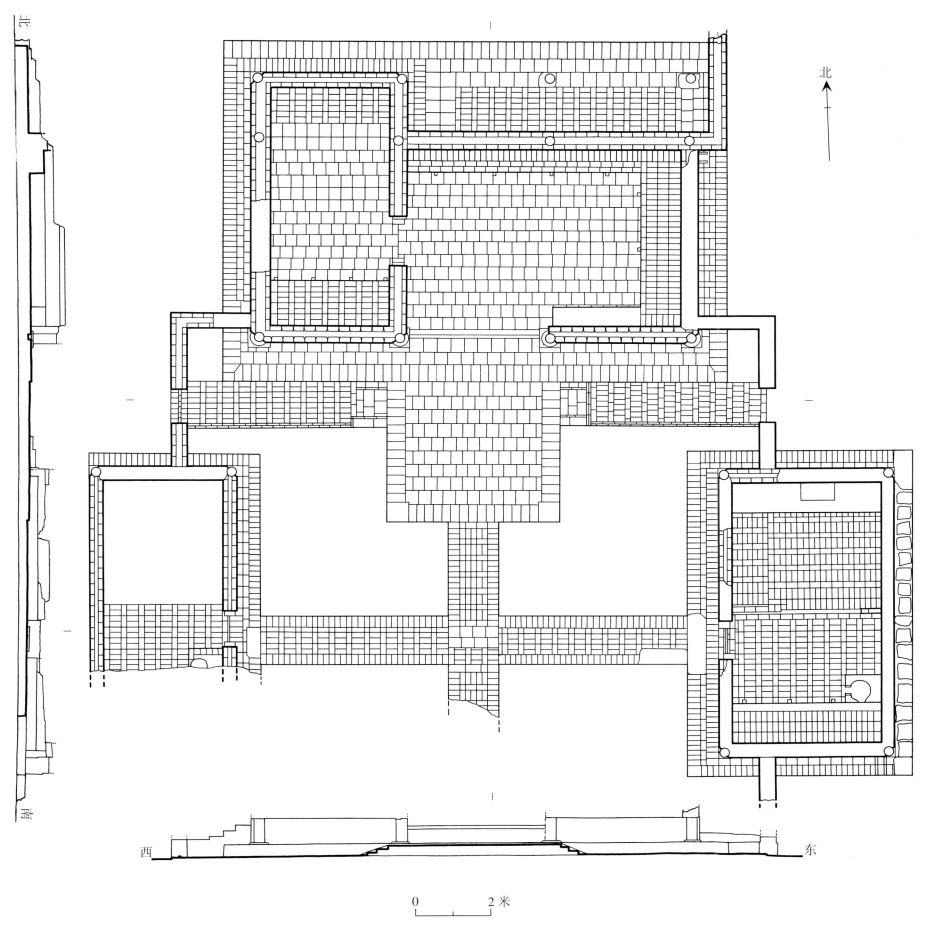

图 4 - 2 - 1　雍和宫后居住遗址平、剖面图

露道，两侧露道分别通向东、西两角门，东、西角门也是对称建筑。角门两侧均筑南北向院墙，墙南端分别与东、西厢房的北山墙呈"丁"字形相接，墙向北至北房角柱稍北一线时即向内直折，抵于北房东、西山墙上，院墙往南由东、西厢房的南山墙中部延伸出，可能与南房相接。这样，北房就与东、西厢房和南房之间用围墙连接并封闭起来，形成了一座严整的四合院。

二 建筑结构

1. 北房建筑

台基东西长 13.4 米，南北宽 9.35 米，高 0.35 米。台基为平地起建，台壁用单层砖（砖长 30、宽 15、厚 5 厘米）平铺错缝顺砌六层，台壁自下向上内收 2 厘米，台心用较细的土填满夯实，台面铺砖。前后台边均用长 47、宽 23、厚 6 厘米的大条砖压阑，左右台边（指院墙以北）均用长 30、宽 15、厚 5 厘米的小条砖压阑。台基前面的两侧台角上平铺方砖代替角石，内角上则用两块大型压阑砖抹掉一角成 45 度斜角拼接。前檐台明宽 1.1 米，后檐台明宽 0.85 米，左右台明均宽 0.75 米。

北房为两明一暗，当心间和东次间为明间，西次间为暗间（图版 4 - 2 - 3）。当心间面阔 4 米，东、西两次间面阔皆 3.75 米。两明间的后檐墙均向内收进 1.6 米，形成两间后厦，因此进深较小，为 5.42 米。西暗间无后厦，进深较大，为 7.08 米。这种无前廊有后厦的做法，在雍和宫东居住遗址中也发现了。

北房共设十二个柱础，分前中后三排，每排四个。前后两排即前、后檐柱，均为明柱，中排为内槽柱，全部砌在墙内为暗柱。从残存的柱洞看，前檐木柱直径 27 厘米，其余木柱直径 25 厘米。石柱础形制可分两种：一种为前檐柱础，制作规整，方形础座，边长 55、厚 20 厘米，上雕素覆盆，盆径 50、唇厚 5 厘米，盆面有凿刻痕，并阴刻线圈一周（图版 4 - 2 - 4：1、2）；另一种柱础石制作粗糙，均用方形或长方形（长约 50、宽 30、厚 20 厘米）的厚石块制成，仅础面凿平。

房屋四壁墙均用长 30、宽 15、厚 5 厘米的条砖砌成。有两种砌墙方法：一种为磨砖对缝砌法，如前檐墙的隔减部分；另一种为平铺错缝砌法，如东山墙的隔减部分。东山墙砌法是：用平铺错缝法砌 14 层砖为隔减墙，其上采用砖包坯砌法，即外壁用陡砖砌（图版 4 - 2 - 4：3），里壁用土坯垒，然后在里壁墙面抹 1.5 厘米厚的一层白灰皮。四壁墙保存高度 0.60～0.75 米，隔减墙厚 0.50 米，隔减以上用砖和坯砌的墙壁两侧明显向内收入 2 厘米，墙厚变为 0.45 米。四周墙壁（墙角）相接处不叉口，明柱部位的墙头角都砌成"八"字形的抹角状，使柱子露出三分之一（图版 4 - 2 - 4：1、2）。

北房的屋门辟在当心间，门已无存，但保留着门下的一条地栿槽，长 340、宽 8、深 7 厘米，槽两端连接在当心间两侧的础石上。明间与暗间的隔断墙辟有室内过门，门口宽 1.3 米（图版 4 - 2 - 3），室内过门两侧靠地面处各发现一个宽 7、深 15 厘米的洞，洞伸进两侧墙内 20 厘米，其内遗有朽木，从现象分析，两侧洞穴为安装木门槛时遗留下的痕迹。

屋地面全用方砖墁地，磨砖对缝法铺砌，地面平整。

炕是室内的主要设置，如在两明间内，除辟门处无炕外，围绕室内北、东、南三面墙壁下砌有砖炕（图版 4 - 2 - 5：1）。西暗间内靠前、后檐墙下也砌有南、北两铺砖炕，已被破坏，只存炕的痕迹（图版 4 - 2 - 6）。炕的形制可分两种，一种为实心炕，较窄，如明间内的北炕、南炕和西暗间的后檐炕；另一种为带火膛、烟道的火炕，较宽，如明间内的东炕和西暗间内的前檐炕。它们的结构如下：

明间内的北炕东西长 620、宽 60、高 40 厘米，南炕东西长 232、宽 50、高 40 厘米。炕前脸均用长 30、宽 15、厚 5 厘米的条砖砌成，炕心内填土夯实，炕面用土坯平铺，表面抹一层白灰压光。

明间内东炕南北长 485、宽 110、高 40 厘米。炕前脸也用条砖砌成，炕心内的下半部填土整平夯实，上半部用砖砌成三条凹槽状烟道，每条烟道均宽 15、深 20 厘米（图 4 - 2 - 2），炕心南半部砌有长条形火膛，东西长 100、宽 25、深 25 厘米，火膛与三条烟道相通，火膛两端有一火口，宽 22、高 15 厘米，与炕外相通。出烟口设在东侧烟道的北端，从东山墙穿过一条宽15、高5厘米的烟道孔，接到室外的烟囱中（图版4-2-5：2；图4-2-2）。烟囱已倒塌，从残迹看，烟囱壁是用立砖贴东山墙外壁面向上垒砌而成，现仅残存烟囱底部的南北两块顺立砖，两砖间距20厘米。火炕炕面是用三排条砖平铺架在烟道上。火炕与实心炕前的地面上留有椽柱洞，如北炕前有四个方形柱孔，边长、深均为10厘米，柱孔间距均为67厘米，这种结构应是为支撑木炕沿而设置的，与后英房居住遗址中土坯炕炕脸前的木构沿相同。

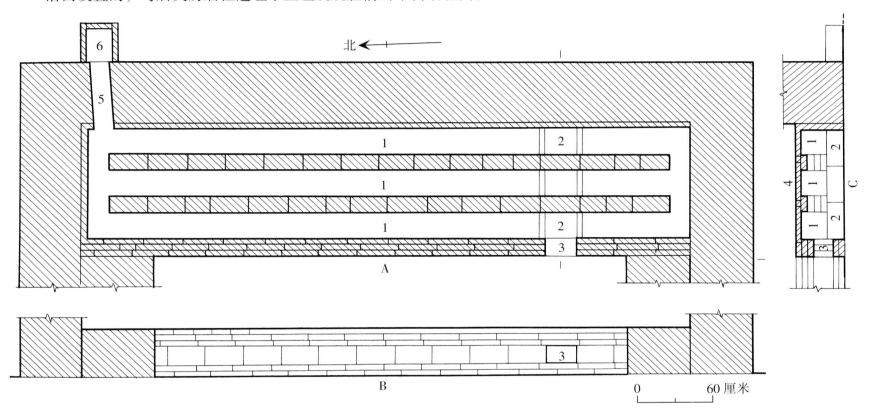

图4-2-2 雍和宫后居住遗址北房东火炕结构图
A. 平面图 B. 炕脸立面图 C. 横断面图
1. 烟道 2. 火膛 3. 火口 4. 炕面铺砖 5. 出烟口 6. 烟囱

2. 东厢房建筑

台基南北长9米，东西宽6米，高0.25米。台基结构与北房下砖筑台基相同。台基东侧用大小不等的十八块石板作为压阑石台边，其余三面台边均用条砖压阑。台基前的南、北角各压一块35厘米见方的角石。房门前的台边与高露道衔接处，用一块长170、宽50、厚10厘米的青条石压边，既坚固又可作为门口外的踏石（图版4-2-7）。台面均用条砖平铺。前檐台明宽0.83米，其他三面台明皆宽0.50米。

东厢房面阔7.7米，进深4.35米，于屋内中腰部位，用木隔扇把房屋间隔成里外间，南边为明间，北边为暗间。木隔扇已无存，只遗留下地栿槽痕，宽10、深7厘米（图版4-2-8：1）。木隔断的西端辟室内过门，门口宽125厘米，木门无存，门下的地栿槽宽5厘米。木隔断的东端与后檐墙相接处，用砖顺砌一段单坯隔断墙，长0.55米。

东厢房只有四根角柱，木柱已朽无，只遗留下四块柱础石。础石用不太规整的方形（约35厘米见方）石块制成，础面凿平。四角均为明柱，墙角被砍磨成"八"字形，与北房角柱墙头砌法相同。

房屋四面墙以后檐墙和南山墙保存最好，残高0.55~0.95米，墙的隔减部分一般高0.30米，只后檐墙隔减高0.45米，墙厚均为0.40米。以南山墙为例，其隔减墙用条砖平铺错缝顺砌，用碎砖填心；隔减以上墙壁明显变窄（向内收进2厘米），采用砖包坯的砌法，即外壁用陡砖错缝砌，里壁全部用土坯砌，内壁墙面抹一层1~2厘米厚的白灰皮（图版4-2-8：2；图4-2-3）。

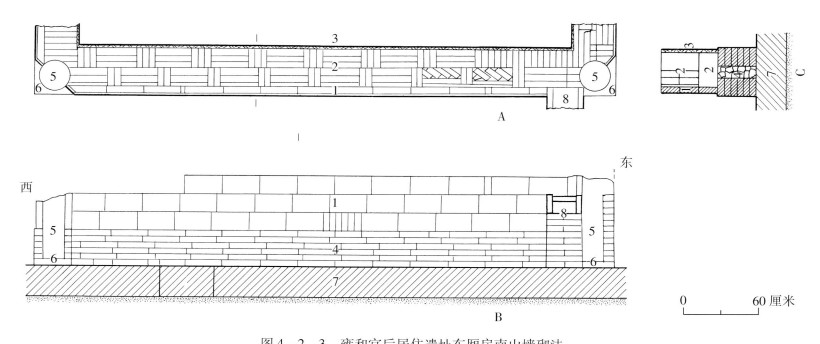

图 4 - 2 - 3　雍和宫后居住遗址东厢房南山墙砌法
A. 墙体平面　B. 墙体外侧立面　C. 墙体横剖面
1. 隔减墙以上的外皮包砖　2. 土坯　3. 白灰墙皮　4. 隔减墙　5. 柱洞痕　6. 柱础石　7. 台基　8. 烟囱

东厢房屋门辟在明间房的前檐墙北边，门口宽100厘米（图版4-2-7）。门口下的地面用四块立砖，埋砌一条砖门槛，长65、高5厘米，门槛两端有15厘米宽的空隙，内有朽木，可能是木门框腐朽后遗留的痕迹。屋内地面全部用条砖平铺，以一行横砖一行竖砖铺成（图版4-2-8：1）。

东厢房的里外间内各设置一炕。暗间炕靠在北山墙下，东西长400、南北宽78、高40厘米，为实心炕。此炕砌得粗糙，炕前脸用砖和土坯间杂顺砌，炕心内用土填平夯实，炕面除用条砖平铺外，中间还放有一块长90、宽45厘米的青石板，最后整个炕面抹一层白灰皮（图版4-2-8：3）。明间炕靠在南山墙下，东西长400、南北宽115、高40厘米，为火炕，其结构与北房东火炕基本相同，但是烧火暖炕的方法不一样：北房东火炕是从火口直接把柴炭送进炕心内的火膛燃烧暖炕，而东厢房火炕是与炕外灶连在一起，灶内烟火通过火口传到炕心内的三条烟道中，达到暖炕目的（图版4-2-9：1；图4-2-4）。所以二者的炕心结构也稍有区别，东厢房火炕没有火膛结构，只有三条烟道，每条烟道长385、宽17~20厘米（图版4-2-9：2），烟道的两端留有缺口，使烟道互通。出烟口设在南山墙东端（图版4-2-8：2），穿过一个宽20、高10厘米的烟道孔通往房外东南角的烟囱中。砖建烟囱的底基以条砖平铺错缝砌九层，与烟道孔底部平齐，然后用立砖贴墙面往上砌成烟囱壁（图版4-2-9：3），烟囱壁仅残存15厘米高，烟囱底基南北长45、东西宽30、高45厘米。在炕脸前有三个楼柱孔，宽、深皆10厘米，木构炕沿已无存。

灶位于炕前东端，长方形（图版4-2-9：1），东西长95、南北宽75、残高15厘米。灶的火门向西，宽17、高14厘米。灶也是用条砖平地建成，灶膛位于灶台中央，呈圆形圜底，直径50厘米，灶膛南侧砌一斜坡状烟道，往上与炕脸的火口相通。

3. 西厢房建筑

西厢房与东厢房是对称建筑，形制基本相同，它们之间用高露道连接。西厢房不如东厢房保存得完整，房子的南半部已残缺。

砖筑台基呈长方形，南北残长6米，东西宽4.6米，高0.25米，结构同北房台基。台基西侧不露台明，台边与房子后檐墙平齐，前檐台明宽0.65米，北边台明宽0.30米。

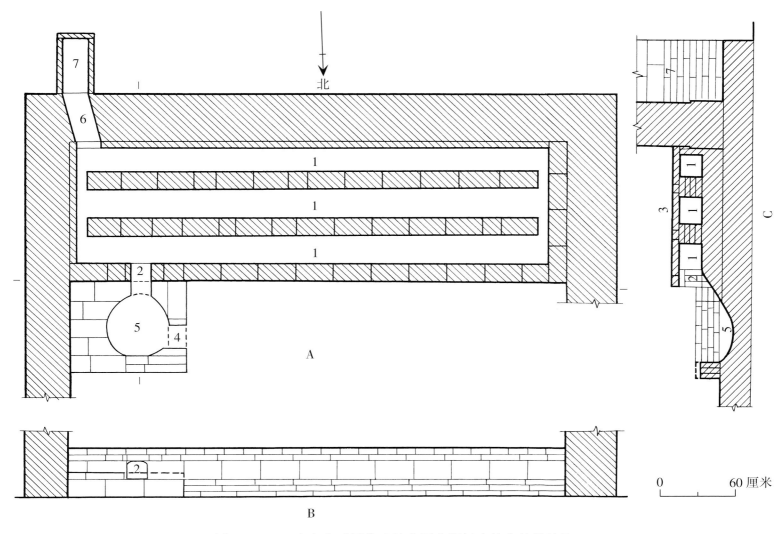

图 4 - 2 - 4 雍和宫后居住遗址东厢房明间南炕和灶的结构
A. 炕、灶平面 B. 炕脸立面 C. 炕、灶横剖面
1. 烟道 2. 火口 3. 炕面铺砖 4. 灶口 5. 灶膛 6. 出烟口 7. 烟囱

西厢房残存面阔 5.35、进深 3.6 米。房子东北和西北两角各有一角柱，遗留的柱洞直径 24 厘米，柱础用方形石块凿成。角柱为明柱，与东厢房角柱相同。

房屋墙壁以后檐墙和北山墙保存较好，残高 1.05 米，厚 0.40 米。墙的隔减部分高 0.30、厚 0.40 米，用条砖平铺错缝顺砌，隔减以上的墙向内收 2 厘米，采用砖包坯的砌法，即外壁用砖，以一顺陡砖一丁立砖层层错缝垒砌，内壁用立坯砌，里壁坯面抹一层白灰皮（图版 4 - 2 - 10：1；图 4 - 2 - 5）。

屋门辟在前檐墙中部，与东厢房屋门相对，门口宽 95 厘米。门槛也是用立砖埋砌，长 70、高 5 厘米，门槛两端留有门框的空隙，宽 15 厘米（图版 4 - 2 - 10：2）。

屋内南半部用条砖平铺地面，北半部未见铺地砖。屋门内的北侧地面上倒放着一扇木窗（图版 4 - 2 - 10：3）。木窗已朽，但地面上遗有印痕，为一长方形直棂窗，高 139、宽 64 厘米，四周边框宽 7 厘米，框内有五根直棂，棂宽 3 厘米。从木窗倒下的位置看，应为前檐墙上的窗户。

4. 院中的其他建筑

月台 位于正房台基前正中。长方形，东西长 4.57 米，南北宽 3.8 米，高 0.30 米。月台的东、西、南三边均用大型条砖压阑，台前的两角上各压一块 60 厘米见方的角石，台面用方砖错缝平铺（图版 4 - 2 - 2；图 4 - 2 - 1）。月台砌法与北房台基相同。

踏道 共有两个踏道，在月台的东西两侧对称设置，大小与结构相同（图版 4 - 2 - 11）。宽 70、深 65、高

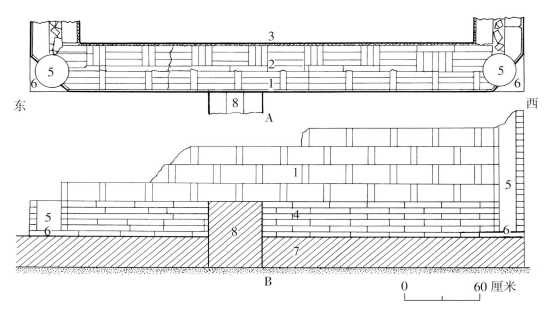

图4－2－5　雍和宫后居住遗址西厢房北山墙砌法
A. 墙体平面　B. 墙体外侧立面
1. 隔减墙以上的外皮包砖　2. 土坯　3. 白灰墙皮　4. 隔减墙　5. 柱洞痕　6. 柱础石　7. 台基　8. 院墙

30厘米。分两踏，每踏都用两层大型条砖砌成，深20、高10厘米。外侧副子长70、宽28厘米，用两块大型条砖接砌，内侧贴砌三块立条砖。内侧副子较窄，宽18厘米，用三块小条砖接砌，内侧也贴砌三块立条砖。踏道的南侧面用砖砌有两层象眼，第一层内收3厘米，第二层内收2厘米，结构与后英房居住遗址西小院东侧砖构踏道相同。

矮露道　位于月台东西两侧，露道的两端分别与踏道和东、西角门相接（图版4－2－2），露道北侧紧靠在北房台基下。东西两侧露道对称，形制相同。露道长4.65、宽1.2米，高出地面0.05米，露道边砌有两道砖线，道面用条砖以一行横砖一行竖砖交替平铺。

高露道　位于院子中间，呈"十"字形（图版4－2－2）。南北残长5.65、东西长11.4米，露道面宽1.35米，高出地面0.25米。高露道的结构与砖筑台基做法相同。露道边缘用小条砖压阑，道面用条砖平铺，露道交叉的中心部位平铺两排方砖。在东西向的露道道基下，左右对称各砌一条南北向的暗沟，沟眼高、宽皆10厘米，以便排泄院中雨水。

角门与院墙　北房与东、西厢房之间各建有一座角门，其布局与后英房居住遗址中的主院基本相同。角门的南北两侧砌有拐角形院墙，院墙把北房与东、西厢房围起（图版4－2－2）。东、西角门及院墙是对称建筑，形制相同。以西侧角门和院墙为例：角门宽90厘米，木门已无存，门下地面内用立砖埋砌一条砖门槛，高5厘米（图版4－2－12：1）。角门南北两侧砌院墙，南侧院墙向南1.2米与西厢房北山墙呈"丁"字形相接（图版4－2－12：2），北侧院墙向北2米即向东折2.15米与北房西山墙（角柱稍北一点）相抵（图版4－2－12：3）。院墙残高0.45米，墙的隔减部分高0.35、厚0.45米，隔减以上的墙采用砖包坯的砌法，墙厚0.40米。拐角院墙的北壁下设有水沟眼，高、宽皆10厘米（图版4－2－12：2）。

在西角门院墙外往西约20米处，曾发现一块"王德常去思碑"（1952年开辟雍和宫豁口，在明城墙下发现），立碑的位置应在遗址西侧南北大街的东侧路边上。

三　建筑构件

在遗址堆积中出土大量砖瓦，最常见的板瓦、重唇板瓦、滴水板瓦、筒瓦、瓦当和屋脊上的各种构件，形制都与后英房居住遗址中出土的瓦构件相同。

1952 年 8 月开辟雍和宫豁口时，在城墙下除发现"王德常去思碑"外，还出土了一批木构梁架，应是雍和宫后居住遗址的房屋梁架。其中有三件梁额花纹很清楚，藻头基本为一整二破旋子花，额头绘柿蒂纹或回纹花团，一件枋心画有以青绿色为主调的彩画，界以白线和黑线勾边（彩版二；图版 4 - 2 - 13）。黑、白、青、绿四种冷调色彩配上灰顶房屋，使民居建筑风格协调统一。

四　出土遗物

（一）生活用具

1. 瓷器

出土瓷器的数量最多，但都为碎瓷片，其中以景德镇窑系、龙泉窑系的瓷片居多，其次为磁州窑系、钧窑系和霍窑等瓷片。景德镇窑系的瓷片制造精细，胎质洁白细腻，釉色有影青釉（青白釉）和枢府釉（卵白釉）两种，其中影青釉较多。多刻、印花纹，碗内底多牡丹、莲花纹（图 4 - 2 - 6：1、2），极少数在刻印纹上又加绘青花（图 4 - 2 - 6：1），碗口边常绘青花缠枝纹（图 4 - 2 - 6：3、4）。经复原的完整器形如下：

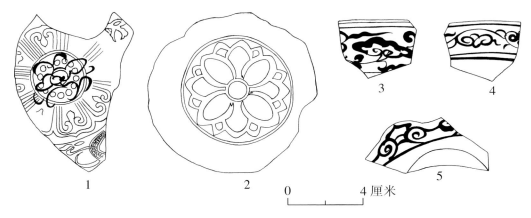

图 4 - 2 - 6　雍和宫后居住遗址出土瓷器花纹
1. 青白釉碗内底印莲瓣纹，其上绘青花纹　2. 青白釉碗内底印莲花纹　3. 高足碗内口壁绘青花缠枝纹　4. 高足碗外口壁绘青花缠枝纹
5. 下腹部绘青花莲瓣纹

青釉碗　2 件。龙泉窑系。器形与 YG72：54 碗（参见图版 4 - 7 - 11：3）相同。

白釉碗　1 件。山西霍窑产品。YU69：58，高 4.7、口径 9.7、足径 3.3 厘米，敞口尖唇外侈，小圈足。白胎，牙白釉，足底遗有米粒状小支钉（图版 4 - 2 - 14：1；图 4 - 2 - 7：1）。

青花高足碗　1 件。景德镇窑系。YU69：1，通高 10、口径 10.2、足高 5、足径 3.6 厘米。敞口尖唇外侈，腹较深，竹节状高柄足。白胎，青白釉。内唇边绘缠枝花卉带，内底绘弦纹，中心为火焰珠，腹外壁绘三爪行龙纹（图版 4 - 2 - 14：2）。

青釉盘　5 件。龙泉窑系。

折沿盘　2 件。器形相同。YU69：33，高 6.4、口径 32.5、足径 11.6 厘米。花口折沿，浅腹，器底内凹，矮圈足。灰白胎，豆青釉，底面一周无釉。腹壁饰莲瓣纹，内底刻荷花纹（图版 4 - 2 - 14：3；图 4 - 2 - 7：4）。

圆唇大口盘　3 件。器形与 YG73F1：3（参见图版 4 - 8 - 28：4）相同，其中两件内底上印牡丹纹。

白釉盘　2 件。属霍窑。YU69：2，高 3.7、口径 14.5、足径 4.3 厘米。大敞口，浅折腹，小圈足。白胎，牙白釉，足底有米粒状小支钉（图版 4 - 2 - 14：4；图 4 - 2 - 7：2）。

图 4-2-7 雍和宫后居住遗址出土瓷器
1. 白釉碗（YU69：58） 2. 白釉盘（YU69：2） 3. 青白釉执壶（YU69：43） 4. 青釉折沿盘（YU69：33）
5. 青釉器盖（YU69：125）

青白釉罐 1件。景德镇窑系。YU69：77，口径8、高7.5、底径8厘米。器形、花纹与YG73F14：1相同。腹部有明显的上下接痕（图版4-2-15：1）。

青白釉执壶 1件。残，口与流为复原的。景德镇窑系。YU69：43，残高8、底径5.5厘米。外形呈葫芦状，平底微凹。白胎，青蓝釉，釉中点缀较浅的棕褐色斑点，器底无釉。腹部有接痕（彩版二〇：2；图版4-2-15：3；图4-2-7：3）。

月白釉瓶 1件。残。属"传世哥窑"瓷片。YU69：100，残高12.5、口径2.6厘米。小口长颈溜肩，腹底残缺。灰黑胎，月白釉，无透明感，釉面有规则冰裂纹，纹路呈黑线状（图版4-2-15：2）。

青釉器盖 1件。龙泉窑系。YU69：125，高6.5、盖径18厘米。圆形，子口，纽残。灰白胎，青绿釉。盖在使用时已破成三半并用六枚铁钉锔起，仅遗有锔眼痕（图版4-2-15：4；图4-2-7：5）。

2. 其他

铜鼎式炉 1件。残。平折沿，其上直立一对三角形耳，短颈，扁圆腹，圜底，柱足。颈部饰回纹。

铜筷子 1支。YU69：101，长18.1厘米。上方下圆，居中有弦纹（图版4-2-15：5）。

铁锅 1件。残。器形与YM74F48：4相同。

漆盒 1件。残。直径38.5、高约9.6厘米。圆形。麻布油灰泥子胎，里外髹黑漆。在外底面上刻有10余

字，横头为"内府公用"，其下有六行字，开始几个字为"江浙行司徒"，其余字迹不清。

（二）工具

铁斧　1件。YU69：30，长14.4、刃宽7、顶厚3厘米。梯形，单面刃，中腰有长方形穿孔，可安木把（图版4-2-16：1）。

铁铡刀　2件。刃残。全长62、把长7、残宽12厘米。形式与现在的手工铡草刀相同。

铁禾钗　1件。残。全长47、宽26、裤长14厘米。长方形，七根齿，齿前端有薄刃横梁连接，把上安一铁环，裤把可安装长木柄。

铁砧子　1件。YU69：110，高8.7、上宽11、下宽13.7厘米。底面呈圆凹状。

铁锄　1件。头宽12、铁裤长11.5、裤径3.3厘米。刃残。

铁犁　2件。YU69：55，长11.6、后宽11厘米。三角形，犁脊上有一铁鼻，后端为菱形裤，可装木柄犁杖（图版4-2-16：2）。

齿轮形铁轴套　2件。YU69：46，直径13、齿宽2、厚2.5厘米。器形与YH65：101（参见图版4-1-64：2）相同。

石磨盘　1件。YU69：106，直径35.5、厚10厘米。形制与YG72：110①（参见图版4-7-29：1）相同。

石臼　2件。残。器形与YG73T：33相同（参见图版4-8-47：3）。

石臼盖　2件。器形与YG73T：34（参见图版4-8-48：2）相同。

石杵　3件。器形与YG72：109相同。

（三）文具

石暖砚　1件。YU69：132，长17、宽18.5、厚7.5厘米。方形，云头形砚额，下面并排双联砚面，前端均凿刻出坡状水池，池内分别遗留有黑色、红色痕迹。砚面下方凿挖成空膛，长10、宽4.3、深7.5厘米。灰色岩石制成（图版4-2-16：3）。

（四）度量衡器

"至正十八年"铜权　2件。YU69：14，高9.6、上宽4、下宽5.3、厚2.7厘米。器身为六棱柱形，顶端有方形鼻梁，器身上阴刻铭文，一面为"至正十八年都府造"，另一面为"都府□同二十五□"，靠每面铭文的右侧面上刻有"二""三"字样（图版4-2-16：4；图4-2-8：1、2）。

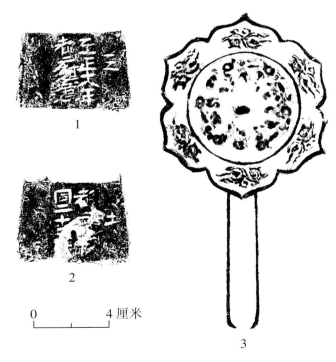

图4-2-8　雍和宫后居住遗址出土铜器拓片

1、2."至正十八年"铜权铭文拓片（YU69：14）

3.带把菱花形铜镜拓片（YU69：34）

（五）货币

铜钱　共94枚。唐开元通宝5枚、乾元重宝1枚。宋钱79枚，计有太平通宝、淳化元宝、咸平元宝、景德元宝、祥符元宝、祥符通宝、天禧通宝、天圣元宝、景祐元宝、皇宋通宝、至和元宝、治平元宝、熙宁元宝、熙宁重宝、元丰通宝、元祐通宝、绍圣元宝、元符元宝、圣宋元宝、崇宁通宝、崇宁重宝、大观通宝、政和通宝、重和通宝、宣和通宝、建炎通宝、淳熙元宝、庆元通宝、嘉泰通宝、端平通宝、嘉熙通宝、咸淳元宝。金大定通宝4枚。元至正通宝（图版4-2-16：5）4枚，其中一种钱直径2.9厘米、背面有一八思巴文"辰"，另一种钱直径3.4厘米、背面有一八思巴文"卯"；八思巴文的大元通宝1枚，直径4.2厘米。

（六）梳妆用具

铜镜　3件。

带把菱花形镜　1件。YU69：34，直径10.2、把长7.6、边厚0.5厘米。每个莲瓣内饰一朵云纹，中心有缠枝花卉和鼻形圆纽（图版4-2-16：6；图4-2-8：3）。

圆形镜　2件。均残。直径约23厘米。

（七）装饰品

铜带扣　1件。YU69：126，长1.8、宽2.5厘米。呈"8"字形，由两个扁圆形铜环构成，当中一轴，轴上套一活动别针（图版4-2-16：7）。

料珠　4个。有枣核形和圆形两种，分蓝、白两色。

料簪　3件。均残。簪头呈梅花形，簪身为圆柄状。

玉带饰　3件。YU69：127，宽3.5、厚0.9厘米。圆角方形，两侧有贯穿的长方形孔，玉片四边用墨绿色玉石制成凸起的边框，当中嵌白色玛瑙，中间巧雕黑色龟云纹（彩版四〇：2；图版4-2-17：1）。

发卡玉片　1件。YU69：177，长3.3、宽2.2、厚0.4厘米。云头形，表面平雕两枚花叶纹，背面有对穿孔，孔内残留铜卡丝。用墨绿色玉石制成。

铜托玉饰　1件。YU69：12，长5.8、宽2.2、厚0.4厘米。长方形，底托为一铜片，其上平托一块用墨绿玉石制成的长方形边框，框内镶嵌物已缺（图版4-2-17：2）。

把首玉饰　2件。YU69：85，高2.9、宽4.2、厚2.2厘米。椭圆形，两侧面浮雕出对称的盘龙纹，底面有对称两个圆孔，孔眼相通。用白玉制成，表面磨光。YU69：173，高3.7、直径2.9厘米。树冠形。底为一圆角方形平托，有四个圆孔。用黄白玉石雕刻成。

"凸"字形石饰　1件。残。YU69：158，一侧面平整，一侧面外鼓。凸出的边缘皆有长圆形穿孔。外表磨光（图版4-2-17：3）。应为挂饰件。

（八）造像

白釉瓷羊　2件。残。YU69：41，高4、长6厘米。直立卷角绵羊。黄白胎，上半身为白釉并点缀黑色斑点纹，四腿无釉（图版4-2-17：4中）。YU69：112，残高4、长7.5厘米。形式同YU69：41。羊头涂一层白色化妆粉，挂白釉（图版4-2-17：4左）。

白釉瓷狗　1件。残。YU69：136，高3.9、长5.9厘米。直立卷尾昂首。身体挂白釉，并点缀黑色斑点纹，黄白胎，四腿无釉（图版4-2-17：4右）。

玉仕女像　1件。残。YU69：48，人像高4.2厘米。右侧仕女头梳长发，头顶插发饰，身穿开领长衫，腰系佩带，双手残缺；左侧为一侍女，年岁小，头梳一对小爪髻，衣着同前，双手抱于胸前。人像后面缕孔为云纹，即脚下腾云。白玉制成，磨光（图版4-2-17：5）。

石卧佛像　1件。YU69：11，高7.1、残长10.6、底座宽5厘米。头戴风帽，身穿长衫，敞胸露肚，侧身卧在一块石头上，双腿残。灰色岩石雕刻成（图版4-2-17：6）。

（九）其他

铜云锣　1件。YU69：59，直径12、边厚0.2厘米。圆形，直折边，边顶有对穿孔（图版4-2-17：7）。

小石碑　1块。YU69：164，长13.5、宽10.6、厚2.5厘米。长方形，正面磨平，其上阴刻"碑石性温坚久"六字。灰白石制成。

王德常去思石碑　1块。YU52：57，通高270、宽94.5、厚26.5厘米。螭首龟趺，碑面上方作圭形伸入双螭间，其下为坡面狭边，龟首缩脖微扬。这块碑于1952年开辟雍和宫豁口时，在明代城墙内出土，碑基低于地面1.3米。碑座位置东距雍和宫后居住遗址约20米。

碑文形式，额为篆书，分三行，行皆五字，右起"太中大夫京畿都漕运使王公去思碑"，其下为楷书，满行60字（图4-2-9）。现录文如下：

京畿都漕运使王君去思之碑

至正十二年春，乐陵王君德常以礼部侍郎被选为京畿都漕运使；到官二年余，仓廪充实，国用以赢，颂声载途。十四年夏，」朝廷最其治绩，擢拜吏部尚书，以旌其能。既去官，故吏刘国显、益足仓监交纳许桢等录其善政，谒余文石以诒后。余进国显等诘其详。众谓余曰：京漕统五」十有四仓，其隶百六十有五人，岁出纳粮以数百万计。漕使以两耳目之聪明，酬酢上下，上不受权贵侵挠，下不容有司奸利；不受侵挠而人不以为讦，不容」奸利而人不以为苛，可谓难矣。廉吏齐界受代，交在仓陈粮，新旧必先后斛，旧吏唯欲概下，新吏唯欲概高，各适己便，于是讼不平于省部者逾月不定；君会」新旧僚佐坐厅事，召吏立庭下，面谕校斛者以法，使不得为高下手，每校一斛，俾共观其平否？众曰平，乃覆斛。壹用是法，计日而毕。然后蒐索弊倖，剗薙蟊原，」昭揭绳约，使胥徒驵皂过仓而不敢入，对号佣功者缩恧而去之；京城强圉素为仓库患者，不复窥觎。每岁冬初，支宿卫粮，贵官、谒者、仓头、庐儿怙势过取，且」有征求支帖，将下各敖；厚赂属吏，求免此扰，吏视贿多寡为增损，往往不均。君察之！为揭贴日置荷橐中，而默识之。吏批支将售欺，辄止之！曰，此粮应某敖支」，何得他适？俟支及三五万石，乃出揭贴，稽吏牍校多寡而均肆之，吏弊随革，仓司亦免妄费。盖诸仓通患，莫甚于飞粮，飞粮自妄费始，能杜妄费，则飞粮自熄；」仓无飞粮，则曹司不得持官长短长，因而为奸。他日去官，粮数无虚，上下可得善代。君廉静寡言，遇下正色，群吏白事，其言于法无僭，则和颜以相接；一语涉」私，即言峻色厉，据法以折之。暇日，因公会集同知副使判官于司，设尊俎相劳苦，旅语之际，必相劝勉，共为周防，意极谆恳。同僚退而相告语曰："使总大纲，其」究心粮斛若是；吾敝身亲监临，利害切己，可玩弛乎？"由是益谨乃事，更相维持。其见庪吏，日讨而申儆之，曰："尔等岁一周星，即进一级；州县吏烦劳三年，数任」而后成资得迁，其迟速悬绝，确然易知。尔等乃不思报效，因循沦染，自堕罟获，其害至于镌官丧家，

图 4 - 2 - 9　雍和宫后居住遗址出土"王德常去思碑"石碑拓片

甚者亡躯，伊谁之咎欤！"闻者咸感悟泣下，咸自濯磨，相率」奉法。君非特以身教，其于言教尤能以诚动人也。漕司有官给营运本钱计楮币千五百定贷人，月取子钱充用；前政或遇忕侈，月入不蕺，屡轶元本。君居官」清俭，日膳樽节，竟补亏数。先是漕司书佐小史，例未有出身，日执笔礼，规利苟活而已。君力请于天官，准六部办事典吏发各仓攒典，自是人有升进之望；一」切作奸犯科之事，日益以鲜，其有益于公甚多。君善政不一，此姑举其梗概耳。国显等言既，余复之曰：泰定初，余为国子博士监丞，汝之漕使，其名时可，六馆」之高第弟子也。是时中书改积分为升斋等第法，余实讨论之，是法仅以行。所得汉生数人，今以清干致时名为显官，曰王时可、完颜秉文、李藻、贡师泰。思昔」胡安定为湖州教，以经义教学者之外，置治道、水利等斋，使专习其事，以待国用。元丰改三舍法，遂取湖学教条以式成均诸生。今观王君时可一时同升之」士，多称廉能，若治道、水利等事，亦岂必先肄习而后施用乎？士子学术心术既正，一日从政，居之无倦，行之以忠，则万事治矣。余既嘉王君之善政，又自信」升斋之法，未尝不足以得人才。乃记之而不辞。王君自国学出身，初筮从仕郎利用监知事，迁归信县尹，选江南行御史台掾，历浙西宪司知事，复南台管勾」勾。入为国子监典簿，拜南台监察御史。后入为宣文阁授经郎，拜中台御史。擢户部员外郎，迁礼部郎中。属守令通调法新行，选为高邮知府，以最官召入为」太常礼仪院判官。未几，拜礼部侍郎，擢山南宪司副使，将行，都省奏留礼侍。寻迁京漕，进拜吏部尚书。今复选为礼部尚书。君少孤，自为诸生，志刚洁而气冲」粹，学该赡而文简明，所至克杨厥官，尤闲礼仪，故三任春官，搢绅相庆以为得人。同来请文者，书吏朱思道、刘让。

　　　　至正十五年岁在乙未三月」丙子立石
　　　　翰林学士承旨光禄大夫知制诰兼修国史冀郡欧阳玄撰
　　　　集贤侍讲学士中奉大夫兼国子祭酒鲁郡王思诚书
　　　　资政大夫中书省参知政事王敬方篆

第三节　雍和宫东居住遗址

　　雍和宫东居住遗址，西距雍和宫后居住遗址约 250 米。该遗址于 1969 年 10 月发掘，发掘面积 210 平方米，只保存三间北房及房下的残缺台基。

一　平面布局

　　雍和宫东居住遗址发现的三间北房和房下台基（图版 4-3-1、4-3-2：1），与雍和宫后居住遗址中的三间北房及台基完全相同，推测雍和宫东居住遗址的平面布局与雍和宫后居住遗址相同，从建筑规模上看，雍和宫东居住遗址要更大些，建筑质量也更讲究。

二　建筑结构

1. 北房建筑

　　台基呈长方形，东西长 16.35 米，南北残宽 9.55 米，高 0.50 米，台基南边被破坏，台基结构与雍和宫后居住遗址相同。台基边缘均用长 47、宽 24、厚 6 厘米的大型条砖压阑，台面用方砖以磨砖对缝法平铺。左右台明宽 0.80 米，后檐台明宽 0.60 米。

北房方向175度。三间北房为两明一暗（图4-3-1），总面阔14.15米，其中当心间面阔4.90米，东明间面阔4.63米，西暗间面阔4.62米。两明间进深皆6.45米。明间屋后有两间后厦，后厦总面阔9.53米，进深皆1.86米。西暗间后檐墙向外推出，因此没有后厦，房屋进深较大，为8.35米。

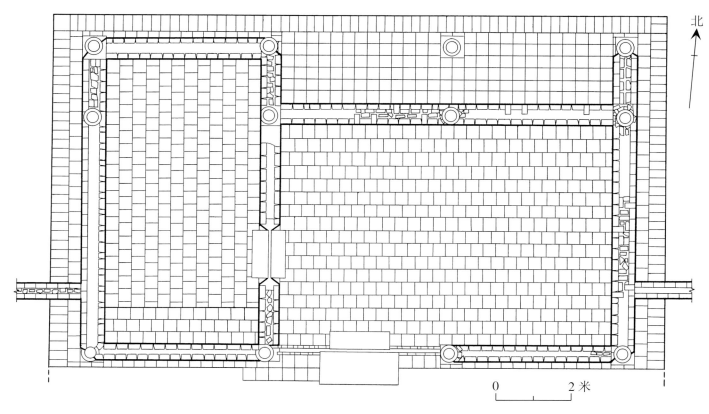

图4-3-1　雍和宫东居住遗址平面图

三间北房共有十二根木柱，木柱都已朽无，只在东山墙内保留一段朽柱脚，直径30厘米。柱础石都很完整，皆方形础座，边长55～65、厚20厘米，础座上雕刻素覆盆，盆径47、唇厚5厘米。

房屋的墙壁只残存隔减部分，残高一般为0.10米，隔减以上的墙均无存。暗间前檐墙保存最高为0.56米。墙壁砌得很厚，东、西山墙皆厚0.65米，后檐墙与隔断墙厚0.55米，前檐墙厚0.45米。除东、西山墙的外壁砖用平铺错缝顺砌外，其余墙壁均用磨砖对缝砌法，墙心用砖填砌。

房门辟在当心间的前檐处，只保存门下的地栿槽（图版4-3-1：2），长440、宽7～10、深7～12厘米。地栿槽的两端抵在当心间两侧的础石上。在屋门口的南北两侧地面上各平铺一块长方形青条石，南侧的一块长210、宽90厘米，北侧的一块长160、宽50厘米。明间与暗间的隔断墙上辟有室内过门，门口位置发现一对柿蒂形铜铺首，门口的东西两侧也各平铺一块青条石，相应门槛部位遗存一条地栿槽，长130、宽6～7、深7厘米。门口两侧的墙头呈"八"字形，其形制与后英房居住遗址主院正屋与挟屋之间的过门相同。

屋内全部方砖铺地，方砖规格33厘米×34厘米×6厘米，以磨砖对缝法平铺，对缝极严密，灰浆全在砖面以下。明间方砖地面排列是东西向成行、南北向错缝，暗间则与此排列相反。后厦方砖铺成规整的方格形状。

在暗间靠前檐墙下用砖砌一火炕，东西长402、南北宽100、高51厘米（图版4-3-2：2）。炕的结构较特殊，无烟囱和烟道，炕前脸及后沿皆用条砖平铺错缝顺砌，炕的东西两端均有宽约63厘米的一段用碎砖填平，炕心部位东西向垒成八组砖垛（图4-3-2：A）。砖垛每组由三至五块竖立条砖组成，间距10～20厘米，起支柱作用，炕面砖铺架在砖垛上面（图4-3-2：C）。炕面砖共铺两层，下面一层由两排方砖和两排条砖组成，上面一层由三排平铺错缝方砖构成。炕脸正中有一火口（图版4-3-2：2；

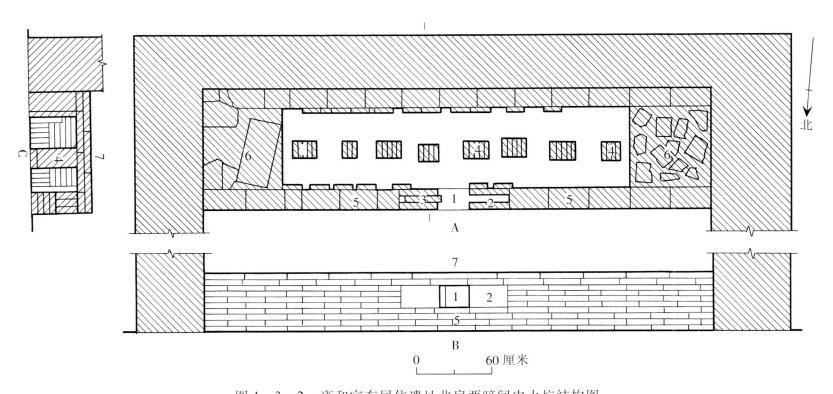

图 4 - 3 - 2　　雍和宫东居住遗址北房西暗间内火炕结构图
A. 炕横剖平面图　B. 炕前脸立面图　C. 炕横剖立面图
1. 火口　2. 火门夹槽砖　3. 火门活动砖　4. 炕心内砖垛　5. 炕脸砖　6. 炕心内两端填砌的砖　7. 炕面铺砖

图 4 - 3 - 2：A、B），宽 25、高 17 厘米。火口两侧各砌两块陡砖，使两侧各构成一夹槽状，槽内放置一块陡（横立）砖，作为一扇活动火门，向左右可推进两侧夹槽内。火口与炕心相通，在火口内的炕心中发现许多白色木炭灰。

在西暗间的炕前地面上放置一铁炉子，炉子用生铁铸成，其形制与后英房居住遗址中出土的炉子相同。

三　建筑构件

雍和宫东居住遗址因保存得不好，仅出土一些破砖残瓦，这些砖瓦与后英房居住遗址中出土的砖瓦完全相同。另外该遗址出土有门和木柱上的铜、铁饰件。计有如下数件：

铜铺首　1 对。YUE69：5，直径 15.5、厚 0.3 厘米。葵边圆形，当中凸鼓半球面，居中有一方眼，用以安装门环（图版 4 - 3 - 3：1）。

铁钉　2 枚。一枚长 25 厘米，一枚长 21 厘米。钉身断面呈方形。

铁包皮　1 块。已残。出土时包在柱头上。其上残留一排排铁钉，用以固定在柱头上。

四　出土遗物

（一）生活用具

白釉器盖　1 件。YUE69：15，高 3.3、盖径 16、子口径 11.3 厘米。圆形，圆纽，子口。黄白胎，只盖面挂牙白釉（图版 4 - 3 - 3：3；图 4 - 3 - 3）。

铜炉　1 件。残。鼎形，耳、足和底残缺。器身饰有弦纹、

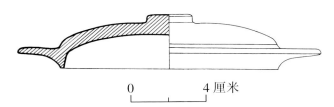

图 4 - 3 - 3　雍和宫东居住遗址出土
白釉器盖（YUE69：15）

凤鸟和兽面纹饰。

铁炭火盆   1件。残。折沿浅腹，形式与YG72：14铜炭火盆（参见图版4-7-28：1）相同。

垂帘石   3件。形制相同，实心，顶上有提梁。YUE69：4，高20、直径13.7厘米。器身上部刻有莲瓣纹（图4-3-4：1）。YUE69：39，高23.5、直径14.5厘米。器身上端刻有莲瓣纹，周壁刻方钱纹（图4-3-4：2）。YUE69：38，高25、直径15厘米。器身下端阴刻两周弦纹（图4-3-4：3）。

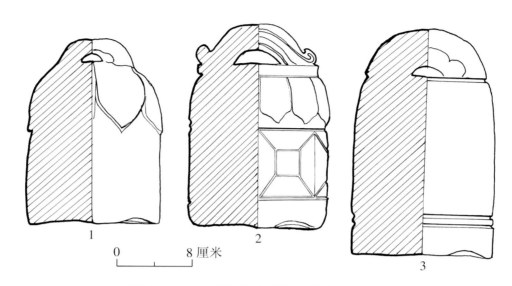

图4-3-4   雍和宫东居住遗址出土垂帘石
1. 莲瓣纹垂帘石（YUE69：4）   2. 莲瓣方钱纹垂帘石（YUE69：39）   3. 弦纹垂帘石（YUE69：38）

（二）工具

铁夯锤   1件。形制与YG73E：18相同（参见图版4-8-46：5）。

齿轮形铁轴套   4件。形制与YH65：101（参见图版4-1-64：2）相同。

石臼   1件。器形、大小与YHF72：12相同。

（三）货币

铜钱   4枚。其中宋治平元宝2枚、金正隆元宝2枚。

（四）装饰品

玉珠   1件。YUE69：21，直径2.2厘米。当中小圆孔未钻透。青白玉磨成。

铜小铺首   10件，其中5件残。形制大体相同，皆为箱柜家具上的铺首。YUE69：19，为相同的一对铺首，直径4.5厘米。六个葵瓣，瓣内均有镂孔（图版4-3-3：2左上、左下）。YUE69：120，直径9.5厘米。八个葵瓣，周身饰满花形镂孔（图版4-3-3：2右）。

第四节   桦皮厂居住遗址

桦皮厂居住遗址位于西直门内的桦皮厂胡同北口的明代城墙下，1969年冬发掘，发掘面积450平方米。遗址的南房和西厢房南间已被破坏。从整体看，该遗址是由北房、东西厢房和南房组成的较完整的四合院住宅形式。

一 平面布局

桦皮厂居住遗址平面呈东西向长方形（图版4-4-1；图4-4-1），院子北端为三间北房，当心间前设有近方形月台，月台西侧砌有台阶，东侧铺有露道。东厢房两间，东厢房的前檐墙与北房的东山墙南北相对。西厢房保存三间，从其残迹看有改建和扩建的现象，所以东、西厢房不对称。南房只残留东北墙角，从残迹看，南房北侧墙壁向北扩移了2米多，墙叠压在院中东西向的露道上。北屋西山墙至西厢房北山墙之间砌有院墙，把院落西北角围住。从北屋东山墙向东也有一道院墙，残长2米，院墙西端辟有角门。南房与东厢房之间也有围墙残迹。

二 建筑结构

1. 北房建筑

北房建在砖砌的台基之上。台基为长方形（图4-4-1），东西长14.25米，南北宽7.45米，高0.25米。台基结构与雍和宫后居住遗址相同。台基的前后台明皆宽1.15米，左右台明皆宽0.60米。前檐台边与西侧台边用长47、宽25、厚6厘米的大型长条砖压阑，后檐台边与东侧台边用边长34厘米的方砖压阑。

三间北房为一明二暗（图版4-4-2：1；图4-4-1），当心间为明间，东西两侧为暗间。当心间面阔稍大为4.35米，两暗间面阔均为4.10米，三间屋的进深皆5.2米。房子的墙壁已被破坏，只存隔减墙的几层砖，如东山墙残高0.20、厚0.58米，用条砖平铺错缝顺砌，角柱墙头砌成"八"字形，其砌法与后英房、雍和宫后等居住遗址相同。因墙壁都已被破坏，所以柱础石均被暴露。三间北房残存六个础石，前檐四个，后檐二个，后檐西北缺少两个柱础石，但础石位置痕迹很清楚。础石为方形，边长55~60、厚10厘米，础座上雕刻素覆盆，盆径55、唇厚5厘米，与后英房居住遗址中出土的础石形式相同。屋门辟在当心间的前檐中，门已无存，只留门下的地栿槽痕，槽宽7、深5厘米。

北房内的当心间与西暗间用砖砌有隔断墙，墙南段已被破坏，室内过门不清。当心间与东暗间之间可能为木隔扇，因铺地砖被破坏，木隔扇下的地栿槽痕不太清楚。三间北屋内全部用方砖铺地，当心间为东西成行、南北错缝平铺，两暗间内为南北成行、东西错缝平铺。

东、西暗间内设置有炕。西暗间的炕已被破坏，但还能看出炕的痕迹，靠前檐墙下为一火炕，壁面留有烟熏痕，靠西山墙下为一窄条实心炕，两炕呈拐角形连在一起，火炕宽110厘米，实心土炕宽45厘米。东暗间内靠北、东、南三面墙壁下围砌"凹"字形炕，南、北炕宽皆50厘米，为实心炕，东炕宽90厘米，为火炕，三面炕的上部已被破坏，炕残高7~27厘米。火炕的结构与雍和宫后居住遗址中的北房东火炕相同，火口结构又与雍和宫东居住遗址中的火炕火口相同。

2. 东厢房建筑

东厢房下的砖砌台基呈长方形（图版4-4-2：2；图4-4-1），南北长8.20米，东西宽5.45米，高0.20米。台基为平地起建，四周台壁用单层条砖平铺错缝顺砌而成，台心填土夯平，台边用小条砖压阑，四周台明皆宽0.44米。

两间东房为一明一暗，北侧为明间，面阔3.4米，南侧为暗间，面阔3.5米，进深皆4.28米。前、后檐各有三个柱础石，前檐柱础石与北房柱础石形式相同，方形础座，边长42~45、厚10厘米，覆盆径

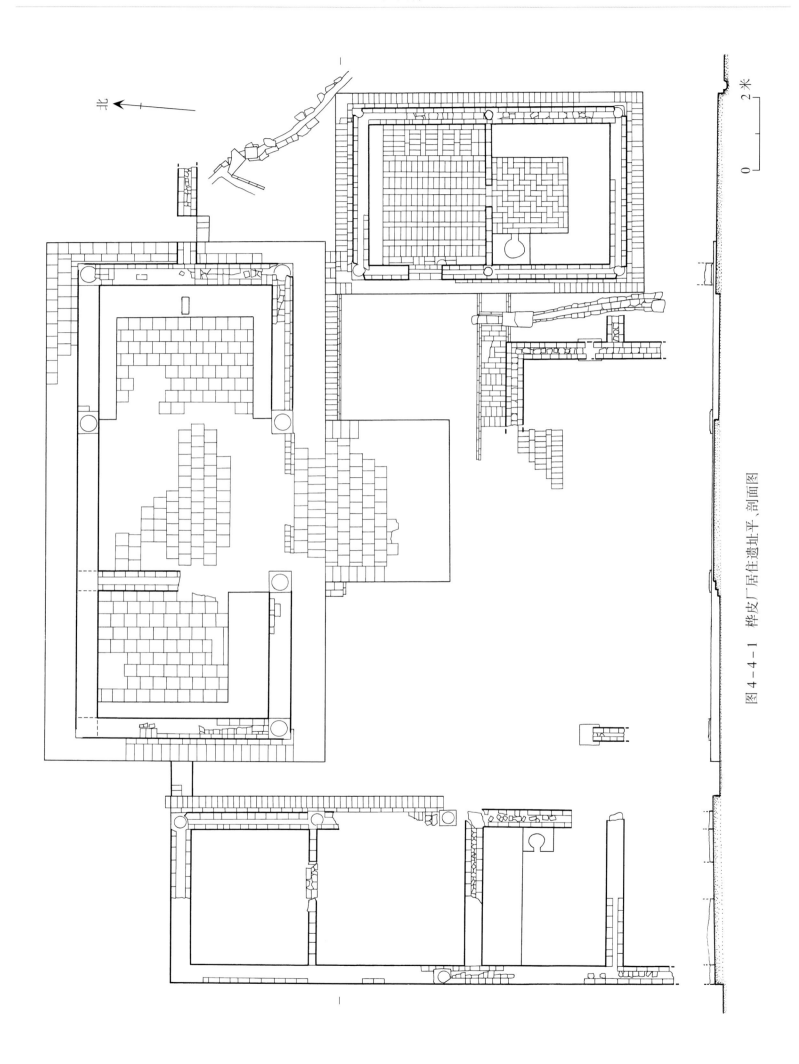

图 4 – 4 – 1 桦皮厂居住遗址平、剖面图

40 厘米；后檐柱础石均用方形石块制成，长 46、宽 44、厚 10 厘米。房屋四角均为半明柱，隔间处为暗柱，柱洞直径约 20 厘米。房屋墙壁只保存隔减墙部分，高 0.30、厚 0.45 米，内外墙壁用条砖平铺错缝顺砌，墙心用碎砖填砌，明、暗屋之间用单砖顺砌有隔断墙。屋门辟在明间的前檐墙中部，宽 90 厘米。从前檐墙观察，门是后改装的，东厢房屋门原来辟在南暗间的前檐墙北端，屋外与此门相对应处铺有露道。屋内全用条砖铺地，明间用一行丁砖一行顺砖相隔平铺地面，暗间用不太规整的"人"字形铺地面砖。

东厢房的明间内为实心土坯炕，位于北山墙下，宽 40、残高 35 厘米，炕脸用条砖包砌，并抹一层青灰。东厢房的暗间内，靠东、南、西三面墙壁下，围砌一"凹"字形炕，南炕宽 110 厘米，东炕宽 90 厘米，西炕宽 85 厘米，炕残高 33 厘米。炕用土坯和条砖砌成，炕内烟道已被破坏。在西炕北端砌一近方形灶，灶长 90、宽 85、高 20 厘米，灶膛直径 50 厘米，灶门位于东侧，宽 20 厘米。从痕迹看，灶膛出烟口与炕内烟道相连通，所以暗间内的三面炕应为火炕。

3. 西厢房

三间西厢房的北边两间房下建有台基（图版 4-4-3：1；图 4-4-1），南北长 7.45 米，东西宽 5.13 米，高 0.20 米，其结构与东厢房的台基相同。只有前檐台明，宽 0.45 米。

西厢房的北边两间为一明一暗，南头一间为单开间，因西厢房后檐墙往南继续延伸出 1.5 米后残断，所以再往南应该还有房屋建筑。明间面阔 4.25 米，暗间面阔 3.6 米，南头单开间面阔 3.8 米，进深均为 4.22 米。从西房的残迹看，南头一间是后接建的，接建时把原来西房的南山墙拆掉，向南推移 0.75 米重新立柱砌墙，构成南头一间单开间房屋，原来西房的明间面积也向南扩大。后建的南头单开间下无台基。

西厢房共发现十块柱础石，分两种形式：一种为素覆盆式，与东厢房前檐的柱础石相同，这种础石用在西房北边两间屋的前檐上；另一种为扁平方形柱础石，有的础面留有十字墨线痕，这种础石用在后檐及后接建的南头单开间上。西厢房的墙壁保存得很少，从墙基看，墙厚一般为 0.45 米，砌法与东厢房墙相同。明间与暗间的隔断墙用单层条砖顺砌，中部辟一室内过门，门口宽 130 厘米。明间的屋门已被破坏。南头单开间的屋门辟在前檐墙南端，门口宽约 95 厘米。

西厢房的明间与暗间屋内破坏严重，未留下炕的痕迹。南头单开间内靠北侧的隔断墙下有一火炕，东西长 375、南北宽 110、残高 20 厘米，炕内烟道已被破坏。靠炕前东端连建一长方形灶，长 80、宽 65、高 20 厘米。从炕、灶形式看，与西绦胡同二号遗址中常见的炕、灶相同（图 4-4-1）。

4. 南房建筑

南房大部分已被破坏，仅残存东北角和西北角的柱础石。总面阔 10.50 米，进深不清。南房下无台基，为平地起建。比较特殊的是，南房前檐墙向北推出 2.2 米，正好压在院中东西向露道南侧的砖线上（图 4-4-1），这是南房向北扩建后所造成的不合理现象。南房山墙厚 0.45 米，砌法与北房墙壁相同。

5. 院中的其他建筑

月台　位于北房台基前正中。东西长 4.4 米，南北宽 3.3 米，高 0.20 米。台壁用单层条砖围砌，台心填土，台面平铺方砖，台边用大型条砖压阑（图 4-4-1）。

台阶　位于月台西侧。用砖砌成，共两层（图版 4-4-3：2），宽 55、高 20 厘米。台阶北侧紧贴北房台基边，南侧贴砌一块陡砖作为副子，这也是最简单的踏道形式。

露道 共有两条。一条位于月台东侧的北房台基下，宽 0.40、高 0.10 米，向东与东厢房台基相接，露道外（南）侧砌双线道。另一条位于东厢房台基前正中，东西向，残长 4.5、宽 0.90、高 0.05 米，道面平铺条砖，两侧砌双线道（图 4 - 4 - 1）。

水沟 院内残存两条暗水沟。一条位于院子东北角，从西北伸向东南，残长 4.5、宽 0.20、深 0.10 米。另一条位于东厢房和南房之间，水沟从北向南残长 5、宽 0.23、深 0.10 米（图版 4 - 4 - 4：1）。这两条水沟结构相同，沟底北高南低，底部平铺条砖，沟两壁用条砖平铺错缝顺砌，沟口之上平铺石板盖。

角门 位于院子东北角（图版 4 - 4 - 4：2）。角门西侧紧靠北房东侧台基边，门口宽 70 厘米。

院墙 位于院子西北、东北和东南角。院墙都是在房与房之间围砌而成，因而较短，如西北角院墙是在西厢房与北房之间砌成的，东南角院墙是在东厢房和南房之间砌成的（图 4 - 4 - 1）。院墙厚度一般为 0.50 米，砌法与房屋墙壁砌法相同。

三 出土遗物

桦皮厂居住遗址出土遗物很少，主要是砖瓦碎块，与其他居住遗址出土的砖瓦相同。生活遗物均为碗、盘等瓷器碎片，从瓷片胎釉看，主要有磁州窑、龙泉窑、钧窑和景德镇窑等产品。均未能复原，兹不再叙述器形、花纹。

第五节 安定门煤厂居住遗址

安定门煤厂居住遗址位于安定门西侧 250 米处的明代北城墙下。北城墙拆平后，安定门煤厂正建在遗址上面，所以遗址保存得不完整。遗址的发掘工作于 1974 年 2 月～8 月进行，仅清理了遗址的东、西部分，当中为煤厂车间，所以两部分遗址间距约 18 米。现按发掘的先后顺序分别叙述如下：

一 东部遗址平面布局

东部遗址发掘面积 221 平方米。清理出三间北房及一残间西厢房。北房编号为 F1、西厢房为 F2（图 4 - 5 - 1）。

二 东部遗址建筑结构

1. 北房建筑

方向 175 度。三间北房总面阔 12.10 米，其中当心间面阔 4.95 米，西次间面阔 3.9 米，东次间面阔 3.25 米，进深均为 4.85 米（图版 4 - 5 - 1：1；图 4 - 5 - 1）。在东、西次间内的中部各砌一道南北向隔断墙，把北房东西两端分别隔出穿屋过道。西过道宽 1.38 米，东过道宽 1.05 米，实际三间北房室内东西长仅有 8.47 米。在东过道地面下，设有一条南北向排水暗沟（图版 4 - 5 - 1：2）。通过西侧过道可到北房后面。在北房后檐墙外埋放一口缸，缸已残，可能为厕所。

房屋的前、后檐墙中共有八根暗柱，木柱均已腐朽，柱洞直径 18 厘米。柱下础石共发现七块，东北角柱础石已被破坏。柱础石均用边长 33～45、厚 5～10 厘米的方形青石制成，础面凿平。

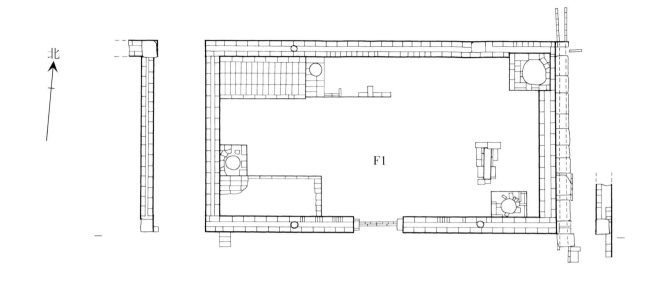

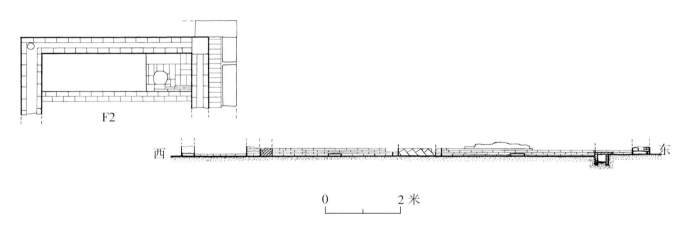

图 4 - 5 - 1　安定门煤厂东部居住遗址平面图和北房剖面图

　　房屋墙壁保存得都不好，东山墙已被破坏，西山墙仅残留墙基最下一层砖。前、后檐墙及室内隔断墙残高 0.20~0.25 米，墙壁厚 0.38~0.45 米。墙的砌法是用长 30、宽 15、厚 5 厘米的条砖与半头砖平铺错缝顺砌墙外皮，墙内填以碎砖、瓦片及土坯等。东次间的隔断墙北端一段为单坯墙，长 0.95、宽 0.17 米。

　　屋门辟在当心间的前檐墙中部，门口宽 130 厘米。在门下有一条砖砌门槛，长 100、宽 10、高 20 厘米。门槛用两排条砖砌成，里边一排用六块条砖陡立砌（砖的少半部埋在地下），外边一排砌四块牙砖，门槛两端各平放一块条砖，砖上残留有木灰痕迹，可能是立门框的地方（图版 4 - 5 - 2：1）。

　　在屋内西头的前、后檐墙下砌有两铺炕，南北相对（图版 4 - 5 - 1：1）。其中北炕保存较好，炕长 227、宽 115、高 45 厘米。炕是平地起建，先砌炕前脸及炕帮，炕心内下半部填土，表面夯实整平，厚约 30 厘米。其上顺炕的方向，用条砖砌成三条沟槽状烟道，中间烟道宽 18 厘米，北侧烟道宽 23 厘米，南侧烟道宽 14 厘米（图版 4 - 5 - 2：2）。炕面平铺三排东西向条砖，表面抹一层掺灰泥压光。在炕的东端遗留一残灶台，台上放一个铁圈，灶旁放有一个四耳罐和一个小石臼。烟囱已被破坏。南面炕保存较差，炕面与烟道皆被破坏（图版 4 - 5 - 3：1），炕长 270、宽 110、残高 30 厘米。在炕的西端北侧连接一方形砖灶，南北长 85、东西宽 73、高 25 厘米，灶口开在灶的东侧面，呈方形，宽 18、高 15 厘米，灶膛直径 38 厘米，灶膛底南侧有一斜坡火道通向炕的西北角火口内，火口处堵一块能移动的土坯。烟囱砌在炕西南角的前檐墙外，仅残存最下几层条砖。在灶旁放一烧火用的铁钩子。另外，在屋内东北角发现一大型灶，东西长 110、南北宽 98、高 30 厘米，略呈方形。该灶平地起建，用条砖（整砖与半头砖）砌成，中间留一灶膛，深约 20 厘米，在灶南侧面中部设一灶口，灶口两侧各砌一横陡砖，灶口东西宽 24、高 15 厘米，灶台面与灶膛周壁用泥抹平（图版 4－5－3：2）。

在屋内东南角，用条砖和土坯砌有炉子，已残。炉子东西长 95、南北宽 70、残高 35 厘米，炉膛直径约 40 厘米，炉膛周壁经火烧烤成红褐色硬面。在炉子北边约 15 厘米处有一个废弃的地下炉槽，槽呈长条形，南北长 84、东西宽 20、深 25 厘米，槽内填满杂土及少量炉灰。炉槽的西北部放有三口缸（图版 4－5－1：1）。

北房东过道内有一条排水暗沟，两端分别伸出屋外，残长 7、宽 0.25、深 0.10～0.15 米。沟出屋向北改为明沟伸向房后，明沟较窄，宽仅 15 厘米。沟的两壁用条砖陡立砌成，沟上口覆盖长约 38～55、宽约 35～45、厚约 5 厘米大小不等的青石板十块，石板面与地面相平。水沟底为一层硬面，南高北低，水流向房后（图版 4－5－1：2）。

2. 西厢房建筑

西厢房大部分已被破坏，仅残存北山墙。从残迹看，房子建在砖石结构的台基上（图 4－5－1）。

台基南北残长 2.35 米，高 0.20 米。其结构与西部遗址北房台基大致相同。台面东北角上残存铺地砖及三块压阑条石。前檐台明宽 0.70 米。北山墙长 5、厚 0.45、残高 0.37 米。前檐墙残长 2、厚 0.43、残高 0.30 米。后檐墙残长 2.1、厚 0.55、残高 0.45 米。在东北墙角上残存一暗柱洞，直径 20 厘米。柱洞下有一 40 厘米见方的柱础石。

屋内靠北山墙下有一东西向火炕，长 275、宽 103、残高 20 厘米。靠炕的东端有一灶，长 120、宽 103 厘米，灶膛直径 35、深 12 厘米，炕面与烟道已被破坏。

这间房屋虽已被破坏，但在屋内出土了几件较完整的器物，如白釉黑彩龙凤纹四系扁壶、铜权等。

三 西部遗址平面布局

西部遗址发掘面积 570 平方米，遗址保存较好。

西部遗址由两部分组成，南面为前院，北面为后院，前后院通过西侧的穿堂过道屋连通。后院北房西端的一间为门道屋，院门开在后檐墙中，出院门即为东西向胡同。在院门西侧还遗存两棵松树。

前院较大，有四间北房和东、西厢房，厢房已被破坏。四间北房建在砖石构筑的台基上，西面三间北房的台基边用宽约 30 厘米、长短不一的条石压阑，后檐不出台边。月台位于当心间前。东端一间北房已被破坏。西头一间北房辟有穿屋过道，可通向后院及院门。

后院很小，是个东西向窄长的小院，后院门辟在西侧，靠北房前檐墙下建一长方形小花坛。后院仅建四间北房，无东、西厢房，后院北房与前院北房后檐墙相距仅 3.90 米。后院西端为一间过堂屋，向南与前院穿屋过道相通，向北与后院过道屋和院大门相通（图版 4－5－4；图 4－5－2）。

前后两层院中的北房西山墙向南与前院西厢房的后檐墙南北连成直线，形成西侧院墙。北侧院墙即为后院北房的后檐墙。东、南两侧院墙，因建筑已被破坏，情况不清。前后院的这组建筑编为 F3。

在前后院西侧院墙以西有两间北房，属另外的院落建筑，编为 F4A、F4B（图 4－5－2）。

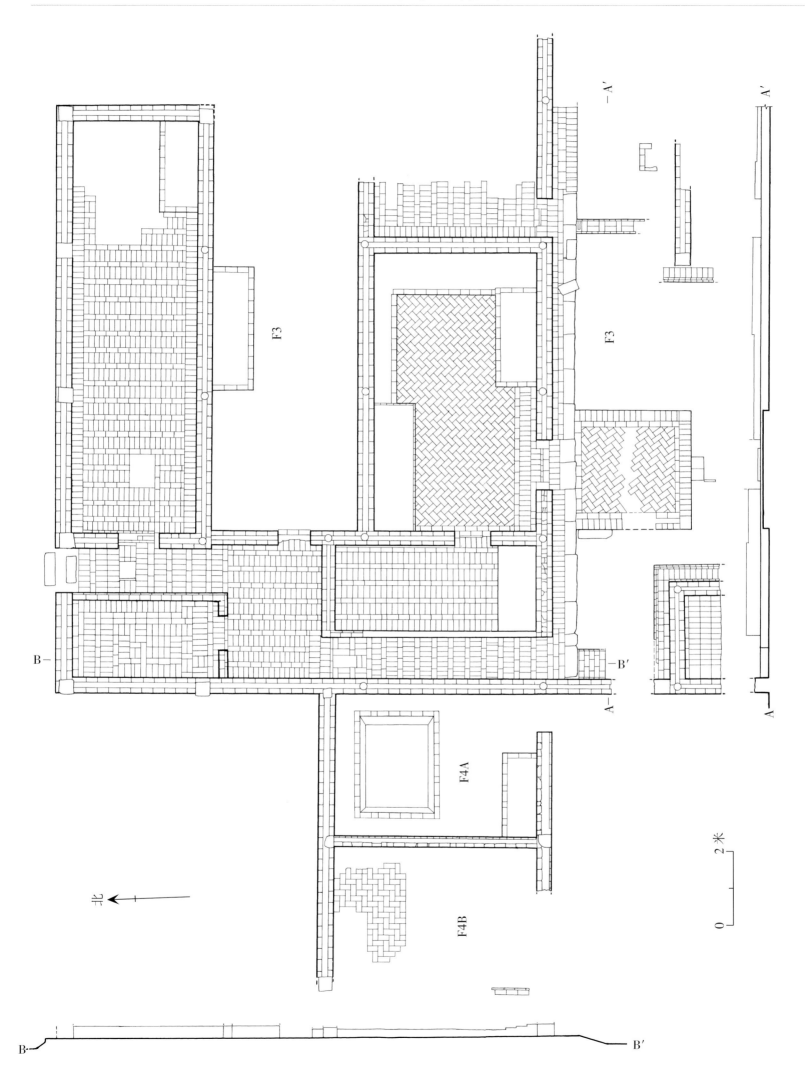

北

F3

F3

F4A

F4B

B—

B'

—A'

—A'

A'

A

—B'

A—

0 2米

图 4 - 5 - 2 安定门煤厂西部居住遗址平、剖面图

四 西部遗址建筑结构

（一）前院

1. 北房建筑

台基东西残长15.63米，高0.20米。砖石结构，平地起建。台基四边用长30、宽15、厚5厘米的条砖平铺错缝顺砌三层，台壁向上略有收分。台心用土填平夯实，台面用条砖平铺，台基前边平铺长35～130、宽30～42、厚5厘米的青条石压阑，东端台边改用条砖压阑。前檐台明宽0.60～0.65米，后檐不出台明，后檐墙与台基边平齐（图版4-5-4；图4-5-2）。

北房残存四间，总面阔16.1米，其中东头一间为单开间，西边三间为两明一暗。两明间与东头一间屋面阔均为4米，进深4.8米，西暗间面阔4.1米，它的后檐墙向北扩出0.95米，进深5.75米。在西暗间内偏西砌一道南北向砖隔墙，把暗间西侧隔出1.15米宽的一条穿堂过道，这样暗间室内东西宽仅有2.3米。

四间北房均为暗柱。木柱已腐朽，在前、后檐墙上还残留有柱洞痕迹，直径为20厘米。柱洞底均用边长35～40、厚5～10厘米的方形青石作为柱础石，础面略经凿平。在放置柱础石前先将柱础石下面的土整平夯实，然后再放柱础石、立柱、砌墙。

房屋四周墙壁仅残存隔减部分，其中前檐墙、后檐墙、西山墙及室内隔断墙残存高度为0.35米，墙厚0.40～0.45米。墙壁均用条砖平铺错缝顺砌，墙心用碎砖与土坯填馅，用掺灰泥（白灰和黄土泥）砌墙。屋内隔断墙除采用平铺错缝外，每层间杂一两块丁砖，但不规则，其目的是起加固作用。西暗间西侧的隔墙砌法较特殊，一侧采用单层平铺错缝顺砌三层条砖，另一侧则贴砌一层陡砖，其上依此砌法交错垒砌，墙厚0.22厘米。

四间北房的东头是单开间，屋门开在前檐墙西端，宽100厘米。西头三间房的屋门辟在当心间的前檐墙中，宽134厘米，门已无存，门下用六块条砖陡立砌一道门槛（砖的多半部分埋在地下），长90、宽5、高6厘米。门槛两端放一长方形木门砧（残留木炭灰痕迹），长35、宽22厘米。在明间与暗间的隔墙中部辟一室内过门，宽95厘米，残留一条砖门槛，残长62、宽5、高5厘米。门槛两端约有15厘米空隙，可能是安门框处。此外，在穿堂过道屋北端出入口处的地面上亦砌一道砖门槛，高、宽均为5厘米，门槛两端连接在过道门的东、西墙上。

四间北房地面均用条砖铺地，穿堂过道与东头单开间的地面是以一行横砖一行竖砖东西向平铺，西暗间则为南北向平铺，两明间为"人"字形铺地砖。

在两明间内，除辟门处无炕外，围绕北、东、南三面墙下均砌有炕。其中保存较好的是当心间的北炕，东西长345、南北宽110、残高25厘米，炕面与烟道已被破坏，从残存部分看与雍和宫后居住遗址北房东炕相同。东明间南炕仅残存炕基最下一层砖，东西长275、宽110、残高5厘米，炕的结构与当心间北炕相似。东明间北炕、东炕较窄，仅存炕底痕，北炕宽60厘米，东炕宽110厘米。在西暗间内前檐墙下亦残存一炕痕，东西长230、南北宽105厘米。

在北屋地面和穿堂过道屋的地面上有木炭和烧土堆积，四周墙壁有火烧痕，从这些现象分析，此房曾遭受火灾。

2. 东、西厢房残迹

西厢房仅存北山墙，面阔不清，进深一间2.7米。北山墙长3.1、厚0.40、残高0.30米。前檐墙残长1.35米，后檐墙残长1.4米，均厚0.40米。墙的砌法与北房相同。房子东北、西北墙角内有暗柱洞，直径20厘米，洞底放有方形柱础石。屋内山墙下有一砖砌的长条形炕，东西长 230、残宽 95、残高 34 厘米。房下也有砖建的台基，台基高 0.15 米，台明宽 0.45 米，台基边砌有双线道。

东厢房仅残存北山墙及西北角柱础石，形式结构与西厢房相同。

3. 院内其他建筑

月台　位于北房台基前，略呈方形，南北宽 3.1、东西长 3.3、高 0.15 米。其结构与台基相同。在月台东、西、南边用条砖压阑，台面为"人"字形铺砖地，部分地面残破。在月台前两角压有边长 33 厘米的灰方砖代替角石。紧贴月台西边放一长 90、宽 25、厚 6 厘米的青条石作为台阶。

露道　前院有两条露道。一条位于东侧北房单开间门前，向南与东厢房的台基连接，南北残长 1.8、东西宽 0.43、高 0.08 米，两侧有单线道，道面以一行横砖两行竖砖交错平铺，略呈现弧形面。另一条露道在月台前，用边长 33 厘米的方砖东西平铺，两侧砌有砖线，这条露道大部分已被破坏，南北残长 0.33、东西宽 0.66 米。

慢道　在台基西端的穿堂过道屋门前，为斜坡慢道，南北残长 0.80、东西宽 0.85、高 0.06～0.18 米。慢道面平铺错缝条砖，两侧砌单线道，残存五行。

煤池子　在院内东厢房的北山墙下砌有一煤池。池子上口东西残长 0.50、南北残宽 0.30、残高 0.30～0.45 米，在煤池砖壁上残留有煤灰痕迹。靠近煤池的东北角放一铁炉子和一铁铛（图版 4－5－5：1），在北房台基上平放磨刀石、捶布石各一件。

（二）后院

1. 北房建筑

四间北房总面阔 15.65 米（图版 4－5－5：2）。其中东边的三间为一大明间（呈筒形屋），西头为一单开间，除东头一间面阔为 3.65 米外，其余三间的面阔皆 4 米，进深均为 3.7 米。在西头一间屋内砌一道南北向隔墙，将该房的西部隔出一小间，室内宽 2.1 米，东部留出一宽 1.2 米的穿堂过道。这四间房屋的结构及做法与前院北房基本相同，房下台基高 0.20 米，但台基的西、南边未出台明，台壁与房屋的西、南墙壁平齐，台基的东、北边已被破坏（明代城墙基正压在房屋北墙基上，图版 4－5－5：2 上看到的条石是城墙下的基础石），界限不清。

房屋墙壁保存最高的是西山墙、前檐墙及隔断墙，一般高 0.25～0.35、厚 0.42～0.45 米，保存较差的是西头一间屋内的隔墙，高仅 0.5～0.15、厚 0.23 米，该墙砌法与前院北房西暗间隔墙相同。在房屋前檐墙上残留有柱洞痕迹，柱洞直径 20 厘米。共发现十块柱础，础石均用 40 厘米见方的青石块制成。

四间北房共有两个屋门，其中三间筒形屋的屋门辟在西侧隔断墙中部，门朝西，面向穿堂过道，门口宽 107 厘米，在门下的地面上用条砖砌一门槛，残长 60 厘米。另一屋门在西侧小间的前檐墙中间，门已被破坏，门口的铺地砖因长期踩踏已被磨光。

在三间筒形屋内的东南和西南墙角下，有一东西向长条炕和方形灶，仅残存炕、灶的最底部。东南角炕长 250、宽 105 厘米。灶呈方形，边长约 75 厘米。

屋内均用条砖铺地，西侧小间屋内的铺地砖横竖相间平铺，不太规则；东侧三间筒形屋内除靠后檐墙下横铺一行条砖外，其余地面以南北向的一行横砖一行竖砖平铺；穿堂过道内的铺地砖为东西向的一行横砖一行竖砖平铺，中间平铺一块青石板，北端门口处横铺条石。

在西小间屋内出土很多遗物，都比较完整，如碗、盘及铜印章、铜镜、石砚等。可能是元末明初动乱时，房主把东西集中在西小间屋内，但后来急于修筑明代北城墙，房主仓促搬家，部分东西被遗忘在屋内，因此都被压在明代北城墙下。

2. 过道屋

过道屋位于后院西端，东西长 3.7 米，南北宽 2.9 米。该屋将前、后院北房西侧的穿堂过道连接在一起（图 4－5－2），是通往前、后院的必经之地。在过道屋东侧墙中部辟一门，门口宽 85 厘米，门外即为后院。过道屋的西墙同时也是将前、后院北房西山墙之间连接起来的一道围墙，墙的砌法与北房墙相同。过道屋内也用条砖铺地，屋内地面与北房屋内地面相平。

3. 院内花坛

在后院北端中间有一长条形花坛，东西长 3.38 米，南北宽 1.10 米，高 0.30 米。花坛的东、西、南三壁用条砖平铺错缝顺砌，北边紧贴北房前檐墙下。坛内填灰黄土，土质松。花坛之南埋放一口大水缸，缸口露出地面，直径 73 厘米。在花坛南面还陈设四块假山石，附近出土有石臼、石座等物。从这些现象看，后院可能为庭院小花园。

在后院东南角残存一灶，用青石块围砌成，火膛直径 25、深 8 厘米，周壁有火烧痕迹。

（三）西部遗址西侧的北房残迹

前后院西侧为另外一院，院内北部残存北房两间，即 F4A、F4B（图版 4－5－6：1；图 4－5－2）。

东头一间（F4A）面阔 4.20 米，进深 5.80 米。门辟在前檐墙东端，宽 103 厘米。屋内靠西南墙角处有一长条炕，残存炕基最下一层砖，炕东西长 230、南北宽 95、残高 5 厘米。在屋内中间偏北有一长方形竖穴坑，坑口东西长 2.62、南北宽 1.95 米，坑底东西长 2.25、南北宽 1.65 米，口略大于底，坑深 0.87 米，用条砖垒砌而成，底部垫一层厚约 3 厘米细黄土，内填灰黄色杂土（图版 4－5－6：2）。出土物有铁锤、铁灯碗及铜灯碗各一件。此坑用途不清。

西面一间（F4B）面阔 3.8 米，进深 5.8 米。这间房屋西、南两面墙壁已被破坏。门向不清，仅残留后檐墙、东隔墙墙基及室内部分"人"字形铺地砖。

这两间房的前檐墙保存得较好，残高 0.30、厚 0.40 米，屋内隔断墙厚 0.30 米，后檐墙厚 0.42 米。前檐墙的隔减部分砌法较为特殊：墙的外壁用条砖先平铺错缝顺砌三层，之上顺砌一层立陡砖，墙的里壁用条砖或半头砖顺砌立砖一层，之上再平铺顺砌条砖，里外壁之间以碎砖、瓦片、土坯等填实。隔断墙的两端各有一暗柱洞，洞底放有柱础石，础石呈方形，边长为 33、厚 6 厘米。这两间北房以西还有残房遗迹（图版 4－5－6：1），但破坏严重。

五　建筑构件

（一）砖、瓦

雕花方砖　1 块（残）。YM74F4B：5，长 34、残宽 26、厚 6 厘米。青灰色。砖心为三爪龙纹，四边有花卉和席纹图案。

兽面纹瓦当　1 件。YM74F1：25，直径 12.4、厚 1.3 厘米，兽面凸起 1 厘米。形式与 YG72：125（参见图版 4－7－10：4 左）相同（图 4－5－3：1）。

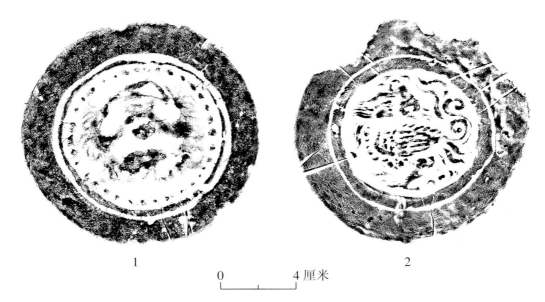

图4－5－3 安定门煤厂居住遗址出土瓦当拓片
1. 兽面纹瓦当（YM74F1：25） 2. 凤鸟纹瓦当（YM74F1：17）

凤鸟纹瓦当 1件。YM74F1：17，直径12、厚1.2厘米，凤鸟纹凸起1.3厘米。青灰色。纹外有一周圆环、一周弦纹（图版4－5－7：1；图4－5－3：2）。

（二）柱础石、门砧石及门上的装饰件

柱础石 1件。YM74F1：22，高8、边长19、盆径14厘米。方形，上雕圆盆，中间凿穿一圆孔。青石质（图版4－5－7：2）。

门砧石 1件。YM74F1：23，高14、长28、宽13厘米。长方形，中央及一端凿一凹槽。

铜铺首 3件。YM74F3：31，高1.4、直径10、厚0.15厘米。形状与YUE69：5（参见图版4－3－3：1）相同。

铜门座 2件。YM74F4B：9①，大小两种，大的长8.3、宽5.3、厚0.2厘米，小的长7.2、宽4.7厘米。形状与YH72：137相同。

铁门环 1件。YM74F3：52，直径8.3、钉长10厘米。圆环形，环上套一长条形钉（图版4－5－7：3）。

六 出土遗物

（一）生活用具

生活用具有瓷器、陶器、铜器、铁器、石器等。西部遗址出土的器物数量最多。以瓷器碎片最多，经修复的瓷器有碗、盘、洗、盆、罐、经瓶、花瓶、扁壶、香炉、杵、臼、灯碟等，陶器有盆、花盆、香炉等，铜器有鐎斗、盒、灯碗及仿古的鼎、瓠、壶、尊等，铁器有炉子、通条、灯碗、勺、锁等，石器有石臼、石磨、磨刀石、捶布石等。

1. 瓷器

出土大量的瓷器碎片，其中以磁州窑系的白釉赭彩瓷及黑釉瓷碎片最多，其次是龙泉窑系的青釉瓷、景德镇窑系的影青釉（青白釉）瓷和枢府釉（卵白釉）瓷，钧窑瓷片和不知名的粗瓷片数量亦不少，还有少量的霍窑白瓷、景德镇窑青花瓷及琉璃釉器等。在碗的底足部分有不少有墨书文字或记号的，其中钧窑碗最多，墨书的文字有"司""康""闻""陈""杨大""张""韩"等。影青釉碗底墨书有"黄""韦""松"及记号。白

釉赭彩碗底墨书有"郭"等。经复原的完整器物约 130 件，按器形及釉色分别叙述如下：

　　枢府釉碗　2 件。属景德镇湖田窑。YM74F3：23，高 5.8、口径 12、足径 4.3 厘米。敞口，尖唇外侈，深腹，圈足。白胎，灰白釉。碗底印菊花纹，花瓣呈放射状布满碗壁（图版 4 - 5 - 7：4；图 4 - 5 - 4：1）。另一件器形与 YG73T：22（参见图版 4 - 8 - 24：3）相同。

　　青釉碗　3 件。均属龙泉窑系。YM74F3：13，高 7.4、口径 19、足径 5.8 厘米。圆唇外侈，深腹，圈足。灰胎，青黄釉，有裂纹，碗内底无釉。外壁口沿下有五周弦纹，其上刻划三短线纹（图版 4 - 5 - 7：5；图 4 - 5 - 4：3）。YM74F3：94，高 6.8、口径 17.5、足径 6.5 厘米。器形同 YM74F3：13。釉面有大裂纹。内底印弦纹一周，弦纹内有菊花纹，纹饰间印有文字，仅看清一"河"字。在其他碎片中见有很清楚的"清河"二字（图 4 - 5 - 5：1）。YM74F3：24，高 4、口径 11.8、足径 4.2 厘米。圆唇外侈，浅腹，小圈足。豆青釉。近足部阴刻细弦纹两道（图版 4 - 5 - 7：6；图 4 - 5 - 4：2）。另外发现碗底印荷花、荷叶纹的很多（图 4 - 5 - 5：2 ~ 4），有个别印鹿纹的。

　　白釉碗　1 件。霍窑产品。YM74F3：62，高 8、口径 19.1、足径 6.4 厘米。圆唇外侈，深腹，圈足。白胎，白釉，足底内施浅黄色釉，有碎纹（图版 4 - 5 - 8：1；图 4 - 5 - 4：4）。

　　枢府釉高足碗　1 件。属景德镇湖田窑。YM74F3：21，通高 11.4、口径 12.9、足高 7、足径 4.3 厘米。尖唇外侈，深腹，平底，圆柱形高圈足。白胎，灰白釉。内底印有莲瓣形团花，内腹壁印有云龙纹（图版 4 - 5 - 8：2；图 4 - 5 - 6：1）。

　　青釉高足碗　3 件。均属龙泉窑系。灰白胎，青绿釉，足底露处呈红色。YM74F3：48，通高 9.2、口径 12.2、足高 4、足径 4 厘米。敞口，圆唇外侈，深腹，平底，喇叭状圈足。釉面有裂纹。碗心印有莲花纹，圈足腰部印有细弦纹两道（图版 4 - 5 - 8：3；图 4 - 5 - 6：2）。YM74F3：49，通高 8.2 厘米。形制与 YM74F3：48 相同。豆青釉，有碎纹。口沿外壁有弦纹两道（图版 4 - 5 - 8：4；图 4 - 5 - 6：3）。YM74F3：14，通高 8.8、口径 8.8、足高 4.5、足径 3.8 厘米。花瓣状口沿，沿稍外撤，直壁深腹，平底，喇叭状高圈足。其上有弦纹两周（图版 4 - 5 - 8：5；图 4 - 5 - 6：4）。

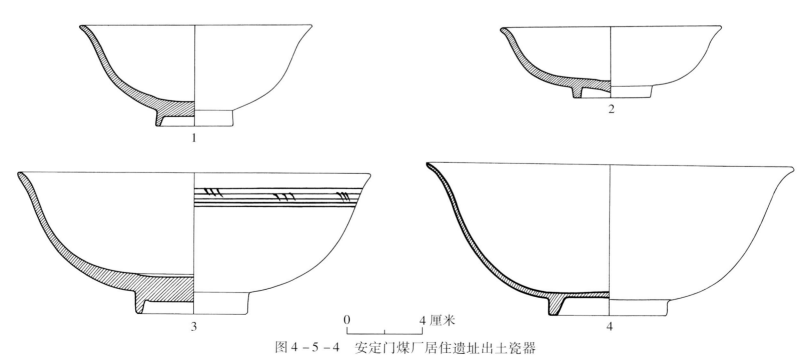

图 4 - 5 - 4　安定门煤厂居住遗址出土瓷器
1. 枢府釉碗（YM74F3：23）　2. 青釉碗（YM74F3：24）　3. 青釉碗（YM74F3：13）　4. 白釉碗（YM74F3：62）

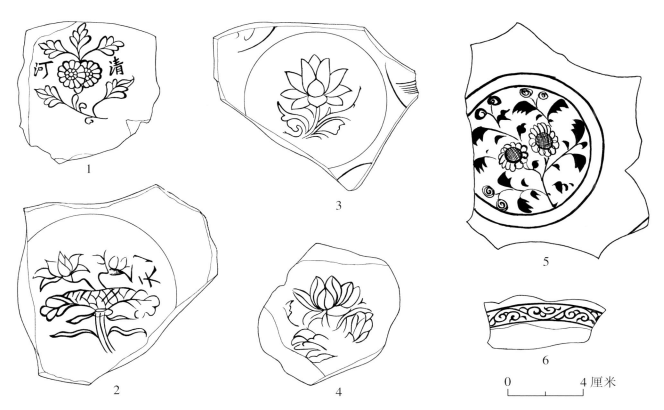

图 4 - 5 - 5　安定门煤厂居住遗址出土瓷器花纹
1~4. 龙泉窑瓷器花纹　5、6. 湖田窑青花瓷器花纹

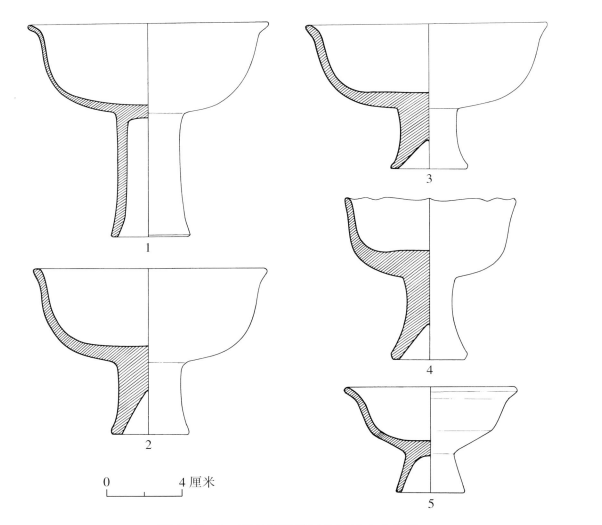

图 4 - 5 - 6　安定门煤厂居住遗址出土瓷器
1. 枢府釉高足碗（YM74F3：21）　2~4. 青釉高足碗（YM74F3：48、49、14）　5. 黄白釉高足碗（YM74F3：96）

黄白釉高足碗 1件。YM74F3：96，通高5.6、口径9.2、足径3.6厘米。敞口，圆唇外侈，弧折腹，圈底，喇叭形圈足（图版4－5－8：6；图4－5－6：5）。

青花盘 1件。残。YM74F1：26，高4、口径16.5、足径5.1厘米。侈口，圆唇，浅腹，平底，小圈足。白胎，青白釉，圈足内无釉。内底绘画两周弦纹，弦纹内画双朵菊花纹，外壁及内口沿处绘缠枝花卉纹（图版4－5－9：1；图4－5－5：5）。在口沿残片上还发现有缠枝忍冬纹（图4－5－5：6）。

枢府釉盘 1件。景德镇窑系。YM74F3：95，高4.7、口径15.5、足径5厘米。器形、花纹与YG73F5：11（参见图版4－8－28：1）相同。

青釉大盘 2件。龙泉窑系。YM74F3：11，高3.8、口径22.9、足径17.2厘米。器形与YG73F1：3（参见图版4－8－28：4）相同。

青釉洗 1件。龙泉窑系。YM74F3：22，高3.6、口径12.5、足径5.8厘米。圆唇，平折沿，浅腹，圈足。灰白胎，青绿釉。外壁饰莲瓣纹，盘心贴双鱼纹（图版4－5－9：2；图4－5－7：1）。

钧釉盘 1件。钧窑系。YM74F1：16，口径16.1、足径9.6厘米。圆唇，浅腹，矮圈足。黄胎，灰蓝釉，口沿及弦纹处呈黄褐色，有碎裂纹，釉不到底。盘内底有弦纹一周（图版4－5－9：4；图4－5－7：2）。

白釉盘 2件。YM74F3：65，高5、口径28.5、足径12.3厘米。圆唇，浅腹，圈足。白胎，乳白色釉，底及圈足处釉呈浅黄色，足底无釉，有碎裂纹（图版4－5－9：5；图4－5－7：3）。另一件裂纹呈黄褐色。盘腹外壁有铜补钉孔两个。

青白釉三足洗 1件。景德镇湖田窑。YM74F3：61，通高11.8、口径23、足高3厘米。扁圆鼓形，方圆唇，直口内敛，腹稍鼓，圜底，三角形足，足尖外撇。白胎，青白色釉，底部内外皆无釉。口、底部外壁各饰一周鼓钉纹，腹身刻一周缠枝牡丹纹，足部兽面纹（彩版二一：1；图版4－5－9：3；图4－5－7：4）。

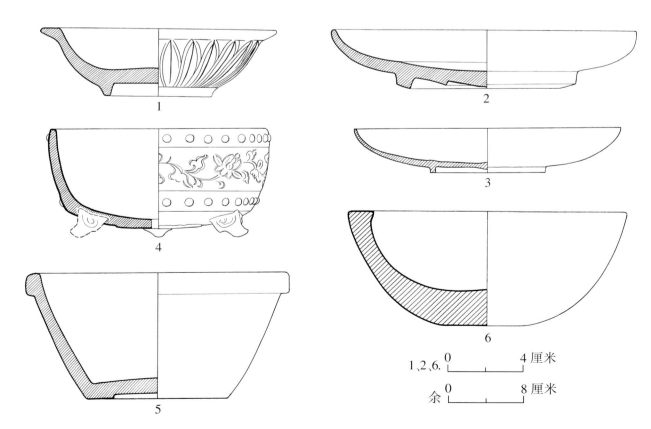

图4－5－7 安定门煤厂居住遗址出土瓷器

1. 青釉洗（YM74F3：22） 2. 钧釉盘（YM74F1：16） 3. 白釉盘（YM74F3：65） 4. 青白釉三足洗（YM74F3：61）

5. 白釉赭彩草叶纹盆（YM74F2：6） 6. 青灰釉研钵（YM74F3：9）

白釉赭彩草叶纹盆　1 件。磁州窑系。YM74F2：6，高 13.5、口径 28.2、底径 15 厘米。器形同 YG73W：8（参见图版 4 - 8 - 31：1）。黄灰胎，内壁白釉赭彩，绘弦纹及草叶纹，外壁酱色釉不到底，釉面粗糙（图版 4 - 5 - 10：1；图 4 - 5 - 7：5）。

青白釉罐　1 件。景德镇湖田窑。YM74F3：67①，高 30、口径 16.2、腹径 31、底径 14.5 厘米。圆唇外卷，短颈，圆肩，鼓腹，平底稍内凹。白胎，釉呈浅青蓝色（图版 4 - 5 - 10：3）。

白釉黑（赭黄）彩罐　7 件。均属磁州窑系。其中 3 件为黄白胎，白釉黑彩。YM74F3：19，高 28.4、口径 19.4、腹径 31.2、足径 13 厘米。肩部彩绘弦纹菊花，腹部绘牡丹及山形太阳纹，颈肩腹之间以细弦纹两道相隔（图版 4 - 5 - 10：4；图 4 - 5 - 8：1）。YM74F3：46，高 18.7、口径 14.4、腹径 21.4、足径 9.7 厘米。腹部皆彩绘牡丹花叶纹（图版 4 - 5 - 10：5；图 4 - 5 - 8：2）。YM74F3：70，高 24.9、口径 17、腹径 26.4、足径 11.2 厘米。肩部彩绘缠枝菊花弦纹，腹部一侧绘云凤纹，另一侧绘牡丹纹，云凤、牡丹纹之间填以花草、山形纹（图 4 - 5 - 8：3）。

另外 4 件为磁州窑罐，夹砂紫缸胎，白釉赭彩或黄彩。YM74F3：4，高 37、口径 22.5、腹径 36、足径 21.2 厘米。直口，圆唇，短颈，溜肩，鼓腹，平底，底心部内凹。近底边缘残存三个方形支块痕。肩部绘竖线及花草纹，腹部一侧绘云凤纹，另一侧绘牡丹纹，云凤与牡丹纹之间填以山形及花叶等纹饰，颈、肩、腹各组纹饰间有细弦纹二至三道（彩版四：1；图版 4 - 5 - 11：1；图 4 - 5 - 9：1）。YM74F3：18，器形同 YM74F3：4。

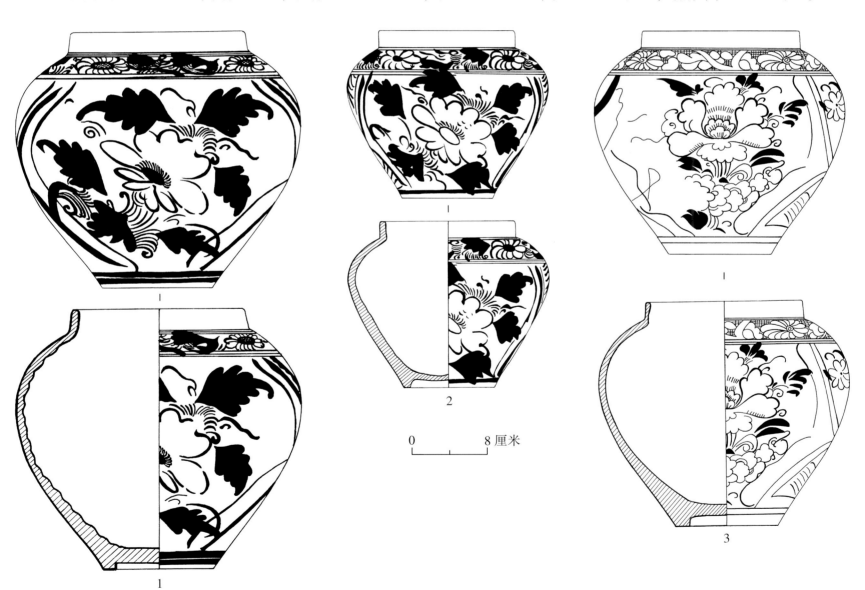

图 4 - 5 - 8　安定门煤厂居住遗址出土磁州窑系白釉黑彩罐
1. YM74F3：19　2. YM74F3：46　3. YM74F3：70

0　　　　　8厘米

图 4 - 5 - 9　安定门煤厂居住遗址出土磁州窑系白釉赭彩罐
1. 赭黄彩罐（YM74F3：4）　 2. 赭彩罐（YM74F3：18）

肩部为莲瓣连环及牡丹纹，腹部绘双凤、山形、草叶纹等（图版 4 - 5 - 11：2；图 4 - 5 - 9：2）。

　　白釉小罐　1 件。磁州窑。YM74F3：12，高 10.3、口径 5、足径 6 厘米。圆唇，短颈，斜肩，鼓腹，凹底（隐圈足）。黄灰色胎，灰白色釉，釉面布满褐色碎裂纹，器内施黑釉，底无釉（图版 4 - 5 - 10：2；图 4 - 5 - 10：1）。

　　黑釉大罐　1 件。磁州窑。YM74F3：8，高 25.4、口径 20.8、腹径 33.2、底径 21 厘米。直口，圆唇，短颈，溜肩，鼓腹，平底稍内凹。米黄色胎，器内黄褐色釉，器外黑釉，釉面粗糙，呈橘皮状，有流釉，下腹部及底部无釉（图 4 - 5 - 10：2）。

　　酱黑釉小罐　1 件。磁州窑。YM74F3：25，高 10.8、口径 7.5、腹径 13.6、足径 6.2 厘米。方圆唇，矮直颈，圆鼓肩，收腹，凹底（隐圈足）。黄白胎，酱黑釉，釉面光亮，口底无釉，有流釉（彩版一二：1；图版 4 - 5 - 11：3）。

　　黑釉双耳罐　2 件。YM74F3：15，高 10.8、口径 10.5、肩径 13、足径 6.5 厘米。圆唇，直颈，鼓肩收腹，

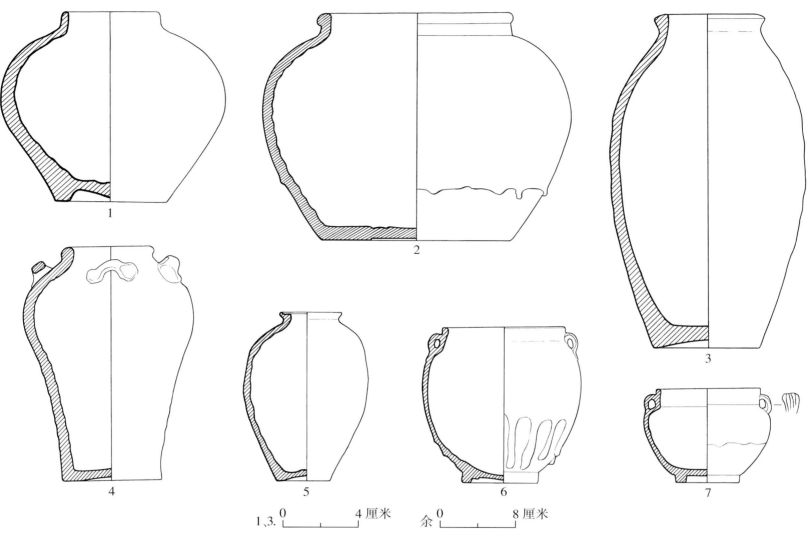

图4-5-10　安定门煤厂居住遗址出土磁州窑系瓷罐
1. 白釉小罐（YM74F3：12）　2. 黑釉大罐（YM74F3：8）　3、5. 酱釉粗瓷罐（YM74F1：15、YM74F3：41）　4. 黄褐釉四耳罐（YM74F1：2）
6、7. 黑釉双耳罐（YM74F1：20、YM74F3：15）

颈肩间有对称小耳，圈足。灰胎，腹内外施黑釉，釉不到底（图版4-5-12：1；图4-5-10：7）。YM74F1：20，高17.4、口径13、腹径16.4、足径8.1厘米。圆肩，鼓腹，矮圈足。白胎，口沿为酱釉、肩腹为黑釉，釉不到底，有流釉。双耳上有线条，口部有铜补小孔3个（图版4-5-12：2；图4-5-10：6）。

酱釉粗瓷罐　3件。YM74F1：15，高18.2、口径6、腹径10、底径5.9厘米。小口，长圆腹，小平底内凹。夹砂灰胎，黄酱色釉，釉面粗糙，施釉不匀（图版4-5-12：3；图4-5-10：3）。YM74F3：41，高18.7、口径7、腹径13.2、底径5.6厘米。器形同YM74F1：15，只腹部较肥（图版4-5-12：4；图4-5-10：5）。

黄褐釉四耳罐　3件。YM74F1：2，高25.1、口径10.1、腹径18.1、底径10.4厘米。圆唇，卷沿，圆肩，鼓腹，下腹瘦长，肩部有四个桥形耳，平底。夹砂灰胎，黄褐色薄釉，釉面粗糙，有裂纹，流釉，下腹部及底部无釉（图版4-5-12：5；图4-5-10：4）。

青灰釉研钵　1套。YM74F3：9，高6、口径14.7、底径5.2厘米。平唇，沿内勾唇，斜腹内收，小平底。红灰色胎，腹外壁施青灰釉，釉面光滑，有碎裂纹，内壁及底部无釉。研杵残长8.5、把径2.9、杵头径5.3厘米。紫砂胎，把中腰有褐釉，器身有凹弦纹（图版4-5-12：6；图4-5-7：6）。

青釉大瓶　1件。口已残。龙泉窑系。YM74F2：4，残高34、腹径20.8、足径11.3厘米。长颈，鼓腹，下腹瘦长内收，凹底（隐圈足）。灰白胎，青绿色釉，釉薄处呈黄绿色，底边无釉处呈红色。器身有铜补孔12个，颈部有10余道弦纹，上腹部有牡丹花纹，下腹部为瘦长的菊花瓣纹（图版4-5-13：1）。

白釉经瓶　2件。磁州窑系。YM74F3：2，高38.4、口径6.7、腹径25.4、底径15厘米。器形同YG73F3：9（参见图版4-8-37：4）。

黑釉经瓶　3件。磁州窑系。YM74F3：59，高38.2、口径5.8、腹径21、足径11.5厘米。器形同YM74F3：2。米黄色胎，酱色釉，肩部一圈及底部无釉（图版4-5-13：2；图4-5-11：1）。YM74F3：5，高19、口径

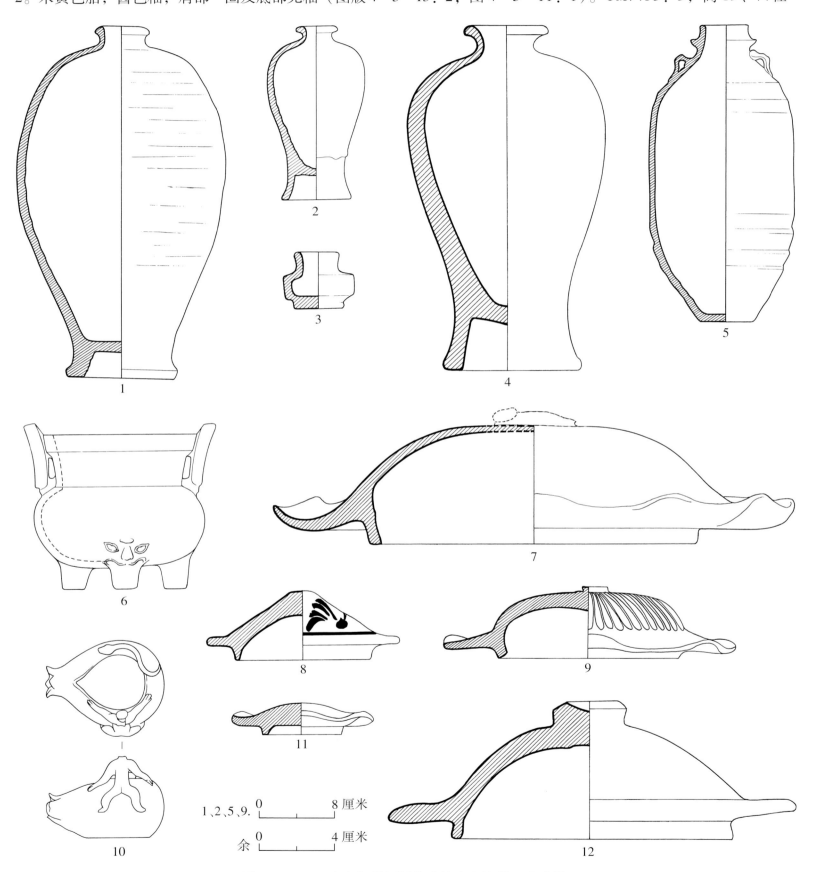

1、2、5、9.　0 ——————— 8厘米

余　0 ——————— 4厘米

图4-5-11　安定门煤厂居住遗址出土瓷器、琉璃器

1、2.黑釉经瓶（YM74F3：59、5）　3.黑釉小瓶（YM74F3：105）　4.翠蓝釉经瓶（YM74F3：104）　5.褐釉双耳瓶（YM74F1：24）
6.枢府釉炉（YM74F3：73）　7.青花器盖（YM74F3：17）　8.白釉赭彩器盖（YM74F4B：15）　9、11.青釉器盖（YM74F3：58、YM74F1：40）　10.青白釉水盂（YM74F3：36）　12.孔雀蓝琉璃釉器盖（YM74F3：69）

4.6、足径7.7、肩径10.5厘米（图4-5-11：2）。器形与YG72：21（参见图版4-7-23：2）相同。

　　黑釉小瓶　1件。磁州窑系。YM74F3：105，高3、口径2.5、底径2.6厘米。应为鸟食罐（图4-5-11：3）。

　　翠蓝釉经瓶　1件。磁州窑系。YM74F3：104，高19、口径4.3、腹径10.7、足径7.2厘米。米黄胎，翠蓝釉，底边处白釉（图版4-5-13：3；图4-5-11：4）。

　　褐釉双耳瓶　3件。YM74F1：24，高32.5、口径5.3、腹径16、底径5.8厘米。小口，双唇沿，细颈，溜肩，肩部有双耳，深腹下部内收，小平底。砖红色缸胎，深褐色薄釉，釉面粗糙，底部无釉（图版4-5-13：4；图4-5-11：5）。

　　白釉黑彩四系扁壶　2件。磁州窑系。YM74F2：3，高34.3、口径6.5、腹宽31、底宽24、底侧宽7.9厘米。小口，圆唇，短颈，圆肩，肩部有对称平行的双耳，扁腹，平底。黄白胎，白釉，底部无釉。腹部采用黑釉剔花技法，一面绘云龙纹，另一面绘云凤纹，肩部绘莲花，两侧腹部绘缠枝花纹（彩版一〇；图版4-5-14；图4-5-12）。

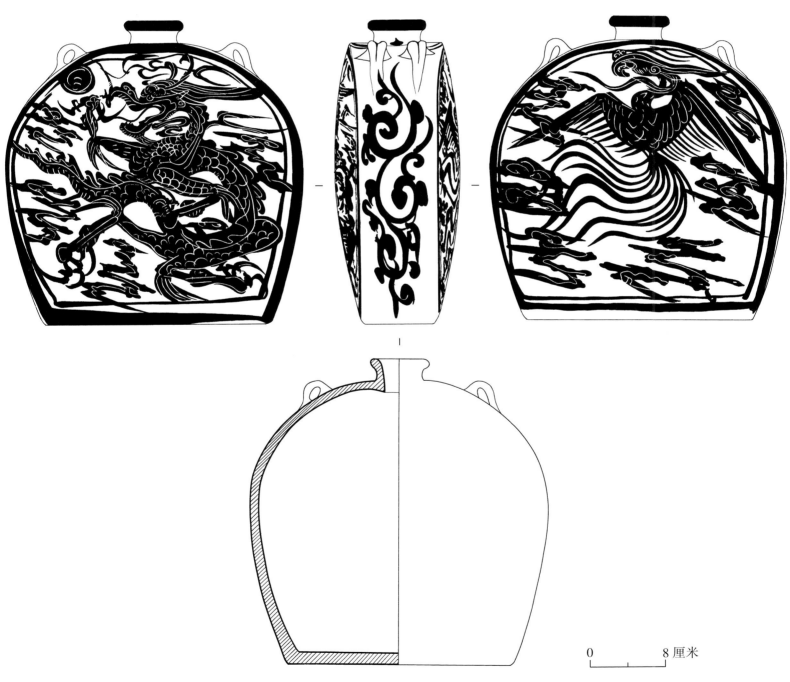

0　　　　　　8厘米

图4-5-12　安定门煤厂居住遗址出土白釉黑彩四系扁壶（YM74F2：3）

枢府釉炉　1件。景德镇窑系。YM74F3：73，通高9.5、口径7.8、腹径9厘米（图4－5－11：6）。

灯碟　2件。器形与YE65：9（参见图版4－10－3：1）相同。

小灯碟　69件。YM74F1：7，高2、口径5、底径3.4厘米。直口，圆唇，平底。内壁底面挂黑釉。

青花器盖　1件。顶部已残。景德镇窑系。YM74F3：17，残高5.5、盖径28厘米。荷叶状，子母口。白胎，青白釉，盖内边沿及子口处无釉。盖面用青花料彩绘荷花、水草、浮萍、鱼、鸳鸯等（彩版一三：2；图版4－5－15：1；图4－5－11：7）。

青釉器盖　2件。属龙泉窑系。YM74F3：58，高8、盖径31.5厘米。荷叶状。灰白胎，盖面为青绿色釉，盖内青黄色釉，盖内边沿及子母口处无釉。盖面印叶茎纹，纽呈瓜蒂状（图版4－5－15：2；图4－5－11：9）。YM74F1：40，高1.5、盖径7.4厘米。圆形，荷叶状，子口。灰白胎，盖面挂青绿釉，有裂纹（图4－5－11：11）。

白釉赭彩器盖　2件。磁州窑系。YM74F3：97，高6.6、盖径19、纽径4.3厘米。圆形，圆纽，子口。黄白胎，盖面挂白釉，有细小裂纹，盖内边沿无釉。盖面以赭彩绘弦纹及弯曲的带状纹（图版4－5－15：3）。YM74F4B：15，高3.5、盖径10.2厘米。器形同YE65：16（参见图版4－10－3：5）。盖面绘赭彩草叶纹（图版4－5－15：4；图4－5－11：8）。

2. 陶器

盆　3件。YM74F3：78，高10、口径26、底径21厘米。直口，圆唇，直壁深腹，大平底。泥质灰陶（图版4－5－16：1）。YM74F1：19，高20、口径15.5、腹径12.5、底径10.4厘米。侈口，圆唇，卷沿，深腹，假圈足状平底，底有小孔六个。颈部有凸弦纹两道。泥质灰陶（图版4－5－16：2）。YM74F3：103，高22、口径31.5、底径18.5厘米。方圆唇外折，斜深腹，平底，底中部有一圆孔。腹上部有两道凸弦纹。泥质灰陶（图版4－5－16：3）。

香炉　1件。YM74F3：40，通高10、口宽9.5、底宽6.2厘米。方斗形炉身，方唇板沿外折，斜直腹，平底下连四足方座。泥质灰黑陶。炉口内边呈锯齿状，口沿四角各有一小孔，炉身刻有蝙蝠纹，足边为云头形（图版4－5－16：4）。

3. 琉璃器

香炉　1件。YM74F4B：7，通高13、口径10.5、腹径11.4厘米。尖唇方沿，短颈，腹稍鼓，口颈间有对称双耳，耳呈长方形，圜底，兽面蹄形足，足向外撇。橙黄色，外壁施黄绿两色琉璃釉。口沿下印弦纹，腹部云龙纹（图版4－5－16：5）。

器盖　2件。YM74F3：69，高7、盖径22厘米。器形同YM74F3：97（参见图版4－5－15：3）。灰白胎，质较硬。孔雀蓝色釉，釉面已部分脱落，有碎裂纹（图版4－5－16：6；图4－5－11：12）。YM74F3：42，高5、盖径5.2厘米。器形同YM74F3：69，子口较长。灰黑色胎，盖沿印有莲瓣纹。

4. 铜器

熨斗　1件。YM74F3：29，高1.5、口径5.5、底径4.8、通长13、把长7.5厘米。圆盆形，口沿外侈直腹，平底，沿一端有扁圆形长把（图版4－5－17：1）。

鼎形炉　1件。YM74F3：53，通高9.4、口径10.5、足高4.4厘米。方唇折沿，鼓腹，圜底，腹部有圆角长方形双耳，底部三兽足。上腹部铸有兽面和云雷纹（图版4－5－17：2）。

瓿　1件。已残断。YM74F3：55，口径15.4、残腹径4、足径9.5厘米。喇叭形敞口，瘦圆腹，圈足。器物上部铸蕉叶纹，下部有出戟，腹壁铸兽面及云雷纹。

双耳扁壶 1件。YM74F3：68，高19.5、口径5.6、腹径10.5、足径6厘米。扁圆形口，长颈，鼓腹，圈足，颈部有对称云形双耳。口部蝉叶纹，颈部方格云雷纹，腹部八卦云雷纹（图版4－5－17：5）。

牺尊 1件。已碎。YM74F3：56，兽头形盖，下有四兽足。

以上四件皆仿古器。

壶 1件。已残碎。器形同YG73T：1（参见图版4－8－43：4）。

灯 6件。YM74F4A：1，高5.2、口径10.7、底径5厘米。灯碗。敞口，斜直壁，小平底，稍内凹，沿一端有云头形錾手（图版4－5－17：3）。YM74F3：28，通高6、口径6.5、足径5厘米。器形同YH65：80（参见图版4－1－56：1右）。

5. 铁器

炉子 1件。YM74F3：90，通高50、口径30厘米，炉门高12、宽7.5厘米。炉盘已残，炉身粗壮，腹下部有炉门，圜底，下有三兽形足。炉膛内抹有厚泥，已烧成红色，炉身有两道铸口痕。与后英房居住遗址出土的铁炉相同。

通条 1件。YM74F1：1，残长46、环径3.5、孔径1.8厘米。长棍形，一端环首，一端呈尖状（图版4－5－17：6上）。

环圈 2件。出土时置于F1北炕东端灶台上，两圈套在一起。一圈编号YM74F1：21，直径33、宽3.4、厚0.6厘米，圆形。另一圈直径37、宽3.8、厚0.4厘米。

灯碗 4件。YM74F4B：1，高4、口径10.5、底径4厘米，形制同YM74F4A：1铜灯碗（参见图版4－5－17：3）。碗内嵌有一白瓷灯盘（图版4－5－17：4）。

铁勺 1件。已残。YM74F4B：4，勺把长10.5厘米。圆口，直沿，扁平底，一端有空首把，内残留木把屑。

锁 2件。YM74F3：50，高4.5、长13厘米。长方形横式锁，上有锁栓，插于锁裤中（图版4－5－18：1）。YM74F4B：10，通长10厘米。椭圆形，中有锁栓（图版4－5－18：2）。

6. 石器

捶布石 1件。YM74F3：88，通高12、长46、宽30厘米。器形与YG73T：44相同。

垂帘石 1件。YM74F1：41①，高21厘米。椭圆四瓣形，顶上有一方柄。青白石制成。

（二）工具

铁斧 1件。YM74F1：5，长10.2、宽8.5厘米。平刃，安把一端有凹槽，槽内残留朽木（图版4－5－18：4）。

铁轴 1件。YM74F1：4②，残长15、宽4.5、轴头直径4.3厘米。圆轮形，两端轴已残断。（图版4－5－18：3左）。

铁夯锤形器 1件。YM74F4A：3，通长26厘米，圆头长5、直径4厘米。圆首长把形（图版4－5－18：3右）。

齿轮形铁轴套 2件。形与YH65：101（参见图版4－1－64：2）相同。

铁元宝范 2件。YM74F3：51，高4.1、长7.3、宽6.5厘米。器形与YEF：8相同。

铁矛 1件。YM74F4B：11，通长26厘米，矛身长17.5、宽2.5厘米，裤筒径2厘米。尖首双刃，背有棱脊，圆筒形裤，可安装长木把（图版4－5－17：6下）。

铁钉　5 枚。YM74F3：67②，帽径 4～5、残长 6 厘米，圆帽形长钉。

磨刀石　4 件。YM74F3：89，高 20、长 50、宽 19 厘米。长条形。

石臼　4 件。方斗形。形制与 YG73T：33（参见图版 4－8－47：3）相同。

石臼盖　1 件。YM74F4B：2，高 4、直径 17、纽长 7.2、宽 5.5 厘米。八棱形纽。青石质。

石磨　1 件。YM74F3：84，高 10、直径 32 厘米。为上盘磨，器形同 YG72：110①（参见图版 4－7－29：1）。

（三）度量衡器

铜权　2 件。YM74F3：57，高 10.5、厚 4 厘米。六棱柱形器身，束腰，六角形底座，方环鼻。权身正面铸"大德□年大都路造"两行字，背面铸"五十五斤称 ■■■"两行字，有的字已锈蚀不清，三个八思巴文字意为"二斤锤"。两侧面及底边均刻卷草花纹（图版 4－5－18：5；图 4－5－13：1、2）。YM74F2：2，高 8.8、厚 2.8 厘米。形制同 YM74F3：57。正面铸"至正二年大都路造"两行字（图版 4－5－18：6；图 4－5－13：3）。

（四）货币

铜钱　39 枚。YM74F1：8①，一组 11 枚，圆形方孔。汉半两 1 枚；唐乾元重宝 1 枚（小子钱）；南唐唐国通宝 1 枚；北宋至道元宝 2 枚、咸平元宝 1 枚、天禧通宝 3 枚、至和元宝 1 枚、治平元宝 1 枚。YM74F3：64，一组。北宋熙宁元宝 3 枚、元丰通宝 5 枚、元祐通宝 2 枚、绍圣元宝 1 枚、元符通宝 1 枚、圣宋元宝 1 枚、崇宁重宝 2 枚、政和通宝 3 枚；南宋庆元通宝 1 枚；金大定通宝 3 枚；元至正通宝 1 枚（图版 4－5－18：7），背文有八思巴文，译汉字为"辰"，壬辰年之意，即至正十二年（1352 年），铸造。钱径为 2.6、孔径 0.6 厘米。YM74F4B：8，一组 16 枚。北宋祥符元宝 1 枚，皇宋通宝 3 枚，熙宁元宝 1 枚，元丰通宝 2 枚，元祐通宝、绍圣通宝、圣宋元宝各 1 枚，崇宁通宝 2 枚，崇宁重宝、政和通宝各 1 枚；南宋庆元通宝 2 枚。

（五）文房用具

青白釉水盂　1 件。YM74F3：36，残高 4.4、长 6.2 厘米。盂似石榴形，口部呈桃形，尖唇内敛、鼓腹，平底。白胎，影青釉。口部堆贴人形纹和蛇形纹（花纹已残）（图版 4－5－19：1；图 4－5－11：10）。

卧人形铜镇纸　1 件。YM74F3：30，高 3、长 9 厘米。卧姿老年道士像，向左侧卧，闭双目，左手托头，

0　　　　4 厘米

图 4－5－13　安定门煤厂居住遗址出土铜权铭文拓片
1、2. 铜权（YM74F3：57）铭文"大德□年大都路造""五十五斤称■■■"　3. 铜权（YM74F2：2）铭文"至正二年大都路造"

右手搭于微屈腿部，束发，身穿道袍，袒腹露胸（图版4-5-19：2）。

铜象棋子 1枚。YM74F3：44，圆形，其上楷书"砲"字（图版4-5-19：4）。

料围棋子 2枚。YM74F3：98，扁圆形，蓝色。

石砚 5件。YM74F3：38，长13.2、宽10.7、厚2厘米。长方梯形，墨池圆形，水池椭圆形，砚背刻划"典簿厅崔"四字。紫端石，质硬（图版4-5-19：3）。另两件器形同，一件背刻"张边"二字。YM74F3：82，长16.4、宽10、厚3厘米。长方形抄手砚。沉泥质，黄褐色，石中略闪金色小点（图版4-5-19：5）。

（六）梳妆用具

铜镜 2件。YM74F3：27，直径18、厚0.5、缘宽1厘米。双鱼镜，圆形宽素缘，镜面稍凸，镜背中心乳丁纽，周围刻铸双鱼在水中游动。厚胎（图版4-5-20：1；图4-5-14：1）。YM74F3：75，直径8.5、厚0.6厘米。圆形宽缘，镜面稍凸，镜背中心为乳丁纽，纽上下有楷书"居仁"二字，两侧有小篆体"为善最乐"四字（图版4-5-20：2；图4-5-14：2）。

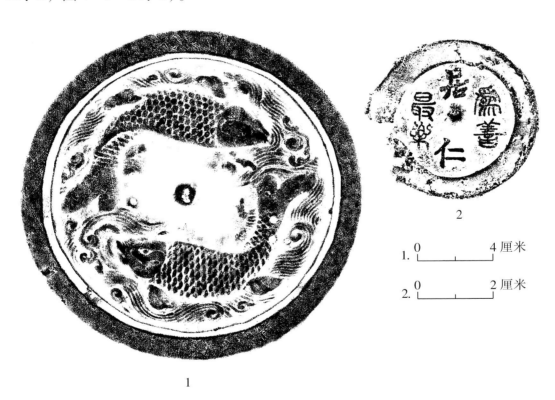

图4-5-14 安定门煤厂居住遗址出土铜镜拓片
1. 双鱼纹铜镜（YM74F3：27） 2. "居仁，为善最乐"铜镜（YM74F3：75）

（七）其他

铜饰 7件。带扣YM74F3：32，圆径4.7、环长2.6、宽0.6、厚0.15厘米。椭圆形，一端有长方形环，铜片上雕刻一对小兔，呈回首相对状，姿态生动（图版4-5-20：3）。YM74F3：66①，通长3.1、宽2.3、厚0.4厘米。器形似羊拐形，与YG73F7：6②（参见图版4-8-53：5）相同。

铜环 21件。YM74F3：39，直径4.9、厚0.6厘米。其余为小铜环，最大的直径为2.2厘米，小的直径为1.7厘米，厚0.4厘米（图版4-5-20：6）。

铜轴轮　1件。YM74F3：99，长3.7厘米。圆形，两端穿孔（图版4-5-20：4）

铜钉　17枚。YM74F3：66②，帽径0.6、长1.6厘米。半圆形帽，下为三棱锥形。YM74F4B：9②，帽径1.5、残长2厘米。

铜珠　1件。YM74F3：101，珠径2.5、孔径0.3厘米。蒜形，中有一穿孔。

铜印章　3件。YM74F1：8②，残高0.7、长2.2、厚0.15厘米。印面呈元宝形。其上阳刻楷书"秦云"二字，背面有一残纽（图版4-5-21：1）。YM74F3：100，长2.4、厚0.2厘米，纽高1.5厘米。印面呈葫芦形。其上阳刻楷书"大吉"二字，半椭圆形穿孔纽（图版4-5-21：2）。YM74F3：93，高2.5、长2.5、宽2.4厘米。扁方形。印面阳刻八思巴文两行四字，译汉字为"福禄印记"，背有一穿孔桥形纽（图版4-5-21：3）。

铜羊拐　1件。YM74F1：10，长2.5、宽1.6厘米。形状同骨羊拐一样（图版4-5-20：5）。

小型玉饰　3件。YM74F3：37①，长2.5、宽1.5、厚1厘米。长方形，正面雕花，侧面有两个小孔。白石内闪黑色（图版4-5-21：4左）。YM74F3：37②，蝉形玉坠，长3.5、宽2.4厘米。一端有小孔，两端刻蝉翼纹（彩版四〇：1；图版4-5-21：5）。YM74F3：37③，白玛瑙瓶。高3、口径0.8厘米。喇叭口，细颈、鼓腹，实心，平底（图版4-5-21：4右）。

玉带饰　YM74F4B：14，1件。长2.7、宽2.3厘米。立面呈梯形，中有孔。白色中闪黑色。YM74F3：72，白玉片，3件。长8.7、宽3、厚0.5厘米。长方形，背面有6~10个小钻孔，孔内残留铜丝痕（图版4-5-21：6）。

料珠　2件。YM74F1：12，长2、径1、孔径0.4厘米。橄榄形，穿孔，绿色。另一件为天蓝色，六棱形。

骨纽　7件。YM74F3：35，残高0.9~2.5厘米。形制有椭圆形、半圆形、三角形、叶形等，底下有孔。

牙饰　1件。YM74F3：102，残长6.5厘米。穿孔兽牙（图版4-5-21：7）。

陶弹丸　41件。YM74F3：80，直径1.5厘米。圆球形。泥质黄陶（图版4-5-21：8）。

第六节　德胜门东居住遗址

德胜门东居住遗址，位于旧鼓楼大街豁口以西、德胜门以东的明代北城墙下。1973年底至1974年初发掘该遗址，发掘面积约710平方米。这是一座三合院，院子南面还有一层较大的院落，因超出城基范围，明代筑城时已被拆毁。

一　平面布局

遗址平面呈倒座门的三合院（图4-6-1）。院子东侧的建筑是另外一个住宅房屋，院子南面的建筑是另一院落的北房残迹。

这座三合院的建筑遗迹可分南北两部分：南面为前院，是住宅的主要部分，北面为后院，是一东西狭长的空院落，在北侧的临街围墙上辟有院门，院门坐南朝北，因之称为倒座门的三合院（图版4-6-1、4-6-2：1；图4-6-1）。

前院正中的北面由面阔五间的正房（北房）组成，其中东头的四间为住房，西头一间为出入前后院的穿堂屋。穿堂屋前檐不砌墙，为敞开的，后檐墙上辟门。四间住房的东头一间为单开间，中间三间为两明一暗，东

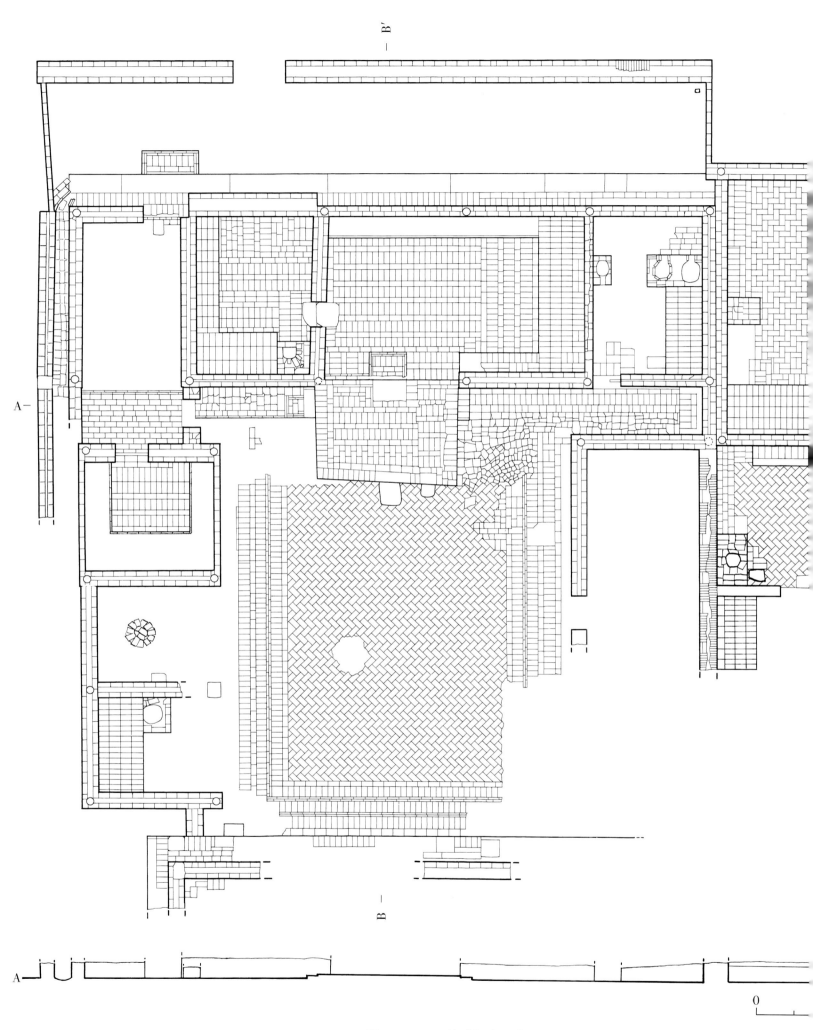

图 4-6-1　德胜门东居住遗址平、剖面图
A-A′前院北房前东西向横剖面图　B-B′遗址中部南北向纵剖面图

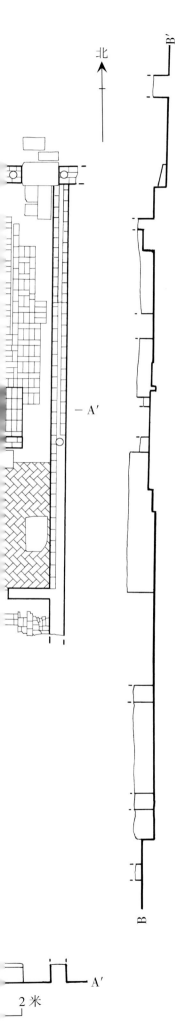

北

B′

A′

B

A′

2米

为两明间，西为一暗间。正房的当心间前建有方形月台，月台东西两侧砌有台阶，台阶下分别连接东西向露道。露道紧贴在正房的前檐墙下，东露道向东抵院子东围墙下，西露道向西通向西角门，出角门与正房西头的穿堂屋相通。

中间三间正房前的两侧建有东、西厢房（图版4-6-1）。东厢房南半部已被破坏。西厢房面阔三间，进深一间，当心间前檐不砌墙，屋内中间砌一圆形磨台，应为一间磨房。西厢房的南北两头都是单开间的住房，南头一间的屋门向东开，北头一间的屋门向北开，与正房的穿堂屋相对（图版4-6-2：2；图4-6-1）。

前院南面是另一院落的北房，现仅残存后檐墙及房下台基。从台基和墙壁的建筑质量看，比以上讲到的五间正房和东、西厢房要讲究，所以南面的建筑应为另一住宅院落的遗迹。南面建筑已超出城基范围，遗迹已被破坏。

后院位于正房后（北）面，是一座东西狭长的空院落。后院地面比前院地面低，所以正房后檐下建有台基，高0.35米，而正房前面看不出台基结构。后院的东北角栽立拴马石桩一根（图版4-6-2：1）。这所住宅的院墙很清楚。北面院墙即后院北侧临街的围墙，靠西端辟院门。后院东院墙向南与正房东山墙和东厢房后檐墙南北连接。后院西院墙，是于正房西山墙西侧0.40米另砌的一道院墙，这样正房西山墙与西院墙之间形成一窄长夹道，这条夹道成为全院西侧的排水沟。房与房之间的空隙处用短墙封堵，如西厢房的西北角与北房（穿堂屋）的西南角之间即用短墙封堵（图4-6-1）。

二　建筑结构

（一）前院

1. 北房建筑

从北房正面看不出房下的台基建筑，墙壁为平地起建。而北房后面的地面较低，因此后檐墙下建有台基，东西长17.6、高0.35米，台壁用单层条砖平铺错缝砌五层，内侧填土及碎砖，用来增高房后基础面。后檐台明宽0.85米，台面平铺条砖，台边用宽50、厚10厘米的七块青条石拼接压阑（图版4-6-6：3）。台基西端砌有水沟口，与西侧明沟相通（图版4-6-3：1）。这条明沟是排泄雨水用的，由南向北流出。在穿堂过道屋门的台基下砌有一宽大台阶。台阶仅一层，靠台基的一侧稍高，踏道面略呈斜坡状（图版4-6-3：2）。

北房　五间，总面阔16.9米，进深一间4.65米。当心间面阔3.95米，东次间面阔3.2米，西次间面阔3.45米，西头一间面阔3.10米。正中三间为两明一暗，两明间在东侧，暗间在西侧（图版4-6-3：3）。东头一间为单间住房，西头一间为穿堂过道屋（图4-6-1）。

五间北房共有十二根木柱，均为暗柱，木柱已朽。墙内柱洞尚存，直径皆20厘米。柱下都有础石，础石一般用30厘米见方的青石制成，础面凿平。

墙壁砌法相同，皆用长30、宽15、厚5厘米的长方砖平铺错缝砌。墙的隔减部分均高0.42米，全用砖砌，隔减以上顺砌土坯墙，外抹一层黄土麦秸泥，然后刷一层极薄的白灰浆。墙壁厚度不一，有的可能是修补改砌的，一般厚0.42~0.45米，最薄的隔断墙厚0.25米，西暗间后檐墙厚达0.65米（图4-6-1）。

五间北房内，除穿堂过道屋无铺地砖外，其他四间均用砖墁地，以平铺一行横砖一行竖砖墁砌（图版4-6-4）。东端一间的铺地砖已被破坏。

五间北房共辟三处屋门、一处室内过门。当心间前檐原装有隔扇门，门已无存，但门下地栿槽很清楚，宽

8、深 6 厘米。门外正中于月台上平铺踏脚石，长 95、宽 55 厘米。门内正中砌慢道，长 1、宽 0.66、高 0.04～0.06 米，慢道的三边立砌双线道，内平铺条砖（图版 4-6-4：1）。穿堂过道后檐墙上辟有屋门，宽 96 厘米，门下用长方砖立砌门槛，门内平置踏脚石，石长 40、宽 30 厘米。门外即后檐台基下砌有慢道，长 1.5、宽 0.65、高 0.10～0.20 米，砌法与上述慢道类同（图版 4-6-3：2）。最东头的单开间，屋门辟在前檐墙偏西处，门口宽 75 厘米，门槛用长方砖立砌，砖的半截埋在地下，门槛高出地面 9 厘米。室内即过门辟在明间与暗间的隔断墙上（图版 4-6-4：2），门口宽 70 厘米，门下保存有腐朽的木地栿，残高 10、宽 6 厘米，地栿两端伸进墙内约 5 厘米。门内外均放置踏脚石，门内石长 63、宽 35 厘米，门外石长 65、宽 55 厘米。

炕 除穿堂过道屋外，其余四间屋内都陈设有炕。北房的两明间屋内，靠北、东、南三面墙壁下围有砌炕（图版 4-6-4：3），北炕宽 57、残高 26 厘米，东炕宽 120、高 40 厘米，南炕宽 55、高 40 厘米。其中南、北炕为实心炕，东炕为火炕。火炕内砌有长方形火膛，长 70、宽 22 厘米，火膛上方、炕面砖以下砌有三条烟火道，火膛两端的炕脸上砌有长方形火口，宽 22、高 16 厘米。出烟口无存。这种三面围砌的实心炕和火炕的形式，基本与雍和宫后居住遗址北房两明间的炕相同。北房暗间内靠南、西两面砌有炕（图版 4-6-5：1、2），南炕为火炕，长 215、宽 115、高 30 厘米；西炕为实心炕，长 315、宽 60、高 30 厘米。炕脸用砖砌，最下砌两层平铺错缝顺砖，其上横砌斗砖一层，再上平铺顺砖一层构成炕脸。实心炕内填土夯平，炕面用砖平铺。火炕心内的下半部填土夯实，上半部砌有三条烟道，中心烟道宽 10 厘米，两侧烟道宽 7 厘米，烟道上平铺炕面砖，出烟口与烟囱位于西南墙角处，已残毁无存。在火炕东侧砌有方形灶台，边长 90、高 17 厘米，灶台中心砌有圆形火膛，直径 30 厘米，北侧留有灶口，宽 22、高 16 厘米（图版 4-6-5：2），灶膛出火口向西通入火炕内的中心烟道。这种灶与火炕的连通形式，与西绦胡同二号遗址常见的灶与火炕的连通形式完全相同。东头单开间的屋内，靠东壁砌有一铺灶火炕，炕长 240、宽 90、高 40 厘米。炕脸以平铺顺砌的九层砖构成，炕心内砌有三条烟道，其结构与上述火炕相同。靠炕北端砌有双联长方灶，长 145、宽 85、高 25 厘米，并排砌有两个火膛（图版 4-6-5：3），直径约 40 厘米，灶膛出烟口与炕内烟道相通，然后通往屋内东南角烟囱。烟囱已残毁。靠西壁下用砖砌有一小锅台，长 80、宽 45、高 40 厘米。在屋内东南角置有石臼、杵和捶布石。

2. 东厢房建筑

东厢房为平地起建。南半部已被破坏，总面阔残长 6.2 米，进深 3.5 米（图 4-6-1）。前檐墙残长 4.32、厚 0.42、残高 0.47 米，北山墙厚 0.45、残高 0.45 米，后檐墙残长 6.4、厚 0.45、残高 0.51 米。前檐墙与北山墙砌法相同，隔减墙用长方砖平铺错缝顺砌，砖缝宽 0.5～1 厘米。后檐墙的隔减部分同上述砌法，隔减以上采用斗砖加立丁砖砌，丁砖都是半头砖。墙心填泥抹平。墙的东北角和西北角残留有暗柱洞，直径 16 厘米。屋门辟在前檐墙中部，门口宽 90 厘米。屋内未见铺砖地及炕、灶等遗迹。

3. 西厢房建筑

西厢房共三间。总面阔 9.5 米，进深一间 3.4 米，其中当心间面阔 3.05 米，北次间面阔 3.45 米，南次间面阔 3 米。当心间前檐未砌墙，向东整个敞开，屋内中间只砌一个直径 70、残高 30 厘米的圆形磨台（图版 4-6-1、4-6-2：1），应为一间磨房。北次间与南次间是住房。

西厢房为平地起建，建筑得比较简陋。墙壁砌法与北房相同，除南次间的前檐墙被破坏外，其余几面墙壁保存高度 0.20～0.40 米，厚一般为 0.45 米，只有北次间的前、后檐墙为单坯顺砖砌成，厚为 0.15 米（图版 4-6-1）。三间西厢房共立八根木柱，全为暗柱，木柱已朽，墙内仅存柱洞，直径约 20 厘米。柱洞下均有柱础石，除当心间前檐北侧的础石是用磨盘代替外，其余础石都是用长方形的青石制成，长45、宽35、厚9厘米，础面凿平。

北次间为单开间，屋门辟在北侧的山墙中，门口正好与北房西端的穿堂屋相对（图版4－6－2：2）。门口宽90厘米，门下遗有槽杅的木地栿，残高20厘米，地栿槽宽8、深6厘米，槽内两侧用碎砖将木地栿挤紧，木地栿两头砌进墙内5厘米，用以固定木门框。屋内用条砖铺地。南次间也为单开间，屋门可能辟在前檐墙上，屋内未铺砖。

三间西厢房中只在南次间与北次间屋内设炕、灶。南次间的炕靠在后檐墙下，南北通长260、东西宽120、高35厘米。在炕脸前北头砌有灶，南北长100、东西宽70、高25厘米。灶膛出烟口通入炕内烟道中，为常见的炕、灶连通形制，其结构与西绦胡同二号遗址F2内的炕、灶相同。北次间的炕围砌在东、南、西三面墙壁下，为实心土炕（图版4－6－2：2），东炕宽65厘米，西炕宽75厘米，南炕宽105厘米，炕残高20厘米，炕脸用砖砌成。这种三面炕的形式，与后英房居住遗址东院西厢房南暗间的三面炕相同。

4. 院内其他建筑

月台　月台呈长方形，东西长3.72、南北宽2.87、高0.10米。月台西南角向内缩进0.20米，故月台不太方正，前台边呈斜边状。月台砌法与雍和宫后居住遗址的北房前月台相同，只是台面用小砖平铺（图版4－6－3：3）。月台地面比正房屋地面高约0.10米，所以正屋门口内砌有一级砖踏道（图版4－6－4：1、2）。

台阶　月台前端正中及东西两侧均砌有台阶。正中台阶用一块长63、宽50、厚7厘米石板平铺而成，其东侧又用一块边长35厘米的青石块铺就，形成不相连的两个台阶。月台东侧台阶宽85、深30、高8厘米，用五块长方砖平铺而成（图版4－6－6：1）。月台西侧台阶宽85、深30、高8厘米，用长条石平铺而成。

露道与砖地面　院内满铺砖地面，中心铺成"人"字形，外围用一行横砖一行竖砖为边框，其外再围铺露道，整个院内形成整齐而美观的铺砖地面（图4－6－1）。

露道围绕在房前四周。北露道分别建在月台东西两侧：东侧露道长5.9米，向东抵在东围墙下，露道之南与院内铺砖地面相连；西侧露道长3.2、宽0.85、高0.05米，向西至西角门，角门外也为铺砖地面。露道外侧用立砖砌成单线。西露道南北残长10.15、宽0.90、高0.05米，用长方砖横竖铺砌，面略呈弧形，两侧立砌双线道（图版4－6－6：2）。东露道南北残长6.9、宽1、高0.05米，露道砌法同西露道。南露道东西残长4.9、宽1.05、高0.05米，露道砌法同东、西露道。

因长期被踩踏，院内铺砖地面部分已残破，东北角处还曾用碎砖修补过（图4－6－1）。

角门　位于院子的西北角。门口宽75厘米。角门两侧用长方砖砌坎墙，南坎墙长0.50、宽0.45、残高0.25米，南端抵西厢房北山墙上，北坎墙长0.35、宽0.45、残高0.25米，北端抵北房西暗间前檐墙上。

排水沟　位于院子西北角西院院墙与北房西山墙之间。为砖砌明沟，残长5.7、宽0.40米。沟壁用长方砖平铺顺砌三层砖，高约20厘米，沟底平铺长方砖，沟北端砌出水口，水口两侧立砌长方砖，沟底呈南高北低状，水口直通向后院（图版4－6－3：1），水沟南端残断。推测这条明沟原顺延至西厢房后檐墙下，是一条南北向排泄雨水的沟。

（二）后院

后院是座空院落，东西长17.6、南北宽2.45米，呈窄条形（图版4－6－6：3）。院子东北角栽立一根拴马石桩，桩子横截面呈正方形（图版4－6－2：1；图4－6－1），边长10厘米，高出地面0.35米，桩顶凿一孔，直径3厘米。后院北侧为院墙，偏西部辟院门，门口宽140厘米。北侧院墙东西长18、厚0.55米，墙基用丁砖立砌一层，其上用砖平铺错缝砌，墙心填灰土泥。东侧院墙南北长2.2、厚0.15米，北端与北侧院墙相交，南端与东厢房北山墙相接。西侧院墙南北长3.5、厚0.15米，北端与北侧院墙相交，南端与前院西院墙相接。东、西侧院墙砌法相同，用长方砖平铺错缝顺砌成单坯墙。在东侧院墙下砌一沟眼，宽25、高22厘米。后院没有铺砖地，地面比前院地面低0.35米。

（三）院子南面建筑残迹

前院南面的房屋建筑，实际为另外一座更大院落的北房，其建筑方式比以上讲的房屋建筑要讲究，如房下建有整齐高大的台基，墙壁采用磨砖对缝法砌筑，但这座院落的建筑仅残留北房后檐墙及墙下部分台基（图4-6-1）。台基东西残长13米，南北残宽2.5米，高0.35米。台基结构与雍和宫后居住遗址中的北房下台基相同，后檐台明宽0.70米，西侧台明宽0.55米。后檐墙仅残存西北角一段，墙厚0.45米。从残存的台基长度看，可能为三间的面阔。屋内遗存有铺地砖痕。

（四）三合院东侧的房屋建筑

依靠在三合院东侧的建筑，为南北向排列的三间筒形屋，北面为一大间，南面为两小间，最南头一间已被破坏（图版4-6-7：1；图4-6-1）。从屋门方向看，应为南房。

三间屋南北连通，可称前、中、后室。前室一大间，面阔4米，进深7.25米，中、后室面阔皆4.2米，进深中室为4米，后室残2.2米。前、中室屋内为"人"字形砖墁地，后室仅残留很少的铺地砖。前室四角墙内遗有暗柱，木柱已朽，柱洞直径约20厘米，柱洞下均有方形础石，中、后室未见柱洞痕。前室墙壁保存较好，北侧墙长4.2、厚0.45、残高0.43～0.55米；西侧墙长6.8、厚0.30、残高0.37米，该墙仅贴在隔壁的东山墙起建，故两墙并排（图4-6-1）；东侧墙残长3.8、厚0.35、残高0.25米。中、后室的墙壁不如前室完整，它们的东侧墙壁与前室相同，西侧未砌墙，借用了隔壁东厢房的后檐墙（图4-6-1），南侧墙已被破坏。前、中、后室之间砌有隔断墙，墙厚0.30、残高0.36～0.42米。以上墙壁砌法相同，皆平地起建，用长方砖平铺错缝顺砌。

屋门辟在前室北壁，宽90厘米，门口正中地面横铺青石一块，长95、宽70、厚7厘米，两侧又平铺踏脚石三块，屋内东侧为一长条石，长90、宽35厘米，西侧并排顺铺两块较小石块；门外横铺两块小条石，一块长55、宽33厘米，另一块在右下方，长60、宽35厘米（图版4-6-7：2）。在通向中室和后室的隔断墙上辟有室内过门，中室过门宽75厘米，门下遗留的地栿槽宽8、深6厘米，后室过门宽100厘米，门口处平铺踏脚石一块，长45、宽35厘米。

前、后室内砌有砖炕。前室炕位于西南角（图版4-6-7：3），东西长280、南北宽140、高36厘米。炕是平地起建，炕脸及东侧炕边用长方砖（包括碎砖）砌成，炕壁外表抹一层厚1.5厘米的麦秸黄泥，压光后刷一层极薄的青灰。炕脸正中砌方形火口，宽23、高11厘米，火口内砌火膛，长48、宽23厘米。炕心内填土至与火膛口平齐，其上砌成三条烟道，烟道尽端留有缺口，使烟道相通，烟囱位于炕的西南角，烟道之上平铺四排长方砖作为炕面。这种火炕结构与雍和宫后居住遗址的北房东火炕相同。后室炕位于西壁下（图版4-6-7：4），南北长200、东西宽110、高40厘米，为实心土炕，炕脸砌法与前室炕相同。该炕面保存得不好，炕砖砌法粗糙。

屋内除陈设炕外，还陈设有砖台。前室西壁下砌有近方形小砖台，长90、宽80、高25厘米，用长方砖平铺砌成（图版4-6-7：3）；中室于北侧隔墙下砌一长方形砖台，长150、宽50、高30厘米，砖台东侧平置青条石一块，长50、宽30、高11厘米；中室西南墙角砌一长方形锅台，长135、宽80、高15厘米，中间围砌成圆形，直径35、深5厘米（图版4-6-7：4），于北侧放置捶布石一块，长48、宽34、厚11厘米。这些砖台可能是当桌子使用的。

三 出土遗物

出土遗物有生活用具、生产工具和梳妆用品等。以生活用具最多，主要是瓷器。生产工具以铁器和石器较多。大部分出土遗物都已残碎。现按用途及质料不同分类叙述如下。

（一）生活用具

1. 瓷器

出土的瓷器都已破碎，从碎片看以磁州窑系和钧窑系较多，其次为龙泉窑系和景德镇窑系。

景德镇窑系的瓷器多是湖田窑烧制的。从釉色看，以枢府釉（卵白釉）瓷较多，影青釉瓷少，青花瓷极少。器形有碗、盘、瓶、盂、壶、罐、炉和器盖等。其中有几块碎片在釉色装饰上比较特殊，如一件连座小花瓶，残高8、底座残长5、宽3.5厘米，青白釉，器身上点有褐色铁斑；一件高足碗，残高7、足径3厘米，青白釉，釉中有紫红斑（釉里红）及绿色窑变，并在碗内底模印花纹。花纹技法有印花、刻划花和绘花。花纹题材丰富，能看出的有荷花、莲瓣、菊花、缠枝花卉、牡丹、云纹、龙纹、"十"字形杵头纹和鱼纹（图4-6-2）。

从制坯工艺上可以看出，碗、盘是一次性拉坯成形的，底足一般都旋削得较规整，挖足时中间留有乳突痕，有极少底足未挖，呈饼足状；瓶、罐等小口器形，腹肩部留有接痕。少部分器底上有墨书痕，如有"十""の"等记号，"彭二""白家""王"等姓氏，还有很少量书写八思巴文的（图版4-6-8：1）。

龙泉窑系的器形有碗、盘、瓶、炉及器盖等。釉色有粉青、豆青、艾青、蟹青、黄褐色等。纹饰技法有印花、贴花、刻划花。花纹题材有荷花、菊花、莲瓣、牡丹、双鱼、团花等，有少数碗壁印八宝纹，器内底印鹿纹，其上有刻写"福""东山"字样，有的菊花下或两侧写"实君""清河"二字，有的印"金玉满堂"（图4-6-3），少部分盘、碗底部有墨书"杜""王""吴""十"及八思巴文等。

钧窑系的器形有碗、盘、炉、杯、罐等。胎坯厚重，胎质粗糙，胎色有黄白、黑灰、橙黄、灰和红色，釉色有天蓝、月白、青灰、黑灰等，有的带紫红斑，釉厚，外壁釉不到底，往往有蜡泪状釉滴。碗底上多墨书姓氏，如宋、马、张、李、梁、赵、贾、韩、陈、白、王、下、朱、周、关、民、韦、张光、李正、囗安。还有少数墨书"十""二""冏""O"等记号的，也见有书写八思巴文的。

磁州窑系的器形有盘、碗、碟、瓶、罐、盆等。胎壁厚重，胎质粗糙，有的为缸砂胎，胎色黄白，一般先饰白色化妆粉，然后上釉，所以釉呈白色。多用黑色或赭色绘花，花纹有莲花、菊花、牡丹、草叶、蕉叶、水草、水波、鱼纹、山形纹、云纹、圆点纹等。有的在碗、盘内底上用黑釉书写"王""田""元""向"等字，有的足底上墨书"葛""文""宋"等姓氏，也有划"冚""十"记号的。

除以上窑系外，还有一些黑釉、黑酱釉及油滴釉瓷片。其中一件绞胎高足碗，残高5、足径4.3厘米，棕黄胎，透明薄釉，绞胎纹理清晰。还出土一件朝鲜高丽瓷器盖，直径10厘米，浅灰胎，青灰釉，用黑白二色嵌花纹，周缘为联珠纹，内有仙鹤，中心为黑色花点纹。复原的瓷器按釉色和器形分述于后：

图 4 - 6 - 2　德胜门东居住遗址出土景德镇窑系瓷器花纹

1~3. 青花缠枝菊花和莲瓣纹　4. 青花杵头纹　5. 印花牡丹纹　6. 刻划忍冬纹　7. 印花"十"字形杵头纹　8. 印花缠枝菊花纹
9、11. 印花菊花纹　10. 刻划菊花纹　12、13. 刻划缠枝纹

青釉盘　1 件。属龙泉窑系。YE73：3，高 7.5、口径 34.5、足径 12 厘米。折沿，上卷唇，浅腹，圈足。灰白胎，青黄釉。腹内壁刻菊瓣纹，盘心刻划莲花纹（图版 4 - 6 - 8：2；图 4 - 6 - 4）。

钧釉盘　1 件。钧窑系。YE73：15，高 2、口径 11.7、底径 7.5 厘米。敞口，口沿和腹壁作菊花瓣形，浅腹平底。灰胎，钧釉，外底无釉（彩版三〇：1；图版 4 - 6 - 8：3；图 4 - 6 - 5：1）。

钧釉杯　1 件。钧窑系。YE73：5，高 4.5、口径 8.9、足径 5 厘米。器形与 J1：79（参见图版 4 - 13 - 9：7 左）相同。

白釉罐　1 件。YE73：13，高 15、口径 6、足径 6 厘米。盘形口，深腹，凹底（隐圈足）。白胎，黄白釉，近底部无釉（图版 4 - 6 - 9：1；图 4 - 6 - 5：3）。

棕黄釉双耳罐　1 件。YE73：8，高 18.5、口径 5、腹径 12、足径 6.5 厘米。小口，圆唇，短颈，深腹，小圈足，肩部有双耳。黄白胎，棕黄釉，近底部无釉（图版 4 - 6 - 9：2；图 4 - 6 - 5：6）。

青釉胆式瓶　1 件。属龙泉窑系。YE73：44，残高 13、足径 5.5 厘米。残口，长颈垂肩，鼓腹，圈足残。灰白胎，粉青釉，通体釉面有裂纹（图版 4 - 6 - 9：3；图 4 - 6 - 5：5）。

白釉经瓶　1 件。磁州窑系。YE73：22，高 32、口径 5.5、最大腹径 20、足径 15 厘米。器形同 YG73F3：9

图 4 - 6 - 3 德胜门东居住遗址出土龙泉窑系瓷器花纹

1、2、8. 模印菊花纹 3. "金玉满堂" 4. 模印七瓣 "心" 花 5. 模印荷花纹 6. "清河" 双鱼纹 7. 八宝纹 9. "东山" 福鹿纹 10. "福" 鹿纹 11. 刻划荷花纹

（参见图版 4 - 8 - 37：4）。

黑釉 "内府" 经瓶 1 件。磁州窑系。YE73：23，高 32、口径 15.6、最大腹径 20、足径 12 厘米。器形同 YG72：7（参见图版 4 - 7 - 23：1）。肩部阴刻 "内府" 二字。周身施黑褐釉（图版 4 - 6 - 9：4；图 4 - 6 - 5：9）。

黑釉葫芦形瓶 1 件。YE73：11，高 19、口径 5、腹径 13、底径 8.5 厘米。小口，圆唇，形如葫芦状。紫砂胎，黑釉（图版 4 - 6 - 10：1；图 4 - 6 - 5：8）。

褐釉双耳瓶 1 件。YE73：14，高 15、口径 4、最大腹径 4.7、足径 4.7 厘米。小口，唇沿外侈，体细长，口肩部贴双耳。灰砂胎，口肩部有棕褐釉（图版 4 - 6 - 10：2；图 4 - 6 - 5：4）。

黑釉双耳瓶 1 件。YE73：6，高 18、口径 5、足径 7.3 厘米。小口，溜肩，口下有双耳，鼓腹，平底卧足。灰白胎，施黑釉，近底无釉（图版 4 - 6 - 10：3；图 4 - 6 - 5：7）。

酱釉小瓶 1 件。YE73：7，高 18、口径 6、底径 5.2 厘米。器形同 YM74F1：15（参见图版 4 - 5 - 12：3）。

图 4 - 6 - 4　德胜门东居住遗址出土青釉盘（YE73：3）

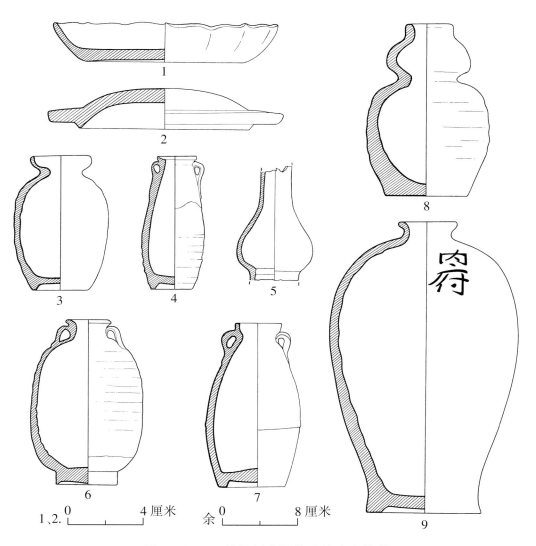

图 4 - 6 - 5　德胜门东居住遗址出土瓷器

1. 钧釉盘（YE73：15）　2. 黑釉器盖（YE73：17）　3. 白釉罐（YE73：13）　4. 褐釉双耳瓶（YE73：14）　5. 青釉胆式瓶（YE73：44）
6. 棕黄釉双耳罐（YE73：8）　7. 黑釉双耳瓶（YE73：6）　8. 黑釉葫芦形瓶（YE73：11）　9. 黑釉"内府"经瓶（YE73：23）

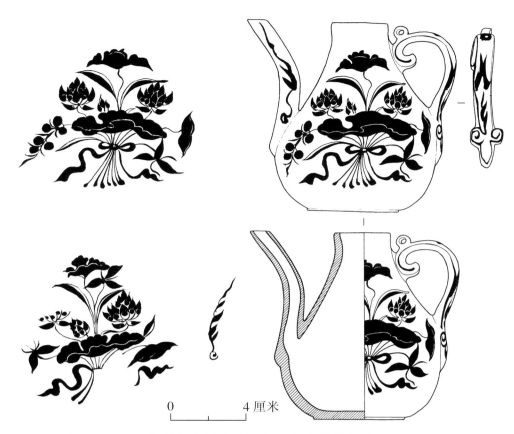

图 4 - 6 - 6　德胜门东居住遗址出土青花梨形壶（YE73：18）

青花梨形壶　1 件。属景德镇窑系。YE73：18，高 10.5、口径 3、底径 5 厘米。直口，溜肩，鼓腹、平底，颈腹之间有细长流，另一侧有曲形把。白胎，影青釉。腹部两侧绘飘带捆扎莲花纹（彩版一五；图版 4 - 6 - 11：1；图 4 - 6 - 6）。

青花小器盖　1 件。景德镇窑系。YE73：43，残高 3.5、口径 3 厘米。圆形，子口较长，狮形纽（头部已残）。盖面挂青白釉点饰青花花纹（图版 4 - 6 - 11：2）。

白釉红绿彩小器盖　1 件。YE73：12，高 3.9、直径 6.6 厘米。圆形，子口，塔形纽。浅黄胎，牙白釉。釉上用红绿彩绘花草纹（图版 4 - 6 - 11：3）。

白釉黑彩荷叶形器盖　2 件。均属磁州窑系。YE73：16，高 5.3、直径 17 厘米。圆形，荷叶花边式，顶部有圆纽。黄白胎，器表施白釉，顶部绘画黑色花草纹及弦纹（图版 4 - 6 - 11：5）。YE73：4，高 12、直径 19.3 厘米。紫砂胎。形制与上述相同。

黑釉器盖　1 件。磁州窑系。YE73：17，高 2、直径 12、子口直径 9 厘米。扁圆形，平顶无纽，子母口。黄灰胎，盖顶施黑釉（图版 4 - 6 - 11：4；图 4 - 6 - 5：2）。

2. 其他

铜灯　2 件。YE73：20，高 4、口径 9、底径 3 厘米。碗形灯。器形同 YM74F4A：1（参见图版 4 - 5 - 17：3）。YE73：2，残高 6.2 厘米。豆形灯，仅存圈足。器形同 YH72：37（参见图版 4 - 1 - 56：1 左）。

铁马镫　1 件。YE73：42，高 18、上宽 10、下宽 18 厘米。器形与 YG73F5：15（参见图版 4 - 8 - 44：5）相同。

（二）工具

铁斧　1 件。YE73：31，长 11、厚 2.5 厘米。器形与 YG73F5：5（参见图版 4 - 8 - 45：5 左）相同。

铁叉 2件。形制相同。YE73：34，残长26.5厘米。体细长，二齿略上翘，分齿处作圆形，安把柄处为方形孔（图版4－6－12：1）。

铁铡刀 1件。YE73：28，残长51、残宽6～11厘米。器形与YG73F6：14（参见图版4－8－46：1）相同。

铁镢头 2件。YE73：27，形制大小相同。长25、宽5.5～9.5厘米。体长，上部铸长方形孔以安把柄，下部扁宽，与现代铁镢头相同（图版4－6－12：2）。

铁犁铧 1件。YE73：26，全长31、宽23.5厘米，后端凹槽深12厘米。三角形，前端略呈圆尖状，中间起脊，两侧较薄（图版4－6－12：3）。

铁夯锤 1件。YE73：21，高10、最大径11厘米。器形与YG73E：18（参见图版4－8－46：5）相同。

铁矛 1件。YE73：37，全长23厘米。圆筒形裤，裤上部有小孔，孔内钉入环形铁鼻（图版4－6－12：4）。

铜熨斗 1件。YE73：35，高5、口径18.7、底径13.7、把长15.5厘米。敞口外侈，直壁，平底，圆把柄，柄上端附有云头式花边。器形同YG73T：29（参见图版4－8－44：1）相同。

磨刀石 1件。YE73：38，长37、宽7、高14厘米。青石凿刻。长条形，由于长期使用，两端翘起中间下凹（图版4－6－12：5）。

石臼 4件。呈斗形，器形与YG73T：33（参见图版4－8－47：3）相同。

石磨 1盘。YE73：39，院内出土。直径54厘米。磨中心凿刻穿孔两个，两侧各凿一小穿孔。磨的边缘凿有"十夫"字迹的为上盘（图版4－6－13：1）。

石碾轮 1件。YE73：40，直径67、厚11厘米。青石制作。圆形，中心作轴孔，直径9厘米，孔两侧各镶嵌六齿铁轮轴套，厚1厘米，齿宽1.5厘米。碾轮面上凿刻六瓣莲花纹。碾压面作斜棱纹（图版4－6－13：2）。

捶布石 3块。形制与YEF62：6（参见图版4－13－4：7）相同。

陶坩埚 1件。YE73：24，高14.7、口径7.5、壁厚0.7厘米。筒形，圜底。夹砂灰胎，质地坚硬。器表及底部均有火烧痕，内壁遗有绿铜锈痕迹。

（三）梳妆用具

铜镜 1件。YE73：10，直径19厘米。体薄，莲瓣形，锭形纽。背面带有铭文两行，但字已不清（图版4－6－13：3；图4－6－7）。

（四）装饰品

玛瑙残饰件 1件。YE73：1，直径3厘米。椭圆形，扁平，其顶端琢穿孔。白色，下部有一块黄斑，

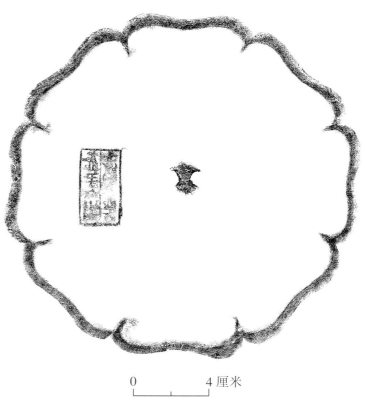

0   4厘米

图4－6－7 德胜门东居住遗址出土铜镜（YE73：10）拓片

器表光润（彩版四〇：4；图版4–6–13：4）。

绿松石饰　2件。YE73：45，大者长1.5厘米，小者长1厘米。呈浅绿色，顶部中心有穿孔（图版4–6–13：5）。

铜垂鱼饰件　1件。YE73：19，全长5.5、宽3.5厘米。云头式垂鱼，两侧有小孔。

（五）其他

铁门环　1件。YE73：32，直径15厘米。圆形。铁圈上带铁钉，长约8厘米（图版4–6–12：6）。

陶屋　1件。YE73：25，通高110、总面阔59、进深45厘米。灰陶质。重檐歇山顶，面阔三间，进深一间，中间辟门，门宽23、高38厘米。前檐墙下部刻划出石础和隔减墙部分。两侧山墙上部各作两个圆窗孔。顶部为仿木结构，分上下两层，上层两山出际，塑出悬鱼惹草，正脊（鸱吻为复原）和四垂脊作瓦条脊的形式，角梁翘起呈弧形。栏额及普柏枋均画出旋子彩画。墙身、木柱及斗拱的拱眼壁刷红色，其他部分均为青灰色（彩版三七；图版4–6–10：4）。

第七节　西绦胡同一号遗址

西绦胡同一号遗址位于旧鼓楼大街豁口之西，明代北城墙下面。该遗址于1972年6月~7月进行考古发掘。遗址呈长条状，东西总长34.6米，南北宽11米。因遭破坏，保存极不完整。

一　平面布局

从平面布局上看，遗址可分主院北房后廊和西暗间、后院南房、东院东房、露道、院墙、围墙以及明沟和渗井等排水设备，整个建筑的方向为北偏东8度（图版4–7–1、4–7–2；图4–7–1）。

主院的大部分遗迹超出了城基范围，已被破坏，现存的只是主院北端的三间北房，其建筑形式与雍和宫后居住遗址的三间北房相同。这三间北房仅残存两间后廊和西暗间的北套间部分，以及两明间内的几块铺地砖。整个北房建筑在一个长方形的砖筑台基上。台基南部已遭破坏。台基北面砌有散水，紧靠散水的是一条东西向的明沟，它的东西两端又转弯向北延伸。

北房后面是后院的三间南房，房屋墙壁很厚，建筑结构特殊，为过去元大都遗址发掘中所未见。现仅残留部分东山墙、西山墙、后檐墙和室内铺地砖。

在主院北房与后院南房之间有四道砖砌围墙，把主、后院分开，互不相通。

东院东房因破坏严重，开间不清，现仅残留部分台基、前檐墙和室内铺地砖，室内北侧还遗存一铺残火炕。

东院与主、后院之间砌有南北向院墙一道，北端辟一小门，使东院和后院相连通。小门至东房之间砌有砖筑露道，自该露道向南和向北方向还各存残露道一段。院内地下埋有水缸，放有石槽、石臼和石杵头等。

后院南房西侧有一道南北向院墙，院墙西侧为另一院落。

各院内均设有明沟、暗沟、围墙沟眼、露道水沟和渗井，构成一套完整的排水系统。

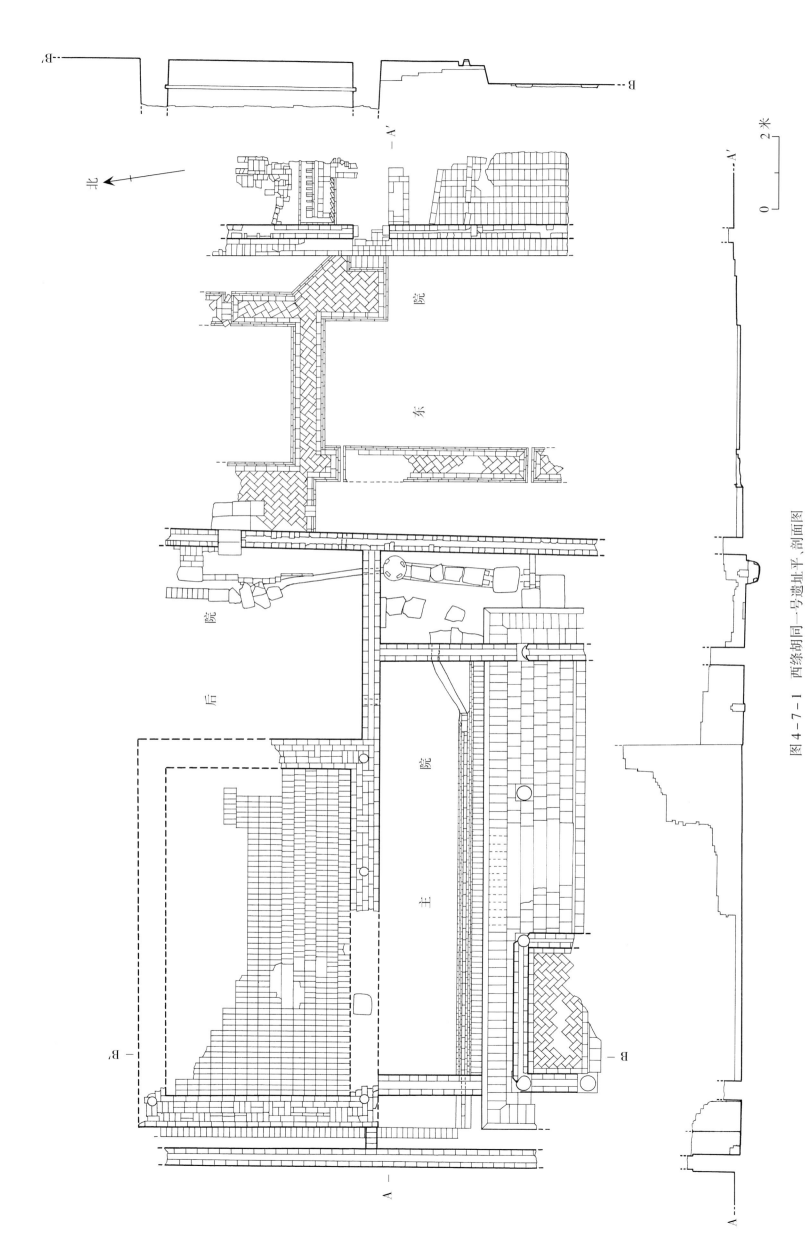

图 4－7－1　西绦胡同一号遗址平、剖面图

A-A′. 遗址中部东西向剖面图（从南向北看）　B-B′. 遗址西端南北向剖面图

二　建筑结构

（一）主院

1. 北房建筑

台基底座东西长 14.30 米，南北残宽 2.80 米，高 0.53 米，台壁向上内收 15 厘米（图 4 - 7 - 1）。台基为平地起建，四周用单砖平铺错缝顺砌十层包砌台边。砖长 30、宽 15、厚 5 厘米，砖的各面均经打磨，光滑而平整。砖缝厚 0.2～0.3 厘米，以白灰泥作为黏合料。台面边用长 46、宽 23、厚 5 厘米的大型条砖平铺丁砌作为压阑砖。台心用黄土夹碎砖瓦填实，共有四层，每层厚约 20 厘米，层层略加夯实。台面铺条砖，台角的砌法同后英房居住遗址主院北房台基。两侧台明宽 0.85 米，后檐台明宽 0.70 米（图 4 - 7 - 1）。

台基北面靠台壁处砌有散水，宽 0.40 米。做法是：平铺丁砖一行，丁砖外侧顺砌陡砖两行为线，散水向外略呈斜坡状，其外顺散水砌有明沟，以利于流水（图版 4 - 7 - 3：1，4 - 7 - 4：1）。

后廊为两开间的敞廊，东间面阔 3.85 米，西间面阔 4.13 米，进深均为 1.35 米（图 4 - 7 - 1）。在后廊北侧中间部位有一块近方形柱础石，长 50、宽 47、厚 7 厘米，青石质，素覆盆，盆径 40、唇厚 2 厘米。

在后廊的东侧保留有一段北房的东山墙，残长 1.54、厚 0.48、残高 0.23 米。墙的里外壁均用长 32、宽 16、厚 5 厘米的条砖平铺错缝顺砌，墙心用平铺半头砖填馅。砌墙用磨砖对缝法。山墙北头有一角柱，柱子有三分之一露于墙外，角柱墙头砌成"八"字形，做法与后英房居住遗址北房相同。柱下铺垫方形柱础石，与后廊中间部位柱础石在一条直线上。柱础石方形，边长 48、厚 7.5 厘米，青石质，素平。

东山墙至西暗间隔墙之间的铺地砖中，有一条东西向安放木地栿用的槽，长 745、宽 5、深 6 厘米。槽内尚留朽木痕迹。此地栿槽的存在，说明明间与后廊之间不是像后英房与雍和宫后居住遗址那样用砖隔墙间开，而是安装可以开闭的木隔扇门，既可相隔又可相通。

后廊地面全用边长 33、厚 6 厘米的方砖铺地，共五排，均东西成行平铺错缝砌。北房明间也用方砖铺地，现仅残留一排，砖规格为长 33、宽 25 厘米。铺砖均用磨砖对缝法，与后英房居住遗址北房铺地做法相同。

北房西暗间的套间，面阔 3.90 米，进深 1.75 米（图版 4 - 7 - 4：2；图 4 - 7 - 1）。套间尚留三个柱础石，为后檐墙两角柱础石和西山墙间柱础石，前者为半明柱，后者为暗柱。柱础石有两种：一种是覆盆式，长、宽皆为 47～57、厚 7 厘米，盆径 30～51、唇厚 5 厘米。覆盆上一般都不加任何雕刻，仅个别在盆面上阴刻弦纹一周。有的盆面上保留有十分清晰的"十"字形墨线，作为立柱时取中的标记。西北角柱础石面上遗留有木柱柱痕，木柱直径 30 厘米。另一种是素平式，即用略经凿平的方形青石作础，边长 58、厚 10 厘米。

柱子之间垒砌砖墙，西山墙和后檐墙保存都不太好，残高为 0.10～0.37 米。隔断墙较前两墙保存为好，墙厚 0.40、残高 0.52 米，墙略有收分，如墙脚厚 0.42 米，残顶仅厚 0.40 米。墙的砌法，除墙心用不规则的碎砖平铺填馅外，余与北房东山墙相同。

西暗间的间柱础石之间留有一条地栿槽，宽 5、深 6 厘米，东段残缺。地栿槽的存在，说明暗间结构别于雍和宫后及雍和宫东两处居住遗址北房的暗间，而与后英房居住遗址北房东、西挟屋的结构基本相同，略有的一点不同，即套间不是用砖筑隔断墙间开，而是用木隔扇间开。

套间全用条砖铺地，砌法是四周平铺顺砌一排条砖为框，内铺条砖，呈"人"字形。地栿槽之南残留一排四块方砖铺地，砖边长为 30、厚 6 厘米。砖的不同，说明铺地方法有别。

2. 明沟

明沟借散水为南壁，再错缝丁砌两层陡砖为北壁，最东头的一块里层丁砌陡砖微向外撇，两壁内侧再各砌一层坡放陡砖，陡砖的上沿与明沟两壁接触处砍成斜坡状，使其与两壁丁砌陡砖的上沿找平，便于向沟内流水。坡放陡砖长14、上沿厚1.5、下部厚5厘米，斜坡状部分为砖宽之半。沟底铺一层顺砖，水槽上宽下窄，剖面略呈"V"形（图4-7-2：1），槽上宽16～18、下宽4～5、深15厘米（图版4-7-4：1）。明沟东头挡一陡砖，与北壁丁砌陡砖之间留一缺口，口宽18厘米，缺口与院内地面铺的一层南北向板瓦水槽相接。板瓦水槽是先在地面上挖一条浅槽，然后把瓦平放在浅槽上，雨水流入明沟到东端向东北折，经板瓦水槽，穿过围墙沟眼与东侧渗井暗沟相通。从地势看，所有雨水均向北流，暗沟位置是住宅地势最低的地方。

（二）后院

后院建筑仅包括南房和明沟两部分。

1. 南房建筑

南房三间，总面阔9.30米，其中当心间面阔3.60米，东次间面阔3.15米，西次间面阔2.55米，进深皆5.60米。该房建筑结构较为特殊，现存三面砖墙都比较高大宽厚，以东山墙为例，残高3.10米，厚0.84米（图版4-7-2、4-7-3、4-7-4：3、4-7-5：1）。

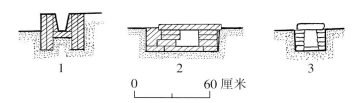

图4-7-2 西绦胡同一号遗址明沟、暗沟横剖面结构图
1. 明沟 2、3. 暗沟

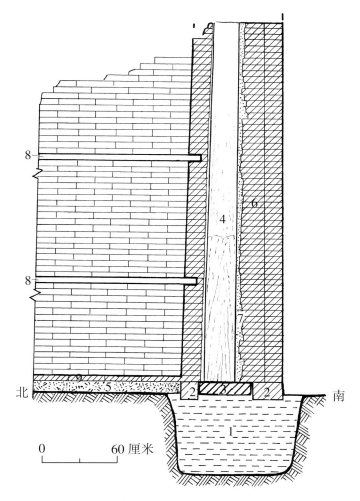

图4-7-3 西绦胡同一号遗址后院南房（东南角）
墙基槽及墙的砌法结构图
1. 基槽 2. 墙基下的立砖 3. 础石 4. 木柱 5. 黄灰土
6. 墙 7. 沙子灰 8. 凹槽 9. 铺地砖

砖墙不是平地起建，而是先挖墙基槽，基槽宽1、深0.60米，槽底达生土，槽内填土和碎砖瓦夯实，其上里外墙壁各丁砌立砖一层，中夹斜放立砖填馅，然后起墙。墙的里外壁用条砖平铺错缝顺砌，间或加以丁砖，以便各层之间达到既错缝又坚固的目的。墙心用交错丁顺砖平铺填馅，每层丁顺又相错垒砌。墙有明显的收分，以东山墙为例，墙脚厚0.84米，残顶厚仅有0.70米（残墙高3.10米）。砌墙所用黏合料为沙子灰，砖缝厚0.2～0.3厘米，沙灰比例约为3：1。这种用沙子灰作为砌墙黏合料的，在元大都其他遗址中还未曾发现。三面墙的里壁有两道平行凹槽（西山墙因上部残缺只留下槽），如东山墙的上槽距残顶1.10米，下槽距铺地砖0.74米，两槽间距0.97米，槽宽5、深9厘米。槽内上、下壁还遗存厚约1厘米的沙子灰浆，并残留朽木痕和残铁钉（图版4-7-4：3、4-7-5：2；图4-7-3）。我们推测这两道凹槽可能是安放木板用的。从该房高厚坚实的墙壁、室内宽大无隔墙和炕，以及房子周围出土遗物分析，该房可能是存放物品的仓库。

三间南房现存柱础石共五块，前檐西角柱础石一块，后檐柱础石四块，五个柱础石都包在墙内，柱子都是暗柱。柱础石都是略经凿平的方形青石，边长45～58、厚7～10厘米。后檐柱尚存三个暗柱洞，洞径 25 厘米，洞壁留有 1 厘米厚的沙子灰浆。柱洞内均残留朽木柱，其中以东南角柱洞内朽木柱保存最好，残高达 115 厘米，木质尚好，为其他遗址中所未见（图版 4 - 7 - 5：2）。

室内全用条砖铺地，南北成行，平铺错缝丁砌（图版 4 - 7 - 4：3、4 - 7 - 6：1）。墁地时一般是先将土略加拍实，再用加少量白灰的黄土泥稳固。

2. 明沟

明沟在紧靠散水的外侧，南北向（图版 4 - 7 - 6）。其做法较为简单，以散水为沟的东壁，借西侧院墙里壁为沟的西壁。沟宽 26、深 11 厘米，底不铺砖。南侧无散水处砌丁顺砖为东壁，明沟向南与北房后的明沟相连通，向北通过围墙沟眼流出（图版 4 - 7 - 6：1）。

（三）东院

东院建筑遗迹，仅有东房残迹以及院中铺砖露道、院墙和院门（图版 4 - 7 - 7）。

1. 东房建筑

东房建在一座砖筑台基之上，台基东、北、南三面已无存，仅存西侧台基边。从西边残迹可知，台基高 0.22 米，台壁用砖垒砌四层，前檐台明宽 0.47 米。

东房南北残长 9.10 米，东西残宽 2.20 米，因破坏严重开间不清，现仅残留前檐墙、室内铺地砖和一铺火炕。前檐墙残长 9.10、厚 0.39、残高 0.28 米，全部用条砖平铺错缝顺砌，墙心用碎砖平铺填馅，砌墙使用的黏合料是黄土泥。前檐墙中有一门，宽 100 厘米，门中间地面上残留一条地栿槽，宽 10 厘米。在门内南侧南北向平放板门一扇（图 4 - 7 - 4），面朝下，门高 205 厘米，程宽 7、边框宽 5 厘米，背后用四福，福宽 4 厘米，门正面为三块身口板拼成，每块宽 21 厘米，福与身口板之间用铁钉固定，钉长 4.5 厘米，钉帽为圆头，直径 2 厘米。门外砌有长方形台阶，宽 110、深 45、高 15 厘米，做法是靠门砌一行平铺顺砌条砖，其外再砌丁砖。

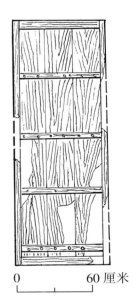

图 4 - 7 - 4　西绦胡同一号遗址板门背面图

室内全用条砖铺地。做法是自前檐墙里壁向东先平铺两行丁砖，再平铺一行顺砖，然后再一行丁砖一行顺砖相间铺墁。

炕位于门内北侧，为一座东西向的火炕，保存得不太完整。东端残缺，西端紧靠前檐里壁，东西残长 170、南北宽 100、残高 30 厘米。炕仅留底座，炕的东北角连接一灶，已残。这种炕、灶结构，与西绦胡同二号遗址中的 F2 炕、灶相同。

2. 露道

东院东房与院墙小门之间铺有砖砌露道（图版 4 - 7 - 7，4 - 7 - 8：1、2；图 4 - 7 - 1），全长 8.65 米，宽 0.95～1.85 米。接此露道的东西两端尚有一段南向和北向残露道，前者残长 6.40 米，后者残长 2.15 米，宽皆 0.95 米。

露道用条砖铺砌，做法是四周平铺一行顺砖为框，内铺成"人"字形道面，道面略呈拱形，露道两侧用立砖砌成双线道。线道拐角处的砌法，为两角使用抹角砖拼砌或两角使用条砖丁顺顶砌。在南北向露道中腰有水沟以疏通雨水。水沟砌法是底铺顺砖，两边各顺砌立砖两行，里行立砖比外砖略低 5 厘米，然后用顺砖平铺于里行立砖之上为盖。沟宽 13、深 10 厘米。院门口和东房门前露道，在紧靠东房门前台壁下用双线道砌成长方形边框，框内平铺丁砖六块，是露道中一种极为少见的做法（图版4－7－8：2）。这种宽阔的门前露道的铺法变化，既增加了门前活动范围，又显得别致美观。

（四）院墙和围墙

1. 院墙

遗址中有两道院墙：一为东院与主、后院之间的院墙（下称东侧院墙）；另一是后院南房西侧之院墙（下称西侧院墙）。

东侧院墙南北向，残长10.75、厚0.50、残高0.75米（图4－7－1）。墙的北头辟一门，宽84厘米（图版4－7－8：3）。中有南北向残地栿槽，宽6厘米。门西侧有一长方形踏石，青石质，长62、宽36、厚8厘米。踏石高出地面0.13米。门北侧尚有一些平铺条砖。门东侧亦有青石质踏石一方，长100、宽40厘米。踏石之东尚有青条石，为三块拼成，宽37、厚4厘米。条石东接露道。院墙南侧砌一沟眼，为东院流泻雨水之通道。

西侧院墙南北向，残长10、厚0.50、残高1.20米。墙的里外壁用条砖平铺错缝顺砌，间或夹砌丁砖，墙心以平铺条砖或半头砖填馅（图版4－7－6：1、2）。隔减部分高1.07米。隔减以上仍用条砖砌墙，每边各内收1.5厘米，砌墙所用黏合料为沙子灰。

2. 围墙

遗址中有四道围墙：一为东侧院墙与南房东山墙之间的围墙（下称东北围墙）；二为西侧院墙与南房西山墙之间的围墙（下称西北围墙）；三为北房东山墙与东北围墙之间的围墙（下称东围墙）；四为北房西山墙与南房后檐墙之间的围墙（下称西围墙）。这四道围墙把主院与后院用围墙封闭起来。

西北围墙长0.65、厚0.31、残高1.15米。隔减部分高75厘米，用十五层条砖平铺错缝顺砌而成。隔减以上墙每边各内收2厘米，墙的砌法与隔减部分不同，是丁砌一层立砖再平砌一层丁砖，依次层层垒砌。靠西侧院墙里壁砌沟眼，宽15、高20厘米（图版4－7－6：1、2）。

东北围墙长5.10、厚0.47、残高1.15米。隔减部分高0.75米。隔减墙的砌法与西北围墙相同。隔减以上墙每边各内收2厘米，砌法是一层丁砌立砖和顺砌陡砖，其上再砌一层平铺顺砖，依次垒砌。为了错缝和坚固，第二层西头用丁砌立砖两块，墙心填土和碎砖瓦（图版4－7－2：1、4－7－3：2）。砌墙所用黏合料为黄土泥略加少量白灰，白灰比重只占约五分之一。围墙东西两端各有一个沟眼，均呈"凸"字形，东沟眼宽18、高28厘米，西沟眼宽13、高20厘米，沟底铺板瓦。

东围墙长3.85、厚0.37、残高0.84米。台基上这段围墙长1.10米，现仅残留五层砖。台基北侧这段围墙的砌法是：隔减部分用条砖平铺错缝砌十四层，高0.70米；隔减以上墙每边各内收2厘米，是先丁砌立砖两块，顺砌陡砖一块，再于其上平铺错缝顺砌条砖两层，依次垒砌而成。里外壁陡、立砖相错垒砌，空隙处填以黄土和碎砖。围墙北侧砌沟眼，形式与东北围墙沟眼相同，宽20、高25厘米（图版4－7－3）。

西围墙长2.80、厚0.50、残高0.40米。墙的两侧壁面均用砖平铺错缝顺砌，间或加以丁砖，但无规律。

（五）排水设施

该遗址以主院北房地面最高，其次是东院，再是后院，尤其是后院南房与东院院墙之间的地面最低，与主院地面高低落差达0.60米，故排水沟、渗井等设施多集中在后院（图4－7－1）。

1. 排水沟

在后院有一条南北向水沟，顺东院墙，经三个渗井，再穿过东北围墙下的沟眼（图版4－7－6：3），把水排到院外的街道沟中。水沟残长10.05、宽0.15～0.18、深0.12～0.14米。水沟壁用砖平铺错缝砌，沟底有的平铺条砖，有的铺板瓦，有的为土沟底。所用砖瓦尺寸与房屋建筑的一般砖瓦相同。这条水沟应是暗沟（图4－7－2：2、3），如在东北围墙以北的北段水沟见有七块条砖和五块青石板覆盖在沟口上，东北围墙以南的水沟上覆盖着四块青石板，还有部分青石板被移到旁边（图版4－7－6：3）。

这条水沟还连接着其他排水沟，如主院北房后面的排水明沟，向东通过东围墙的沟眼，把雨水排入这条沟中（图4－7－1）。东侧院墙和东北围墙上的沟眼都离这条排水沟很近，通过这些沟眼，可以把主院和东院的雨水疏通到这条沟中，形成较为通畅的排水系统。

2. 渗井

在东北围墙以南，顺东侧院墙旁，即上述水沟南段，连接着三个渗井（图版4－7－6：3）。两个位于台基东侧，其中一个为长方形井，长0.76、宽0.60、深0.70米；另一个为近方形井，口大底小，长0.73、宽0.67、深0.40米。坑内积土为绿灰色淤泥。第三个渗井靠东北围墙南壁处，呈圆坑状，直径0.26、深0.33米，底大于口，底有四块半头立砖，有规律地放置如支架状，用途不详。这三个坑皆与暗沟相通，从位置和绿灰色淤泥分析，应是渗井，其作用是可截渗生活废水中的脏物和淤土，以防阻塞暗沟和沟眼。院内明沟、暗沟、围墙沟眼、露道水沟和渗井等均相贯通，构成一套较为完整的排水系统。

（六）水井遗址

水井遗址位于西绦胡同一号遗址东侧，西距该遗址约50米，1973年春进行清理。它由水井和南房两部分组成（图版4－7－9；图4－7－5）。

1. 水井

水井为圆形砖井，井口直径0.65米，井底直径1.5米，井深7.6米，井底大口小，纵剖面呈袋状（图4－7－6）。井台东西长3.55米，南北宽2.15米，总面积约为9平方米。井台高出元代地面0.25米，西侧用青

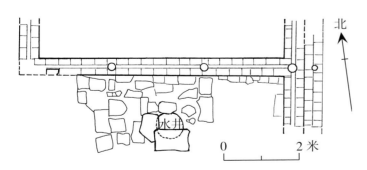

图4－7－5　西绦胡同一号遗址东侧砖砌水井遗址平面图

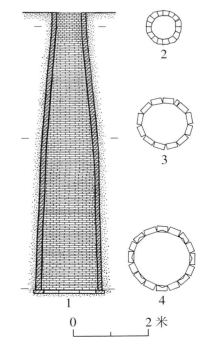

图4－7－6　西绦胡同一号遗址东侧砖砌水井结构平、剖面图
1. 水井口至底纵剖面　2. 井口横平剖面　3. 井中央横剖平面
4. 井底横剖平面（井底最下一层为木构井圈）

条石砌出踏道，共两踏，踏道下有明显的路土，路土略呈斜坡状，厚约10厘米，井口用两块大青石板覆盖（图版4－7－9：1、2）。

水井全用条砖垒砌，自口到底共垒砖93层，砖与砖之间未使用黏合料，全部用错缝斗角叠砌法（图版4－7－9：3），越向下口径越大、斗角越多。自井口向下至16层之间，用16块半头砖平铺构成一圆周；16层以下改用长30、宽15、厚5厘米的条砖平铺错缝砌，每层用砖8块；至70层时，每周又改用12块半条砖垒砌；至井底，每周改用16块条砖围砌；最底层条砖下有八角形木井圈（图4－7－6）。井圈盘由八块长条木拼成，每块长60、厚8厘米。清理水井时，井内淤土中有钧窑、龙泉窑和磁州窑的碎瓷片以及白釉彩绘大碗、铜权和数枚铜钱等。该井为元大都遗址中唯一保存完整的砖井。

2. 南房残迹

在井台的北面有一座残破南房，它的后檐墙紧靠井台，为三开间，当心间面阔2.5米，两次间面阔各为2.25米，进深残留1.2米。后檐墙残高0.45、厚0.50米。墙壁用长30、宽15、厚5厘米的条砖平铺错缝顺砌，墙心填以黄土。墙内留有三个暗柱洞，柱径20厘米，洞内尚留朽木痕。柱下用方形素平青石为础，边长45、厚3～5厘米。东山墙与后檐墙呈"T"形，残长3、厚0.50、残高0.35米，砌法同于后檐墙。紧靠此墙之外还有一南北向残墙，长3、厚0.50米。在与后檐墙一线的中间部有一圆形暗柱洞，柱径20厘米，其下亦有方形素平柱础石。

在南房西次间内发现残方格窗一扇，东西向平放，残长150、宽80厘米，格眼正方形，边长9厘米。

三　建筑构件

遗址中出土的建筑构件主要是屋顶瓦饰和铜装饰构件。现分述如下：

（一）瓦

模制，青灰色，可分滴水板瓦和重唇板瓦两种：

滴水板瓦　1件。长29、宽12、厚1.5厘米，唇面通高5厘米，唇出板瓦下皮4厘米。瓦的凹面有布纹，瓦头印凤纹，与YHF72：19（参见图版4－11－1：4）纹饰相同。

重唇板瓦　2件。YG72：123，长33、上宽21、下宽18、厚2厘米，唇面通高5厘米，唇出板瓦下皮3厘米，唇沿内收1厘米。瓦凹面为布纹，瓦头印绳纹（图版4－7－10：1；图4－7－7：2）。YG72：124，长23、上宽21、下宽19、厚1.5厘米，唇面通高4厘米，唇出板瓦下皮2.5厘米，唇沿内收0.5厘米。瓦凹面为布纹，瓦头印绳纹（图版4－7－10：2；图4－7－7：1）。

瓦当　圆形，直径12、厚1厘米，均为兽面纹。YG72：125，兽面凸出廓边1厘米，口不衔环，边为一周乳丁一周圆环（图版4－7－10：4左）。YG72：126，兽面凸出廓边1厘米，颌下有长须，口不衔环，边为一周乳丁一周圆环（图版4－7－10：4中）。YG72：127，兽面凸出廓边1.5厘米，兽面比较大，边为一周乳丁（图版4－7－10：4右）。另一种与YHF72：22（参见图版4－11－1：6）纹饰相同。

（二）门上的装饰构件

铜门钉　2件。大者直径6、高3.2厘米，小者直径5.6、高2厘米。形制与后英房居住遗址中出土的铜门钉相同。

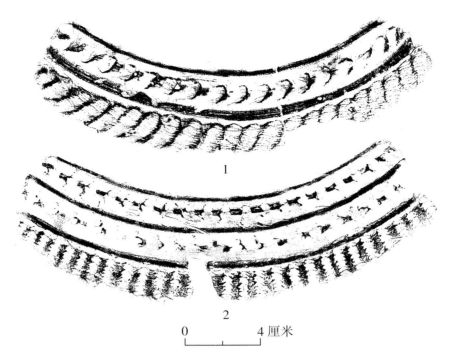

图 4 - 7 - 7　西绦胡同一号遗址出土重唇板瓦瓦头拓片
1. YG72：124　2. YG72：123

铁门钉　9 件。形状相同。YG72：128，大者钉帽直径 5.5、高 1 厘米，残铁钉长 1.1、宽 0.8～1.1 厘米；小者钉帽径 5、高 0.8 厘米，残钉长 1.6、宽 0.5 厘米。圆形，如蘑菇状，内侧中心有一残铁钉，有的钉上还留有朽木痕。

铜门环　5 件。直径 10、厚 0.02 厘米。器形与 YUE69：5（参见图版 4 - 3 - 3：1）相同。

铜门座　5 件。大者长 10、宽 7.2、厚 2 厘米，小者长 4.8、宽 3.7、厚 1 厘米。器形与后英房居住遗址出土的铜门座相同。

铜梅花形环　1 件。直径 7 厘米。器形与后英房居住遗址出土的海棠曲线形钮头圈子相同。

（三）石础、座

方形柱础石　2 件。YG72：116①，高 6.5、边长 21.5、孔径 3 厘米。青石质，方形，直壁，顶部微凸，平底，中间凿穿一圆孔（图版 4 - 7 - 10：3）。YG72：115①，高 9、长 7、宽 16 厘米。方形，周边倒棱，中凿一圆孔，未透（图版 4 - 7 - 10：5）。

覆莲纹石座　1 件。YG72：132，形制与 YHF72：27（参见图版 4 - 11 - 1：7）相同（图版 4 - 7 - 10：6）

四　出土遗物

出土器物较为丰富，可以复原者约 360 件。就质地而言，有瓷、陶、铜、铁、石和骨器等；就数量而言，以瓷器最多，其中又以碗、盘、罐、盆、碟和高足碗等居多。除少量为完整器物外，多数已残碎不全。器物多出土于院中，少数出土于屋内，尤其有些盘、碟和碗，都是成摞出土于北房东侧院中，三枚铜权也是在南、北屋之间的院落中发现。从这些器物成摞堆放的现象分析，当时住宅主人有意把东西集中一起，或是准备搬运，却不知因何紧急原因，未能搬运即被明代修筑城墙时压在了城墙下。现按器物的用途分述如下：

（一）生活用具

1. 瓷器

生活用具以瓷器为主。遗址中出土大量碎瓷片，从其窑系看，基本可分景德镇窑（湖田窑）、龙泉窑、钧窑和磁州窑四系，也有少量霍州窑和不辨窑口者。

景德镇窑系瓷器有青花瓷、影青釉（青白釉）瓷和枢府釉（卵白釉）瓷三种。青花瓷多为高足碗，白胎质细，釉色白而微闪青。影青和枢府瓷器形有高足碗、盘、罐、碗、瓶、盒、壶、炉、碟和器盖，胎质多为白胎，少量白中微带灰色，质细而薄，釉色多呈青白色或青灰色，少量器皿制成瓜棱或菊瓣形。纹饰有龙纹、花叶纹、弦纹、卷云纹、荷花纹、菊花纹、莲瓣纹和"十"字形杵头纹等（图4-7-8，4-7-9：11、12）。器底足有墨绘"十"字，或墨书"王""垣逼"和"火"等字，或墨书八思巴文。

龙泉窑系瓷器有碗、高足碗、碟、盒、罐、炉和器盖等。胎质多为灰白胎，少量为白胎或灰胎，釉色有粉青、豆青和灰青，有的器面有小裂纹。纹饰有菊花（草菊花或双菊花）、牡丹花、荷莲花、弦纹、如意纹、石榴花、双鱼纹（图4-7-9：1、3、5~10、14）。有的在内底印"金玉满堂""富"和"天下太平"（图4-7-9：4、13）等字。还有的印八思巴文（图4-7-9：2），有的在底足内墨书"李""康""郭"和"赵"等字。

钧窑系瓷器以碗和盘为多，次为罐、碟、壶和炉等。胎质分灰胎和淡黄胎两种，多施天蓝或灰蓝釉。圈足底面多墨书"荣""田""董""余""娘""福""周""马""刘""西刘""张""杨""李""宋""宋水自""陈""王""韩""孟""洛"和"郭"等，也有墨书八思巴文。

磁州窑系的瓷器为数最多，可分白釉黑彩器和黑釉器两种。白釉黑彩器有碗、盘、高足碗、碟、瓶、经瓶、罐、盆、炉和枕等。胎质多为黄白胎，质细而坚，亦有少量紫砂胎，质较粗而硬度不如前者，釉色多为白釉，上绘褐彩或黑彩。纹饰多为弦纹、圆点纹、草叶纹、曲线纹、网格纹、山形纹、龙凤纹、牡丹纹、菊花纹等。在圈足底面上有墨书"十"或"△"等符号或墨写"郝买"和"马"字，其中一件器底上墨书"宝奂酒店"四字，有的器物上用褐彩书写草字"刘""林""王""内府"或阴刻"春"字。黑釉器有双耳罐、罐、盆、瓶、高足杯、碗、盘和碟等。胎多灰白或黄白色，器表施黑釉或酱釉。

霍窑器物有高足碗、盘和盏托等。多白胎，质细，硬而薄，釉色多白中微泛黄色。高足碗的圈足上多饰数道凸弦纹，足端和碗心有小支钉痕。

遗址中还出土有46片灰青釉碎瓷片，从器形上看多为碗，亦有少量盒。胎质有黄白胎和灰白胎两种，胎质坚硬细密。一种里外均施灰青釉，色光泽明亮，口沿露胎无釉，有的釉面还有小裂纹；另一种外壁釉不到底或内底有一圈无釉，内底或足端有支钉痕，其中一片口沿下划有竖白线纹。

下面按器形和釉色介绍完整及复原的瓷器：

枢府釉折腹碗　8件。器形相同，均属景德镇湖田窑。YG72：62，高4.7、口径11、足径4.4、壁厚0.2厘米。敞口，弧壁折腹，小圈足。灰白胎，釉分卵白和灰白两种。内壁和底印缠枝花卉，纹饰不太清晰，口沿外有弦纹一周（图版4-7-11：1；图4-7-10：1）。

青白釉小碗　1件。属景德镇湖田窑。YG72：40，高4.5、口径8.5、足径3、壁厚0.15厘米。尖唇外侈，深腹弧壁，小圈足。白胎，影青釉，圈足内无釉（图版4-7-11：2；图4-7-10：2）。

青釉碗　13件。均系龙泉窑系。灰白胎，青绿釉。YG72：54，高7、口径19、足径6.7厘米。敞口，圆唇外侈，深腹，圈足。豆青釉，圈足内无釉，釉面有小裂纹。内壁口沿及底各有弦纹一周，内划荷花慈姑纹（图

0   4厘米

图4-7-8 西绦胡同一号遗址出土景德镇窑系瓷器花纹

版4-7-11：3；图4-7-11：1）。YG72：52，高5、口径17、足径5.8厘米。敞口，圆唇外侈，浅腹，圈足。青黄釉，圈足无釉。内壁口沿下及底心各有凹弦纹一周（图版4-7-11：4）。YG72：50，高5、口径19、足径6.5厘米。敞口，圆唇，浅腹弧壁，圈足。灰胎厚重，青黄釉，圈足内无釉，釉面有小裂纹。内底弦纹一周，中为暗花一朵，内壁刻两组牡丹花，外壁口沿处有三道弦纹，其上划刻三短线，壁上环列莲瓣纹（图版4-7-11：5；图4-7-10：6）。

钧釉碗 1件。属钧窑系。YG72：51，高7、口径17、足径5.7厘米。敞口，厚圆唇，斜壁收腹，圈足。灰白胎，青黄釉，外壁釉不到底，形成较厚的垂釉，釉面有橘皮棕眼（图版4-7-12：1；图4-7-10：4）。

图 4－7－9　西绦胡同一号遗址出土瓷器花纹

1~10、13、14. 龙泉窑系瓷器花纹　　11、12. 景德镇窑系瓷器花纹

　　白釉黑彩碗　1 件。属磁州窑系。YG72：47，高 4.6、口径 12.9、足径 6 厘米。敞口，圆唇，外侈，斜壁，圈足。黄白胎，白釉，外壁釉不到底。内壁绘酱色弦纹两周，底心绘酱色花纹，形似"王"字（图版 4－7－12：2；图 4－7－11：2）。

　　白釉红绿彩碗　1 件。YG72：120，高 7.4、口径 19、足径 6.7 厘米。圆唇敞口，斜壁深腹，圈足。灰黄胎，白釉，外壁釉不到底，釉面有小裂纹。内壁釉上用红绿彩绘圆点纹、弦纹和花卉，纹饰别致新颖。此碗出土于水井遗址中（彩版一二：2；图版 4－7－12：4）。

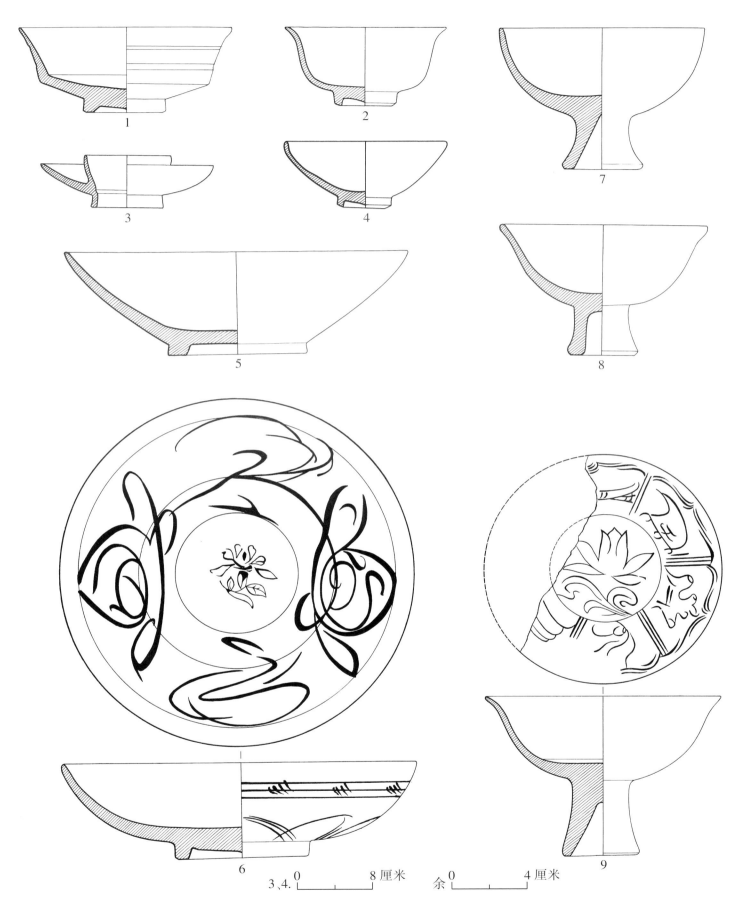

图 4－7－10　西绦胡同一号遗址出土瓷器

1. 枢府釉折腹碗（YG72：62）　2. 青白釉小碗（YG72：40）　3. 白釉盏托（YG72：122）　4. 钧釉碗（YG72：51）　5. 黑釉碗（YG72：91）

6. 青釉碗（YG72：50）　7. 白釉高足碗（YG72：37）　8. 枢府釉高足碗（YG72：38）　9. 青釉高足碗（YG72：39）

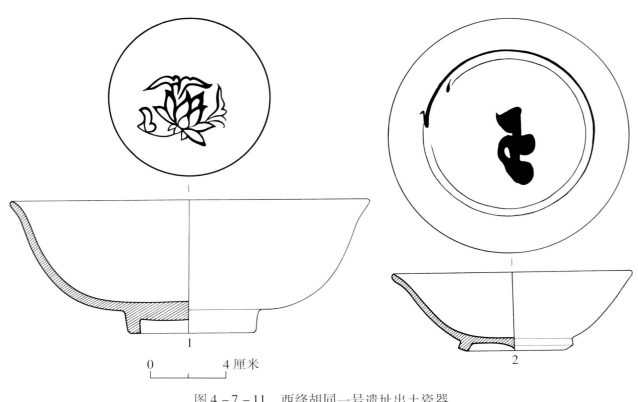

图 4 - 7 - 11　西绦胡同一号遗址出土瓷器
1. 青釉碗（YG72：54）　2. 白釉黑彩碗（YG72：47）

黑釉碗　1 件。YG72：91，高 5.3、口径 18.3、足径 7.4 厘米。敞口，薄圆唇，斜壁，圈足。黄白胎，黑釉，外壁釉不到底，内底有一圈无釉（图版 4 - 7 - 12：3；图 4 - 7 - 10：5）。

青花高足碗　1 件。属景德镇窑系。YG72：35，通高 8.5、口径 8.5、足高 5、足径 4.5 厘米。直口，圆唇，深腹，圜底，底下有竹节喇叭形足。白胎，青白釉。内底绘花卉，外壁绘弦纹和菊花纹。出土于北房后廊铺地砖上（图版 4 - 7 - 13：1）。

枢府釉高足碗　1 件。属景德镇湖田窑。YG72：38，通高 7、口径 11、足高 2.7、足径 3.7 厘米。敞口，圆唇外侈，弧壁，喇叭形矮圈足。白胎，灰青釉（图版 4 - 7 - 13：2；图 4 - 7 - 10：8）。

青釉高足碗　1 件。属龙泉窑系。YG72：39，通高 9.1、口径 12.8、足高 4、足径 4.1 厘米。敞口，圆唇外侈，弧壁，矮圈足。浅灰胎，豆绿釉。内底印荷花纹，内壁为六组莲瓣纹，花瓣中填划各种不同纹饰（图版 4 - 7 - 13：3；图 4 - 7 - 10：9）。

白釉高足碗　1 件。属磁州窑系。YG72：37，通高 7.5、口径 11、足高 2.5、足径 4.2 厘米。直口，圆唇，平底，矮圈足。灰白胎，白釉，圈足无釉，釉面有小裂纹。碗破碎后曾用铁、铜锔子固之，锔子一般长 2、宽 0.5 厘米（图版 4 - 7 - 13：4；图 4 - 7 - 10：7）。

青白釉盘　1 件。属景德镇湖田窑。YG72：56，高 4、口径 21、足径 9 厘米。侈沿，浅腹弧壁，矮圈足。白胎，青绿釉，口沿无釉。盘心印双凤牡丹纹，内壁印细莲瓣纹（图版 4 - 7 - 14：1；图 4 - 7 - 12：1）。

枢府釉盘　12 件。均属景德镇湖田窑，形制、花纹均相同。YG72：63，高 3.6、口径 13.5、足径 4 厘米。敞口，弧壁浅腹，圈足。白胎，灰白釉，圈足无釉。盘里印缠枝葵花纹，由于施釉较厚，纹饰已不清晰（图版 4 - 7 - 14：2；图 4 - 7 - 12：3）。

青釉盘　15 件。均属龙泉窑系。

折沿盘　2 件，器形相同。YG72：67，高 5、口径 19、足径 7 厘米。折沿，弧壁，圈足。灰白胎，灰绿釉，圈足内无釉。外壁为莲瓣纹，内底印双菊纹（图版 4 - 7 - 14：3；图 4 - 7 - 13：5）。

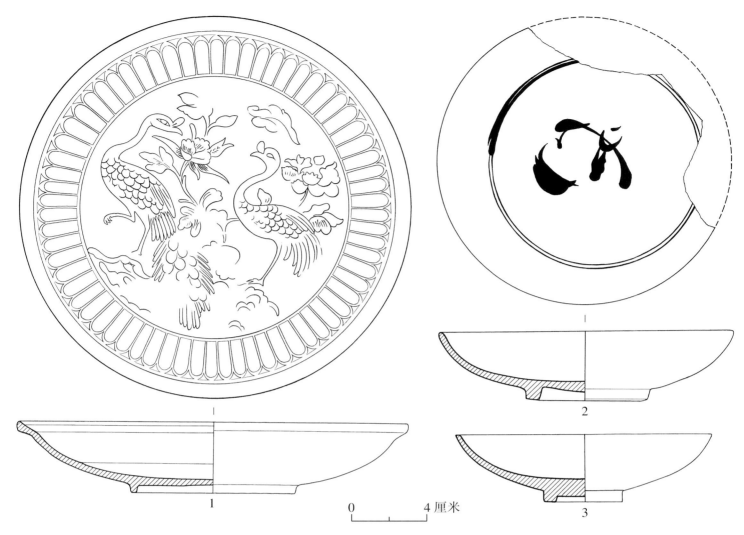

图 4 - 7 - 12　西绦胡同一号遗址出土瓷器
1. 青白釉盘（YG72：56）　2. 白釉褐彩盘（YG72：94）　3. 枢府釉盘（YG72：63）

　　菊瓣折沿盘　9件，器形相同。YG72：58，高4、口径16、足径7.5厘米。口沿和内壁作菊瓣形，平折沿，弧壁，圈足。灰白胎，淡青釉，足内有一圈无釉。盘心印莲花荷叶纹等，造型别致美观（彩版二七：1；图4 - 7 - 13：4）。

　　圆唇敞口大圈足盘　1件。YG72：60，高3.5、口径16.5、足径10厘米。器形与YG73F1：3（参见图版4 - 8 - 28：4）相同，盘心印菊花纹（图版4 - 7 - 14：4；图4 - 7 - 13：3）。

　　圆唇敞口小圈足盘　1件。YG72：65，高3.5、口径12、足径5厘米。器形与YG73F9：5（参见图版4 - 8 - 29：3）相同。

　　钧釉盘　3件。均属钧窑系。YG72：55，高5、口径22.5、足径13厘米。敞口，厚圆唇，浅腹，大圈足。黄白胎，胎壁厚重，紫灰釉，内底有绿斑，外壁釉不到底，釉面有裂纹（图版4 - 7 - 14：5；图4 - 7 - 13：6）。YG72：92，高2.5、口径13.5、足径5厘米。圆唇，敞口，盘底近平，圈足。黑灰胎，青灰釉，近底无釉（图版4 - 7 - 14：6；图4 - 7 - 13：2）。YG72：93，高2.5、口径约14厘米。器形与YE73：15（参见图版4 - 6 - 8：3）相同。

　　白釉褐彩盘　1件。属磁州窑系。YG72：94，高4、口径15.5、足径6.5厘米。直口，圆唇，弧壁，浅腹，圈足。黄白胎，白釉，外壁釉不到底。盘心绘褐彩弦纹两周，内绘花卉，盘心和圈足上有五个支钉痕（图版4 - 7 - 14：7；图4 - 7 - 12：2）。

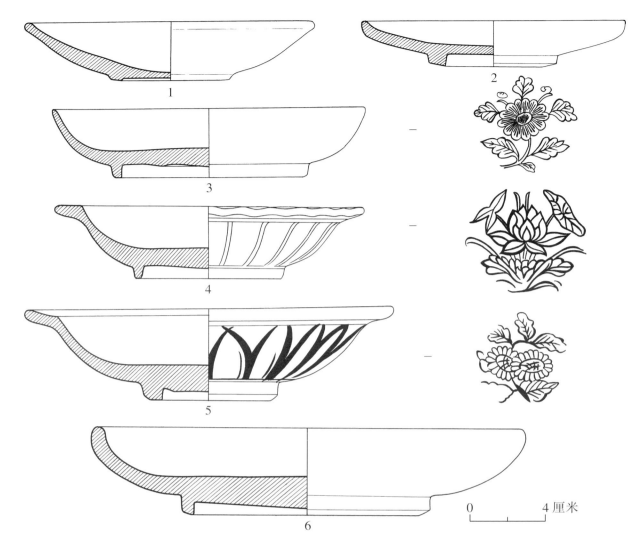

图 4 - 7 - 13　西绦胡同一号遗址出土瓷器
1. 黑白釉碟（YG72：68③）　　2、6. 钧釉盘（YG72：92、YG72：55）　　3～5. 青釉盘（YG72：60、58、67）

黑白釉碟　2 件。均属磁州窑系。YG72：68③，高 3、口径 15.3、足径 6.5 厘米。圆唇，撇口，弧壁，圈足。黄白胎，内壁施白釉，外壁施黑釉（图 4 - 7 - 13：1）。YG72：68②，高 2.5、口径 15.2、足径 6 厘米。圆唇，撇口，浅腹，壁下部有折棱痕，矮圈足。黄白胎，内壁施白釉，外壁施酱釉（图版 4 - 7 - 15：1）。

青白釉菊瓣口碟　20 件。器形相同，均属景德镇湖田窑。YG72：61，高 3.5、口径 11.2、足径 3.7 厘米。口沿呈菊瓣形外侈，弧壁，圈足。白胎，青蓝釉，釉面有小裂纹（图版 4 - 7 - 15：2；图 4 - 7 - 14：1）。

钧釉小碟　1 件。属钧窑系。YG72：95，高 1.5、口径 12、足径 5.5 厘米（图 4 - 7 - 14：2）。

黑釉碟　2 件。均属磁州窑系。YG72：69，高 3、口径 12、足径 6 厘米。灰胎，器形等 YG73F3：6（参见图版 4 - 8 - 30：3）相同。

青釉洗　4 件。均属龙泉窑系。

蔗段洗　2 件。YG72：66，高 3.5、口径 11、足径 7 厘米。敞口，弧壁，凹底（隐圈足），口和壁作菊花形。白胎，青绿釉，底有一圈无釉（彩版二八：1；图版 4 - 7 - 15：3）。

折沿洗　2 件。YG72：64，高 3、口径 12.5、足径 5.3 厘米。器形与 YG73F12：5②（参见图版 4 - 8 - 30：4）相同，内壁为莲瓣纹、内底印菊花纹（图版 4 - 7 - 15：4；图 4 - 7 - 14：3）。YG72：121，高 3、口径 12、足径 6 厘米。口沿外撇，花口，浅腹，外壁近底处折棱，圈足。白胎，青绿釉，足内一圈无釉。内壁和底饰花卉纹（彩版二八：2；图版 4 - 7 - 15：5；图 4 - 7 - 14：4）。

钧釉杯　1 件。属钧窑系。YG72：41，高 5、口径 6.5、足径 4 厘米。圆唇，直壁，深腹，圈足。灰白胎，

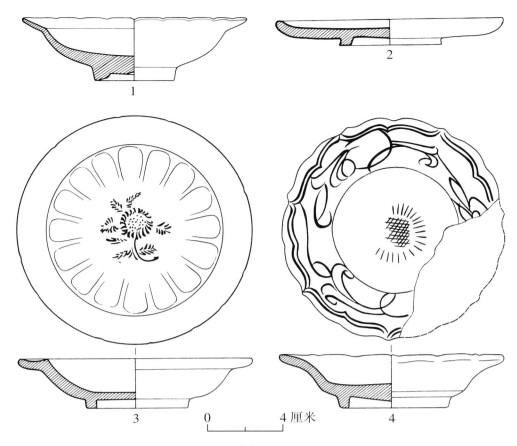

图 4 – 7 – 14　西绦胡同一号遗址出土瓷器
1. 青白釉菊瓣口碟（YG72：61）　2. 钧釉小碟（YG72：95）　3、4. 青釉折沿洗（YG72：64、121）

灰釉，外壁釉不到底，釉面有小裂纹。

白釉黑（褐）彩盆　4件。均属磁州窑系。其中有：

鱼草纹盆　1件。YG72：88，高17、口径49、底径24厘米。大口，沿外翻卷，腹壁内收，平底，底心圆凹。黄白胎，里施白釉，外挂黑釉。口沿绘两道弦纹，中填水草圆点纹，内壁墨绘双弦纹三道，中填斜水波纹，底绘鱼草纹，鱼游动于水草间，追食水草，图案形象生动活泼，为磁州窑的一件佳品（彩版八；图版4 – 7 – 16：1；图4 – 7 – 15：1）。

草叶纹盆　2件。YG72：18，高14.5、口径30、底径17厘米。器形与YG73W：8（参见图版4 – 8 – 31：1）除腹较浅外，余均同。里壁用褐彩绘双弦纹和草叶纹，底绘弦纹一周，内绘草叶纹（图版4 – 7 – 16：2）。YG72：28②，高29、口径51、底径32厘米。形制与YG72：18相同，仅内壁口沿下用褐彩绘弦纹一周，壁绘草叶纹，内底绘一周弦纹。

"三"字纹盆　1件。YG72：28①，高22、口径43、底径26厘米。卷唇，敞口，深腹，平底，底心内凹。褐色缸砂胎，里施白釉，外施褐釉，底无釉，口沿下绘弦纹一周，壁绘四个"三"字，底绘弦纹一周（图版4 – 7 – 17：1；图4 – 7 – 15：2）。

褐釉研钵　3件。属磁州窑系。YG72：16①，高18.5、口径28.5、底径9.5厘米。敞口，厚圆唇，口沿下有一凸棱，弧壁，小平底，内壁和底用梳形器划出竖行凹沟。紫缸胎，质坚厚重，内外施褐色釉（图版4 – 7 – 17：2；图4 – 7 – 15：3）。YG72：16②，高18、口径30、底径14厘米。敞口，平唇，斜壁，平底。口沿下有一圈凸弦纹，胎、釉与同YG72：16①（图版4 – 7 – 17：3；图4 – 7 – 15：4）。

枢府釉罐　1件。属景德镇窑系。YG72：31，高12、口径8、肩径12.5、底径7厘米。直口，圆唇，圆肩，收腹，平底。白胎，白釉闪青，底无釉。肩、腹下部各有弦纹两周，壁刻花卉纹（图版4 – 7 – 17：4；

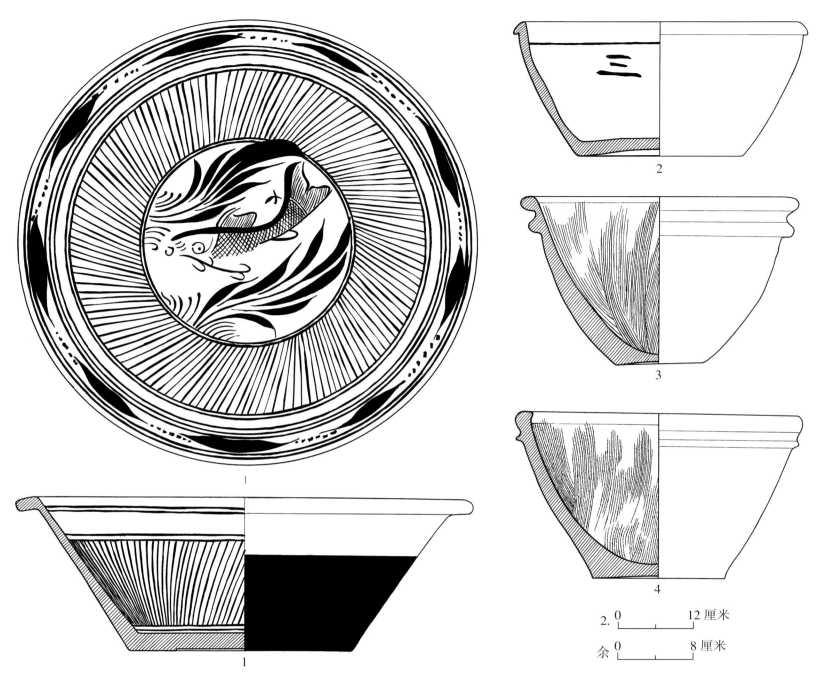

图 4 - 7 - 15 西绦胡同一号遗址出土瓷器

1. 白釉黑彩鱼草纹盆（YG72：88） 2. 白釉黑彩 "三" 字纹盆（YG72：28①） 3、4. 褐釉研钵（YG72：16①、②）

图 4 - 7 - 16：1）。

白釉黑（褐）彩罐 11 件。均属磁州窑系。其中有：

龙凤纹罐 1 件。YG72：89，高 27、口径 17、肩径 29、足径 12 厘米。直口，圆肩，腹内收，凹底（隐圈足）。黄白胎，白釉，釉面有小裂纹。肩墨绘弦纹和缠枝牡丹纹，壁绘龙凤纹，周填卷云花卉纹，飞龙生动有力（图版 4 - 7 - 18：1；图 4 - 7 - 17：4、5）。

诗文罐 1 件。YG72：2，高 40、口径 24、腹径 42、底径 25 厘米。直口，圆肩，鼓腹，平底，底心圆凹。夹砂紫缸胎，厚重较粗，外施白釉，里施褐釉。肩绘褐色弦纹、斜网纹和缠枝花卉，花卉之间填以棕彩，腹壁草书七言诗一首，曰 "百草千花雨气新，今朝陌上尽如尘，黄州春色能于酒，醉杀西园歌舞人"，旁有 "清净道德" 四个小字。这种诗文罐在元大都遗址中还是首次出土（彩版五；图版 4 - 7 - 19；图 4 - 7 - 17：6）。

双凤纹罐 2 件。均为夹砂紫缸胎，外为白釉，里施褐釉。YG72：1①，高 45、口径 27、腹径 47、底径 25 厘

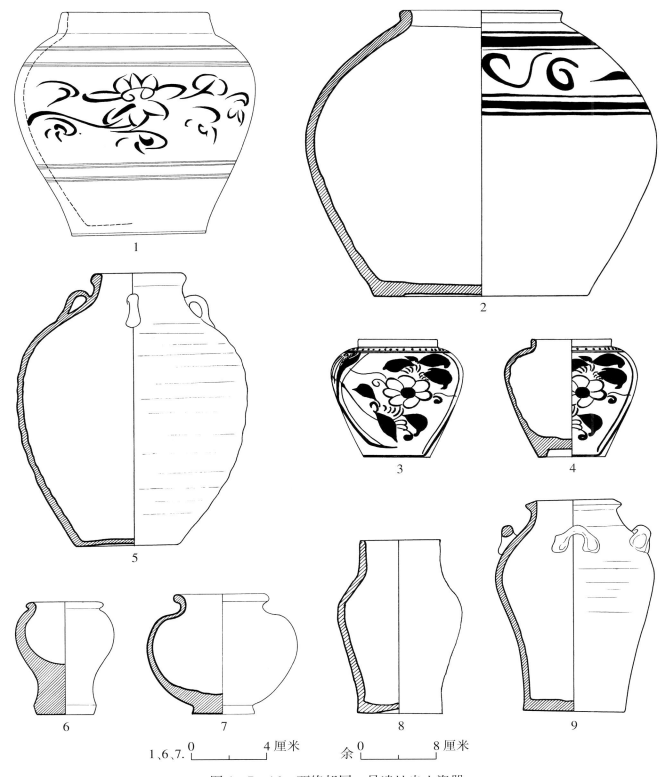

图 4 - 7 - 16　西绦胡同一号遗址出土瓷器

1. 枢府釉罐（YG72：31）　2. 白釉褐绿彩钩纹罐（YG72：4）　3、4. 白釉黑彩花卉纹罐（YG72：19①）　5. 黄绿釉四耳罐（YG72：97）
6. 白釉小罐（YG72：42）　7. 黄釉小罐（YG72：36）　8. 灰白釉罐（YG72：29）　9. 淡黄釉四耳罐（YG72：27）

米。直口，圆肩，鼓腹，平底，底心圆凹。肩部绘弦纹，竖斜线纹和花卉牡丹纹，腹壁两侧各用褐色彩绘一回首飞凤，凤羽向后飘扬，周填卷云花卉，褐色线条之间填以黄彩，飞凤形象生动（图版 4 - 7 - 20：1；图 4 - 7 - 17：7、8）。YG72：1②，高 44.5、口径 26、腹径 46、底径 26 厘米。器形同 YG72：1①，腹壁两侧绘昂首展翅飞翔的双凤（图版 4 - 7 - 20：2；图 4 - 7 - 17：2、3）。

花卉纹罐　6 件。均黄白胎，白釉。YG72：26，高 19、口径 15、肩径 21.5、足径 10 厘米。直口，圆肩，腹内收，凹底（隐圈足）。肩部墨绘弦纹和圆点纹，腹饰菊花纹（图版 4 - 7 - 21：1）。YG72：19②，高 13、口径 14.5、肩径 17、足径 6 厘米。大口，鼓肩，收腹，凹底（隐圈足）。肩部墨绘草叶纹，腹饰菊花纹（图版 4 - 7 - 21：2）。

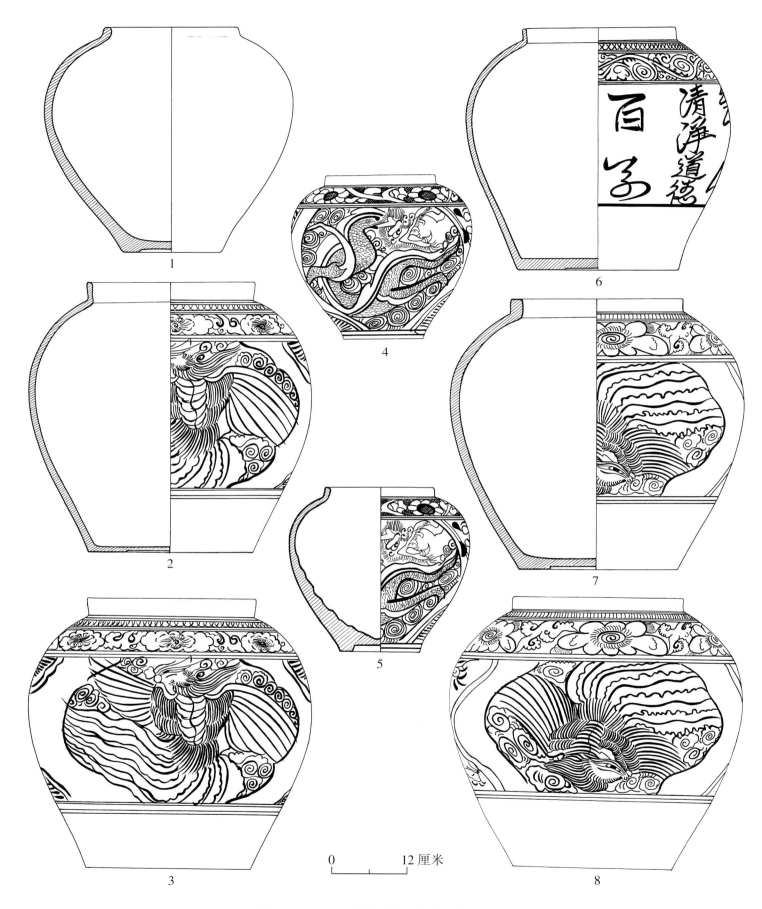

0 12厘米

图4-7-17 西绦胡同一号遗址出土瓷器

1. 黑釉罐（YG72：3） 2、3. 白釉黑黄彩双凤纹罐（YG72：1②） 4、5. 白釉黑彩龙凤纹罐（YG72：89） 6. 白釉黑彩诗文罐（YG72：2）
7、8. 白釉褐黄彩双凤纹罐（YG72：1①）

YG72：19①，高 13、口径 8.4、肩径 14、足径 7 厘米。直口，圆肩，收腹，凹底（隐圈足）。肩部饰弦纹和圆点纹，腹饰菊花纹（图版 4－7－21：3；图 4－7－16：3、4）。

钩纹罐 1 件。属磁州窑系。YG72：4，高 31、口径 17、肩径 38、底径 23 厘米。直口，溜圆肩，下腹内收，平底微凹。口沿用铁锔加固过，锔长 3 厘米。夹砂灰白胎，口与肩部施白釉，腹部无釉，器内壁施黑釉。肩部用褐绿色彩绘弦纹和钩纹（图版 4－7－18：2；图 4－7－16：2）。

黑釉罐 1 件。属磁州窑系。YG72：3，高 37、口径 21、肩径 40、底径 15.6 厘米。圆唇，短领，圆肩，腹内收，平底，底心圆凹。灰白胎，里外施黑釉（图版 4－7－21：4；图 4－7－17：1）。

灰白釉罐 1 件。YG72：29，高 19、口径 8.3、肩径 15、底径 9 厘米。直口，圆唇，高领，鼓肩，收腹，平底。灰白胎，里外施灰白釉，底无釉（图版 4－7－21：5；图 4－7－16：8）。

白釉小罐 1 件。属磁州窑系。YG72：42，高 6.1、口径 3.9、肩径 5.5、底径 3 厘米。小口，卷唇，圆腹内收，小平底，底厚重。灰白胎，里外施白釉，底无釉。为鸟食罐（图版 4－7－21：6；图 4－7－16：6）。

黄釉小罐 1 件。YG72：36，高 6.6、口径 5、底径 3 厘米。卷圆唇，短颈，平肩，鼓腹，假圈足。灰红胎，外壁施黄绿釉，底无釉（图 4－7－16：7）。

淡黄釉四耳罐 1 件。YG72：27，高 23、口径 10、底径 11 厘米。斜平唇，短颈，削肩，深腹，平底，肩有四个横耳。黑灰胎，上部施淡黄釉，下部无釉（图版 4－7－22：1；图 4－7－16：9）。

黑釉四耳罐 1 件。YG72：11，高 26、口径 11、底径 11 厘米。器形与 YG73F4：20 相同，只肩部有四个竖耳，黑胎粗重，器形不甚规整有变形，内外施黑釉（图版 4－7－22：2）。

黄绿釉四耳罐 1 件。YG72：97，高 30、口径 10.5、底径 9 厘米。小口，圆唇，短颈，圆肩，收腹，平底，底微凹，颈肩之间有四个竖耳。灰胎，黄绿釉，釉面不太平整（图版 4－7－22：3；图 4－7－16：5）。

白釉经瓶 5 件。均属磁州窑系。YG72：7，高 34.4、口径 5.8、足径 13 厘米。小口，卷唇，短颈，圆肩，深腹，腹下内收，凹底（隐圈足），微外撇。灰白胎，外壁施白釉，内壁及口沿施黑釉（图版 4－7－23：1；图 4－7－18：1）。YG72：21，高 18.8、口径 5、肩径 9.7、足径 8 厘米。器形同 YG72：7，黄白胎，白釉（图版 4－7－23：2；图 4－7－18：2）。

黑釉经瓶 7 件。YG72：8，高 37.5、口径 7.8、足径 9.5 厘米。小口，圆唇，短颈，圆肩，深腹，腹下内收，小平底，底心微凹。黑胎，里外施淡黑釉（图版 4－7－23：3；图 4－7－18：5）。YG72：10，高 25、口径 4.3、足径 8 厘米。小口，卷唇，短颈，平圆肩，深腹，腹下内收，凹底（隐圈足），圈足微外撇。黄灰胎，里外施黑釉，肩上一圈无釉（图版 4－7－23：4）。

淡黄釉小口瓶 1 件。YG72：13，高 12、口径 2、底径 5 厘米。小口，广平肩，肩下折，深腹，小平底。灰胎，近底部有部分淡黄釉，器壁凸凹不平，器形较特殊（图版 4－7－24：1）。

白釉黑彩四耳瓶 1 件。属磁州窑系。YG72：20，高 25、口径 5、底径 8 厘米。小口，削肩，直壁，深腹，平底微凹，颈肩之间有四个竖耳。灰胎，厚重，上部施白釉，绘墨彩弦纹和草叶纹，下部施黑釉（图版 4－7－22：4；图 4－7－18：3）。

黑釉双耳瓶 1 件。YG72：12，高 29.2、口径 6、足径 10 厘米。小口，短颈，溜肩，长圆腹，圈足，颈肩之间有两个对称竖耳，耳上印线条纹。外壁上部施黑釉，下部施酱釉，（图版 4－7－24：2；图 4－7－18：4）。

褐釉双耳瓶 1 件。YG72：24，高 30、口径 5、底径 5 厘米。器形同 YM74F1：24（参见图版 4－5－13：4）。

青白釉双耳执壶 1 件。属景德窑系。YG72：32，高 9、口径 4.5、底径 7、嘴长 3.5 厘米。小口，短

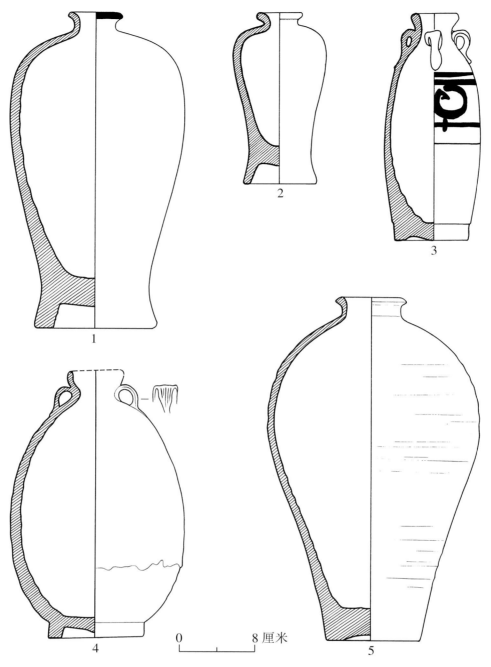

图 4 - 7 - 18 西绦胡同一号遗址出土瓷器

1、2. 白釉经瓶（YG72：7、21） 3. 白釉黑彩四耳瓶（YG72：20） 4. 黑釉双耳瓶（YG72：12） 5. 黑釉经瓶（YG72：8）

颈，圆腹，平底，颈下有两个半环形双耳，圆管流，扁圆把。白胎，青蓝釉，底无釉（图版 4 - 7 - 24：3；图 4 - 7 - 19：1）。

钧釉壶 2 件。均属钧窑系，残。YG72：98，残高 10.5、腹径 10、足径 5.5 厘米。器身椭圆形，矮圈足，把、嘴和口沿已残缺。灰白胎，蓝紫釉，釉面有小裂纹，内壁及圈足无釉，内底被流釉铺满（图版 4 - 7 - 24：4）。YG72：99，高 11.5、腹径 9.3、足径 6、嘴长 3.5 厘米。腹较前者瘦长，呈瓜棱状，壶嘴细长，矮圈足，把和口沿残缺。黑灰胎，底足呈褐色，制作规整，蓝褐釉，微透月白色，底部有流釉，外部近底和圈足无釉（图版 4 - 7 - 24：5；图 4 - 7 - 19：2）。

钧釉水盂 1 件。属钧窑系。YG72：90，高 10、口径 5、足径 6 厘米。圆唇，敛口，斜壁，鼓腹，圈足，最大径靠近底部。黄白胎，灰蓝釉，口沿施土黄釉，外壁釉不到底（彩版三〇：2；图版 4 - 7 - 24：6；图 4 - 7 - 19：3）。

青白釉炉 1 件。属景德镇湖田窑。YG72：119①，通高 30.4、口径 17 厘米，耳残长 7、宽 6 厘米。体作圆

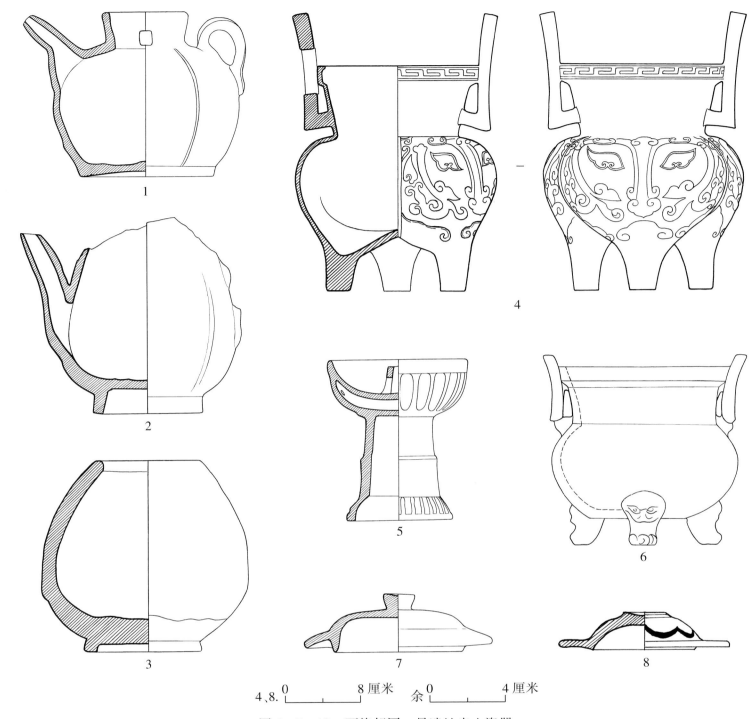

图 4-7-19　西绦胡同一号遗址出土瓷器

1. 青白釉双耳执壶（YG72：32）　2. 钧釉壶（YG72：99）　3. 钧釉水盂（YG72：90）　4. 青白釉炉（YG72：119①）　5. 枢府釉灯（YG72：43）　6. 枢府釉炉（YG72：34）　7. 青白釉器盖（YG72：49）　8. 白釉黑彩器盖（YG72：45②）

形，方沿，直口，唇内敛，高领，鬲形腹，腹下有柱形状三足，颈与口沿之间有两个对称的镂孔附耳，耳呈扁长条形。白胎，青蓝釉。口沿饰一周回纹，腹饰两组兽面纹。器形精美别致，出土于水井遗址中（彩版二一：2；图版 4-7-25；图 4-7-19：4）。

　　枢府釉炉　1 件。属景德镇湖田窑。YG72：34，通高 10.4、口径 9、底径 5 厘米。器形与 YG73F10：2①、②（参见图版 4-8-40：4、5）相同（图版 4-7-26：1；图 4-7-19：6）。

　　白釉盏托　1 件。属霍窑产品。YG72：122，高 5.5、盘径 18、足径 7.5 厘米。盘形，中为一圆形器托，无底，矮圈足。白胎，白釉，圈足触地面无釉（图版 4-7-26：2；图 4-7-10：3）。

　　枢府釉灯　21 件。均属景德镇湖田窑。YG72：43，通高 8.6、口径 7.5、足径 5.4 厘米。形如高足碗，喇叭形圈足，双层底，上底中心有一柱形圆管灯芯，腹外壁有两个圆孔。白胎，灰白釉。外壁和圈足上饰瓜棱纹。

出土时均集中在一堆（图版4-7-26：3；图4-7-19：5）。

白釉、酱釉灯碟　25件。器形与YE65：9、11（参见图版4-10-3：1、2左）相同。

青白釉器盖　5件。均属景德镇窑系。YG72：49，高3.2、口径6.8、盖径10厘米。圆形，子母口，扁圆纽。白胎，盖面挂青蓝釉（图版4-7-27：1；图4-7-19：7）。其他三件与YH72：11（参见图版4-1-54：3）相同，另一件与YH72：10（参见图版4-1-54：2）相同。

白釉黑彩器盖　2件。均属磁州窑系。YG72：45②，高4.2、盖径18.2厘米。器形与YM74F3：97（参见图版4-5-15：3）相同（图版4-7-27：2；图4-7-19：8）。YG72：45①，高7、盖径21.6、子口径14.3厘米。圆形，小圆纽，子口。白胎，盖面挂白釉，绘墨彩弦纹和草叶纹（图版4-7-27：3）。

褐釉大缸　2件。一件高98、底径40厘米，另一件口径64、底径34、壁厚2~3厘米。大口圆唇，深腹，平底。夹砂紫缸胎，粗重厚实，里外壁施褐釉，口沿露胎无釉。两口大缸均埋于院内地下，口与地表齐平。

2. 陶器

黑陶四足炉　1件。YG72：15，通高12、长37、宽17、足高5厘米。体呈长方形，敞口，平沿，斜直壁，平底，四角有四个尖状足，器身模印仿古兽面纹和回纹（图版4-7-27：4）。

黑陶双耳瓶　1件。YG72：25，高24、口径5、腹径11.2、足径9厘米。小口，细长颈，圆腹，喇叭形圈足，颈有实心双贯耳，腹部饰仿古虺纹，颈、腹饰回纹、涡纹以及宽带纹，圈足内阴刻篆书"潞州会山散人"六字戳记（图版4-7-27：5；图4-7-20）。

0   4厘米

图4-7-20　西绦胡同一号遗址出土黑陶双耳瓶（YG72：25）瓶底"潞州会山散人"戳印款拓片

黑陶器盖　1件。YG72：44，高4.2、直径34厘米。圆形，平顶微鼓，直壁折棱。

3. 铜器

三足炭火盆　1件。YG72：14，通高10、口径42.5、底径33、足高5厘米。圆形，平折沿，直壁，浅腹，平底微鼓，扁三足（图版4-7-28：1）。

双耳锅　1件。残。YG72：81，口径38厘米。口微敛，收腹，口沿下有两个对称的竖耳，耳上有提环，已缺，口下有凸弦纹一周。

4. 铁器

六錾锅　1件。YG72：103，高31、口径57厘米，錾长9、宽4、间距22厘米。器形与YHE：122（参见图版4-13-11：3）相同。

錾子　1件。YG72：104，通高12、直径46厘米，足高7、宽5厘米。圆形，下折沿，平底，底沿下有三个扁足（图版4-7-28：2）。

三足釜　1件。YG72：106①，通高25、口径65厘米，足高8、宽10厘米。直口，卷唇，平底，三扁足。

三足火炉　1件。YG72：105，通高34、口径31、足高12厘米。圆形，直壁，深腹，圜底，腹下有三个蹄形足，壁上开有三角形火口，口沿下铸一周弦纹和乳丁纹，并有四个环纽。

钩　2件。YG72：106②，通长26厘米。钩粗大，钩上端又套双连环，环上套一小钩（图版4-7-28：3）。YG72：101，通长16厘米。锚形三齿钩（图版4-7-28：4）。

5. 石器

枕　1 件。YG72：107，长 27.5、宽 17、厚 11 厘米。似元宝形，平底，面微向内侧倾斜，打磨得很光滑（图版 4 – 7 – 28：5）。

花瓣形鱼盆　1 件。通高 14、长 55、宽 40、深 7 厘米。器形与 YH72：133（参见图版 4 – 1 – 58：1）相同。

捶布石　3 件。长 29.5 ~ 54、宽 25 ~ 34、厚 7.8 ~ 9.5 厘米。均为长方形，中间微鼓，质分青石与汉白玉两种，器形与 YG73T：44 相同。

（二）工具

磨刀石　2 件。长条形，石质光滑，有磨刀时留下的痕迹。

石磨　4 扇。完整者一套。YG72：110①，通高 2.4、磨径 37 厘米。紫砂石质，圆形，平顶，上磨边缘有一贯通的斜穿孔，用以穿绳系木，上下扇间以铁轴相扣合，铁轴嵌入下磨盘之中，上磨盘中有一圆形凹槽，内嵌一铁圈以承铁轴（图版 4 – 7 – 29：1）。YG72：111①，直径 29、厚 12 厘米。为上磨盘（下磨缺）。圆形，一侧有花瓣形磨拐，其上有一圆孔，用以按柄，盘面阴刻一周单线（图版 4 – 7 – 29：2）。

石水槽　1 件。YG72：117，长 80、宽 58、高 22、厚 5 ~ 6 厘米。砂石质，长方形，壁微内斜，平底，短壁下端有一圆孔，直径 6 厘米，为石槽泄水孔（图版 4 – 7 – 29：3）。

石臼　6 件。分大小两种。大型石臼呈方形，与 YG73F12：6（参见图版 4 – 8 – 47：2）相同；小型石臼呈方斗状，形制与 YG73T：33（参见图版 4 – 8 – 47：3）相同。

石臼盖　1 件。高 3、直径 29 厘米。圆形，平底，盖柄残缺。

黑釉瓷纺轮　1 件。YG72：73，高 3、底径 4、孔径 0.8 ~ 1.2 厘米。作瓜棱状，平底，中有一圆孔。黄灰胎，通体施黑釉，底无釉（图版 4 – 7 – 28：6）。

（三）文具

长方形石砚　2 件。一件形制与 YH72：20（参见图版 4 – 1 – 66：1）相同；另一件与 YM74F3：38（参见图版 4 – 5 – 19：3）相同。

石笔山　1 件。YG72：76，长 12.5、宽 3、高 5 厘米。墨石，质较软，笔山由五个山峰组成，五峰起伏，层次重叠，造型精巧，刀锋有力（图版 4 – 7 – 29：4）。

石镇纸　1 件。YG72：74，长 5、宽 3.7、厚 2 厘米。汉白玉制成，质松软，长方形，上墨书楷字"无□无为，无爱无卷，抱元守一，掌心玉雷"四行十六字（图版 4 – 7 – 29：5）。

黑釉瓷镇纸　1 件。长 4.5、宽 3、厚 2 厘米。形制与 YG73F7：15（参见图版 4 – 8 – 50：3）相同。

铜象棋子　1 枚。YG72：112，直径 2.1、厚 0.2 厘米。圆形，边缘有一周凸棱，中间铸凸起之"马"字（图版 4 – 7 – 30：1）。

石围棋子　6 枚。YG72：113，直径 2、厚 0.3 厘米。圆饼形，边缘不甚规整，黄白胎，质坚而细，两面均很光滑平整（图版 4 – 7 – 30：2）。

骰牌　1 件。YG72：114，长 7.5、顶宽 0.8、厚 0.5 厘米。体作锥状，上粗下细，顶宽厚，呈半弧形，上端宽面雕刻五个圆点，如麻将牌之五饼（图版 4 – 7 – 30：3）。

石弹丸　2 件。YG72：131，大者直径 2.4 厘米，小者直径 2 厘米。青灰色中夹有紫红色花斑。

（四）度量衡器

覆钵塔式铜权 2件。YG72：85，高10、底径5厘米，重700克。覆钵塔式器身，束腰，圆形底座，方环鼻。一面刻"大都路较同二十斤"，一面刻"天一至正七年官"（图版4-7-30：4右；图4-7-21：1）。YG72：72，高11、底径5厘米，重1025克。一面刻"南京"，一面刻"皇甫"（图版4-7-30：4左；图4-7-21：2）。

六棱柱形铜权 2件。形制相同。YG72：84，高11.5厘米，底座长6、宽4厘米，重950克。六棱柱形器身，束腰，六角形底座，方环鼻。两宽面上分别铸刻"官二司"和"中山府较勘相同"，其他四面有两面刻字，一为"延祐五年"，一为"廿五"（图版4-7-30：5；图4-7-21：3）。另一件铜权YG72：1③，无字（图版4-7-30：6）。

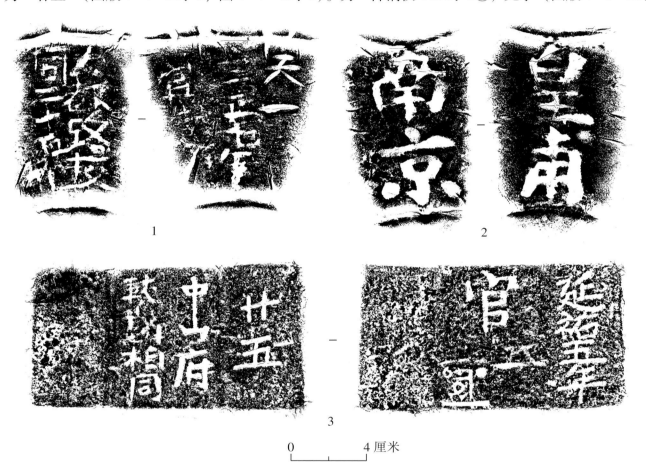

0　　　　4厘米

图4-7-21　西绦胡同一号遗址出土铜权铭文拓片
1. 覆钵塔式铜权（YG72：85）铭文"大都路较同二十斤""天一至正七年官"　2. 覆钵塔式铜权（YG72：72）铭文"南京""皇甫"
3. 六棱柱形铜权（YG72：84）铭文"廿五中山府较勘相同""延祐五年官二司"

（五）货币

铜钱 35枚。其中水井遗址出土23枚。计有北宋祥符通宝、至道元宝、元丰通宝、宣和通宝、崇宁重宝、祥符元宝、天禧通宝、天圣元宝、皇宁通宝；南宋嘉熙通宝、庆元通宝等。

八思巴文铜钱 1枚。YG72：118①，出土于水井中。圆形，方穿，边缘有一周鼓起的周郭，正反面穿均有郭，穿之四周有八思巴文"大元通宝"四字，钱径4、穿径1.2厘米，重20.4克（图版4-7-30：7；图4-7-22：1）。

（六）梳妆用具

铜把镜 1件。YG72：83，通长22.5、宽12、厚0.5厘米，柄长10、宽2厘米。上为菱花形，下有长柄，

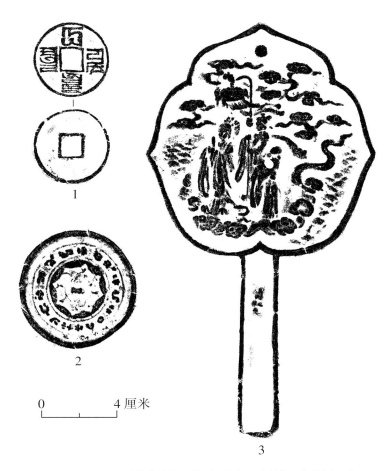

图 4 - 7 - 22　　西绦胡同一号遗址出土铜镜、铜钱拓片
1. 八思巴文铜钱（YG72：118①）　　2. 连弧纹小铜镜（YG72：77）　　3. 铜把镜（YG72：83）

背面边有凸棱，铸洛神图案（图版 4 - 7 - 31：1；图 4 - 7 - 22：3）。

连弧纹小铜镜　1 件。YG72：77，直径 6、厚 0.5 厘米。圆形，鼻形纽，背面周起凸棱，纽外为八个内向连弧纹，外为阴线弦纹，并有似篆字的纹饰，但已不辨（图 4 - 7 - 22：2）。

骨梳　1 件。长 10.7、残宽 5.05、脊背厚 1 厘米。呈牙黄色，平面作半环形，脊背宽厚而齿扁薄，梳齿已残缺，近齿处刻阴线纹两道，形制与 YG73F10：15④（参见图版 4 - 8 - 52：4）相同。

骨簪　3 件。YG72：115②，长 6.5 厘米。圆形，顶端雕刻花纹（图版 4 - 7 - 31：2）。

料簪　1 件。YG72：116②，残长 7、帽长宽均为 1、厚 0.4 厘米。呈天蓝色，圆铤，尖残，方形簪帽，帽顶饰花朵纹（图版 4 - 7 - 31：3）。

骨刷　1 件。残长 18、宽 1.9 ~ 2.2、厚 0.4 厘米。扁长形，扁面平直，背微弧，尾窄，端头呈半弧形，前端已残缺，仅留两排圆孔，为安刷毛之用，柄边缘阴刻线纹和圆点纹。

（七）装饰品

雕龙玉带饰　3 件。YG72：70，汉白玉质，质松软，石分两色，上为墨色、下为白色，表面雕飞舞盘龙，雕工精巧。其中一件为扁平长方形，长 4.2、宽 3.1、厚 0.8 厘米，底部两端居中处琢两个相通连的小孔。另一件为长方抹角形，长 5.4、宽 4.5、厚 1.2 厘米，中心有一扁穿孔，长 2.8、宽 0.4 厘米，用以穿带。一件为带环长方抹角形，通长 6、宽 4.3、厚 1.2 厘米，除有穿孔处，还在窄边一侧有一长方形扁环，用以系垂带（彩版四〇：3；图版 4 - 7 - 31：4）。

玉花饰片　2 件。YG72：118②，长 2.5、宽 18、厚 0.5 厘米。长方形扁片，面琢花朵形，背面磨平，两侧各有两个相贯通的小圆孔，为系线用的（图版 4 - 7 - 31：5 左）。YG72：119②，直径 2.2、厚 0.5 厘米。体作

圆形菊瓣状，中一圆孔，孔外侧琢凹弦纹一周，其外作花瓣形，背面平素（图版4-7-31:5右）。

橄榄形串珠　4枚。分玉、石和玛瑙质，形状相同，大小各异。YG72:75，长1.8~2.8、宽1~1.3、孔径0.15~0.2厘米。六棱橄榄形，中有圆穿孔（图版4-7-31:6）。

（八）其他

铜印章　1件。YG72:71，通高2.8、直径2.4厘米，把手高2、宽1.6厘米，孔径0.5厘米。扁圆形，上有桥形把手，把手上有一圆孔。印面中间阴刻八思巴文，两边填以花纹，周边一圈凸棱（图版4-7-32:1）。

石器柄　1件。YG72:86，长12、前宽1.8、尾宽2.3、厚1厘米。大理石质，黑白色，扁长条形，可能为石镇纸（图版4-7-32:2）。

骨柄　1件。YG72:130，通长4、柄径1.5、首径2厘米。呈牙黄色，中空圆筒状，靠柄处有一圆孔，通体阴刻十道弦纹，顶端有一圆孔（图版4-7-32:3）。

铁镞　30件。YG72:110②，残长4厘米。木杆仍残存一段。剖面略呈菱形，圆铤，锋锐利（图版4-7-32:4）。

漆器残片　1件。YG72:111②，残长5.5、宽5厘米。赭色漆器残片上留有楷书朱字"长安高家上牢"两行六字（图4-7-23）。

"义"字砖　1块。YG72:112，长14.5、上厚2.9、下厚2.1厘米。将砖面磨薄，截面呈楔形，底边磨成弧形，三面涂墨，上阴刻"义"字。

铜饰件　1组。YG72:120，出土时为一木箱，木板已朽，只剩铜饰件，有木箱上的铜铺首、铜把手、铜合页、铜包角和串钉等（图版4-7-32:5）。铜把手4件，长19.5、宽7厘米，呈"U"形。铜合页1件，残，长4.5、宽3厘米。这些饰件形状各不相同，有云头形镂孔饰片、六角柿蒂形镂孔饰片和鸡形饰片等。各种饰片上都有小圆孔，有的孔内还有小铜钉，钉呈锥状，长仅1~1.4厘米，顶有半球形帽。饰片厚仅1毫米，最薄的0.5毫米。

贝和蚌壳　2件。为天然贝和蚌，蚌的尖端琢一小孔。

图4-7-23　西绦胡同一号遗址出土漆器残片（YG72:111②）上的楷书朱字